So funktionieren Computer

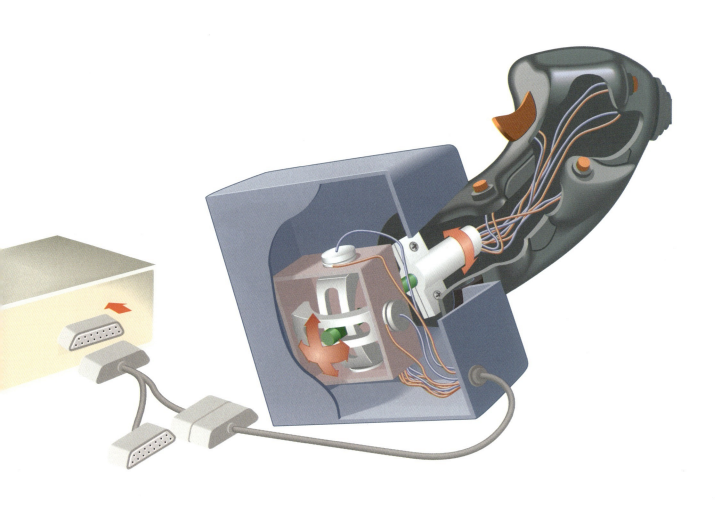

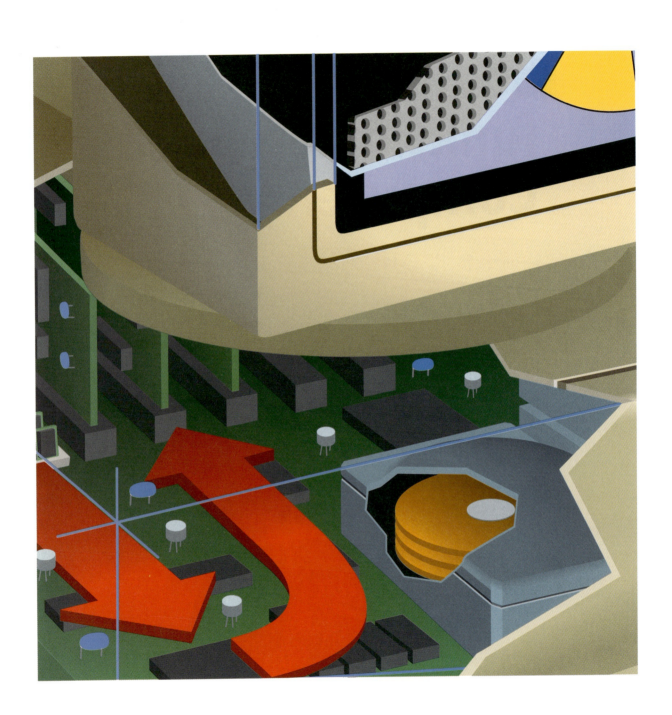

So funktionieren Computer

Ein visueller Streifzug durch den Computer

Ron White

Illustrationen: Timothy Edward Downs und Sarah Ishida Alcantara
Übersetzung aus dem Amerikanischen: Cordula Lochmann, Karin Drewnitzki
Überarbeitet und aktualisiert: Frank Neps

Markt+Technik Verlag

Die Deutsche Bibliothek – CIP-Einheitsaufnahme

Ein Titeldatensatz für diese Publikation ist
bei Der Deutschen Bibliothek erhältlich.

Die Informationen in diesem Produkt werden ohne Rücksicht auf einen eventuellen Patentschutz veröffentlicht.
Warennamen werden ohne Gewährleistung der freien Verwendbarkeit benutzt.
Bei der Zusammenstellung von Texten und Abbildungen wurde mit größter Sorgfalt vorgegangen.
Trotzdem können Fehler nicht vollständig ausgeschlossen werden.
Verlag, Herausgeber und Autoren können für fehlerhafte Angaben und deren Folgen weder eine juristische Verantwortung noch irgendeine Haftung übernehmen.
Für Verbesserungsvorschläge und Hinweise auf Fehler sind Verlag und Herausgeber dankbar.
Autorisierte Übersetzung der englischen Originalausgabe:
How Computers Work, Millenium Edition, © 1995 Ziff-Davis-Press, an imprint of Macmillan Computer Publishing, USA.
© 2000 Ziff-Davis-Press, an imprint of Macmillan Computer Publishing, USA.

Alle Rechte vorbehalten, auch die der fotomechanischen Wiedergabe und der Speicherung in elektronischen Medien.
Fast alle Hardware- und Softwarebezeichnungen, die in diesem Buch erwähnt werden, sind gleichzeitig auch eingetragene Warenzeichen oder sollten als solche betrachtet werden.

Umwelthinweis

Dieses Buch wurde auf chlorfrei gebleichtem Papier gedruckt.
Die Einschrumpffolie – zum Schutz vor Verschmutzung – ist aus umweltverträglichem und recylingfähigem PE-Material.

10 9 8 7 6 5 4 3 2 1

04 03 02 01 00

ISBN 3-8272-5972-X

© 2000 by Markt+Technik Verlag, ein Imprint der Pearson Education Deutschland GmbH,
Martin-Kollar-Straße 10-12, D-81829 München/Germany
Alle Rechte vorbehalten
Einbandgestaltung: NOWAK werbeagentur, Pfaffenhofen · www.nowak.de
Übersetzung: Karin Drewnitzki, Cordula Lochmann und Monika Ratnamaheson
Lektorat: Cornelia Karl, ckarl@pearson.de
Herstellung: Anja Zygalakis, azygalakis@pearson.de
Druck: BAWA Print+Partner GmbH, München
Dieses Produkt wurde mit Desktop-Publishing-Programmen erstellt.
Printed in Germany

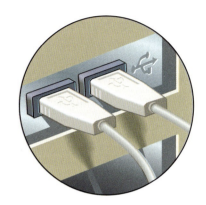

INHALTSVERZEICHNIS

Einleitung ix

Teil 1: Das Booten

Kapitel 1
So wacht der Computer auf 4

Kapitel 2
So funktioniert das Booten von Festplatte 8

Kapitel 3
So funktioniert Plug&Play 14

Teil 2: Mikrochips

Kapitel 4
So funktioniert ein Transistor 22

Kapitel 5
So funktioniert der Arbeitsspeicher 26

Kapitel 6
So addiert ein Computer 32

Kapitel 7
So funktionieren RISC- und CISC-Prozessoren 36

Kapitel 8
So funktioniert ein Mikroprozessor 40

Teil 3: Die Speicherung von Daten

Kapitel 9
So funktioniert das Speichern auf Festplatte oder Diskette 52

Kapitel 10
So funktioniert ein Diskettenlaufwerk 62

Kapitel 11
So funktioniert eine Festplatte 66

Kapitel 12
So funktionieren weitere wechselbare Speichersysteme 74

Kapitel 13
So funktioniert ein Bandsicherungslaufwerk 80

Teil 4: Eingabe- und Ausgabegeräte

Kapitel 14
So funktioniert ein Bus 90

Kapitel 15
So funktioniert eine Tastatur 98

Kapitel 16
So funktioniert ein Bildschirm 102

Kapitel 17
So funktioniert eine Maus 112

Kapitel 18
So funktionieren Schnittstellen 116

Kapitel 19
So funktioniert ein Modem 128

Kapitel 20
So funktioniert eine PC-Card (PCMCIA) 134

Kapitel 21
So funktioniert ein Scanner 138

Kapitel 22
So funktioniert die High-Tech Ein- und Ausgabe 146

Teil 5: Wie Hardware und Windows zusammenarbeiten

Kapitel 23
So sreuert Windows die Hardware 158

Kapitel 24
So funktioniert BIOS und Treiber 162

Kapitel 25
So verwendet Windows Speicher 166

Teil 6: Multimedia

Kapitel 26
So funktioniert ein CD-ROM-Laufwerk 174

Kapitel 27
So funktioniert Mulimedia-Sound 184

Kapitel 28
So funktioniert Mulimedia-Video 190

Teil 7: Netzwerke

Kapitel 29
So funktioniert ein
lokales Netzwerk (LAN) 198

Kapitel 30
So funktioniert das Internet 206

Teil 8: Drucker

Kapitel 31
So funktionieren Bitmap-
und Vektorschriften 214

Kapitel 32
So funktioniert ein Laserdrucker 220

Kapitel 33
So funktionieren Farbdrucker 224

Stichwortverzeichnis 230

EINLEITUNG

SEIT der ersten Auflage dieses Buches 1993 haben Computer drastische Veränderungen durchlaufen. Damals waren noch immer die $5^1/_4$-Zoll-Diskettenlaufwerke gängig, der Intel-Prozessor 80386 galt als höchst fortschrittlich, und es war noch immer unentschieden, ob Windows oder ein anderes Betriebssystem den Computermarkt dominieren würde. Das Internet wurde in der ersten Auflage gar nicht erwähnt und in der zweiten lediglich in einigen Kapiteln abgehandelt und ist heute ein völlig eigenständiger Bereich, der von Jahr zu Jahr wächst. Von vielen Themen dieser Ausgabe – wie Plasmabildschirm, Video- und Audio-Kommunikation im Internet, wiederbeschreibbare DVD-Laufwerke, beschleunigte 3D-Grafiken, Universal Serial Bus, GPS-Fahrzeugnavigationssystem, Taschencomputer (keine Spielzeuge), die in einer Hemdtasche Platz haben und auf denen man schreiben kann – konnte man damals noch nicht einmal träumen! Damals galt die Vorstellung, zu Computern sprechen zu können, als Science Fiction, als eine Sache der fernen Zukunft. Diese Zukunft ist heute bereits Realität! Die Veränderungen in der PC-Welt sind so rapide, so umfassend und beinhalten so viele Details, daß ich ohne die Hilfe vieler Menschen, die sich auf diesen Gebieten sehr gut auskennen, nie in der Lage gewesen wäre, hinter die Tricks all dieser neuen Technologien zu kommen. Diese Menschen waren nicht nur so großzügig, ihr Wissen mit mir zu teilen, sondern auch geduldig genug, mir alles zu erklären, bis die Leuchtdiode in meinem Gehirn aufblitzte.

Ich hatte das Privileg 1989 für „PC Computing" diese Buchreihe „How It Works" zu beginnen, aber im Laufe der Jahre haben sich viele Kollegen an der Arbeit dieser Buchreihe beteiligt, und einige Kapitel basieren auf von ihnen durchgeführten Recherchen und ihren Erklärungen. Vielen Dank allen Freunden und Kollegen, die bei der Entstehung des Buches mitgeholfen haben. Abschließend muß gesagt sein, daß dieses Buch ohne die Grafikdarstellung von Timothy Edward Downs, Sarah Ishida und Stephen Adams nicht wäre, wie es ist. Sie waren nicht nur in der Lage meine „Neandertalerskizzen" in klare und informative Darstellungsform zu bringen, sondern es gelang ihnen auch, sie in eindrucksvolle Kunstwerke zu verwandeln. Insbesondere Tim, der die Illustrationen für dieses Buch ursprünglich entwickelt hat, und ständig für „PC Computing" arbeitet, hat eine neue, visuelle Form geschaffen, Technologie zu vermitteln.

EINLEITUNG

Jede überdurchschnittlich entwickelte Technologie läßt sich von Magie nicht unterscheiden.

Arthur C. Clarke

ZAUBERER haben Zauberstäbe – mächtige, aber auch gefährliche Werkzeuge mit Eigenleben. Hexen haben Schutzgeister – Kreaturen, die als biestige Haustiere auftreten und die Hexerei verhindern können, wenn sie möchten. Mystiker verfügen über Golemns – Wesen, die aus Holz und Blech gemacht und zum Leben erweckt werden, um die Wünsche des Meisters zu erfüllen. Wir haben unsere PCs.

Auch PCs sind mächtige Kreationen, die oft ein Eigenleben zu haben scheinen. Normalerweise reagieren Sie auf einen scheinbar magischen Zauberspruch, der in einem DOS-Fenster eingegeben wird, oder auf einen Mausklick, und vollbringen Dinge, die wir selbst mit übernatürlichen Kräften erledigen könnten. Selbst wenn die Computer nur das tun, was man ihnen befiehlt, kommt immer wieder das Gefühl auf, daß Zauberei mit im Spiel ist.

Und dann gibt es die Zeiten, zu denen unsere PCs wie bösartige Geister rebellieren und ein Chaos verursachen, das sich über unsere so ordentlich eingetragenen Zahlen, wohlüberlegten Sätze und schön gezeichneten Grafiken ausbreitet. Wenn das passiert, sind wir uns eigentlich sicher, daß es nicht mit rechten Dingen zugeht. Wir werden zu Zauberlehrlingen, deren Versuche, Ordnung in das Chaos zu bringen, nur größeres Chaos hervorruft.

Unabhängig davon, ob unsere PCs brav ihre Arbeit verrichten oder sich widersetzen, wird den meisten von uns bald klar, daß sich in den grauen Kästen weit mehr abspielt, als wir verstehen. PCs sind geheimnisvoll. Wenn man sie öffnet, sieht man zwar die Komponenten, aber man sieht ihnen nicht an, wofür sie zuständig sind. Die meisten bestehen aus sphinxartigen Mikrochips, die nicht mehr an Information liefern als die unlesbaren Codes, die auf ihre undurchsichtige Oberfläche aufgedruckt sind. Das Labyrinth aus Leitungen und Schaltkreisen, die auf das Board gelötet sind, sind faszinierend, aber gleichzeitig bedeutungslose Hieroglyphen. Einige besonders wichtige Teile, zum Beispiel die Festplatte oder die Stromversorgung, sind versiegelt und mit Warnungen versehen, daß man sie nicht öffnen soll, Warnungen, die jene auf den Särgen der Pharaonen in den Schatten stellen.

Diesem Buch liegen zwei Ideen zugrunde. Eine besteht darin, daß Magie, die wir verstehen, ungefährlicher und stärker ist als diejenige, die wir nicht verstehen. Das Buch ist keine praktische Anleitung. Sie werden vergeblich nach einer Anweisung suchen, den Schraubenzieher in die Hand zu nehmen und den PC zu zerlegen. Aber das Wissen darüber, was im Inneren vorgeht, macht es weniger bedrohlich, wenn etwas nicht funktioniert. Die zweite Idee, die diesem Buch zugrunde liegt, besteht darin, daß Wissen für sich etwas Wertvolles und Genußbringendes ist.

Dieses Buch wurde geschrieben, um Ihre vielen Fragen darüber zu beantworten, was in der Kiste vorgeht, vor der Sie jeden Tag mehrere Stunden verbringen. Wenn dieses Buch die Fragen beantwortet – oder gar neue Fragen aufwirft –, dann hat es seinen Zweck erfüllt.

Ich bin mir sicher, daß es die Darbietung des Zauberers nicht verdirbt, wenn man die Zaubertricks kennt. Natürlich besteht diese Gefahr. Geheimnisse haben oft die gleiche Anziehungskraft wie das Wissen. Und ich möchte mit diesem Buch nicht erreichen, daß das Gefühl, Magie vollbracht zu haben, nicht mehr aufkommt, wenn Sie Ihrem PC ein neues Kunststück beigebracht haben. Im Gegenteil hoffe ich, daß dieses Buch einen besseren Zauberer aus Ihnen macht.

Bevor Sie anfangen

Dieses Buch wurde mit einem bestimmten Computer vor Augen geschrieben – dem „Wintel", einem PC, der normalerweise mit einem Intel-Prozessor und dem Betriebssystem Microsoft Windows ausgerüstet ist. Viele Beschreibungen dieses Buches passen nur auf diesen Computer-Typ und dessen Komponenten.

Im allgemeinen sind die Erklärungen mitunter auch für Macintosh-Computer, UNIX-Arbeitsstationen und sogar für Minicomputer und Großrechner gültig. Es war jedoch nicht mein Anliegen, allgemeine Erklärungen über die Funktionsweise von Computern zu geben. Eine solche Vorgehensweise hätte notwendigerweise den Blickwinkel verlagert, und das Vermitteln von Wissen, das nur durch die Untersuchung bestimmter Komponenten erfahrbar ist, unmöglich gemacht.

Trotz dieser Einschränkung gibt es viele verschiedene Computer, die zur Intel-/Windows-Welt gehören. Ich mußte deshalb meine Erklärungen auf bestimmte Konstellationen beschränken oder die Situationen generalisieren, um die Erklärungen so allgemeingültig wie möglich zu halten. Wenn Sie etwas in diesem Buch finden, was Ihnen nicht akkurat erscheint, dann liegt der Grund in der Verallgemeinerung.

Ron White

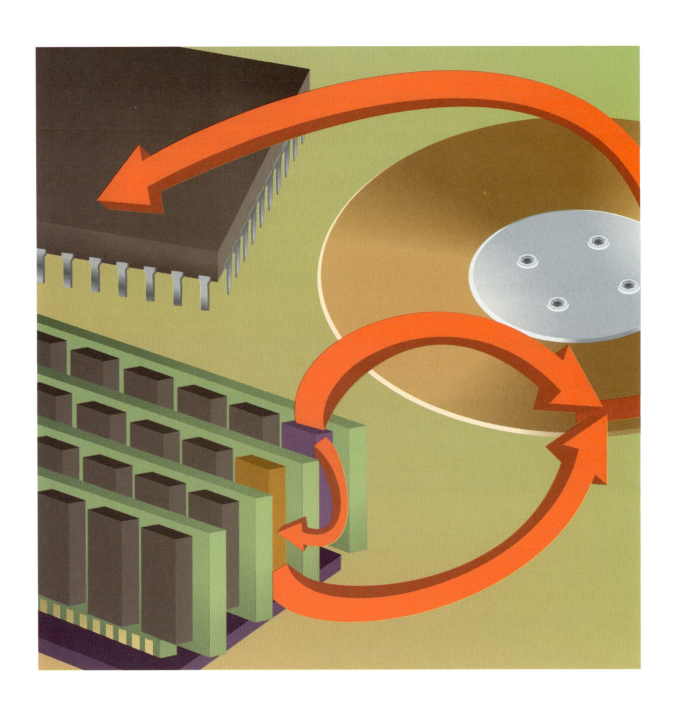

TEIL I

DAS BOOTEN

Kapitel 1: So wacht der Computer auf
4

Kapitel 2: So funktioniert das Booten von Festplatte
8

Kapitel 3: So funktioniert Plug&Play
14

BEVOR Sie Ihren Computer einschalten, ist er ein toter Haufen von Metallplatten, Plastik, Schaltkreisen, Drähten und winzigen Teilen aus Silikon. Wenn Sie den Schalter zum Einschalten betätigen, wird durch ein bißchen Spannung – nur 3 bis 5 Volt – eine Reihe von Ereignissen ausgelöst, die diesen Haufen zum Leben erwecken, der sonst nur ein zu groß geratener Briefbeschwerer wäre.

Selbst mit diesem Funken von Leben in sich ist der PC zunächst immer noch ziemlich dumm. Er hat ein primitives Bewußtsein, das darin besteht, festzustellen, welche Teile installiert sind und ob sie funktionieren. Das läßt sich mit einem Menschen vergleichen, der nach einer Bewußtlosigkeit aufwacht und zunächst überprüft, ob noch alle Körperteile vorhanden sind und diese sich auch noch bewegen lassen. Über diese Untersuchung der Bestandteile hinaus kann der neu erwachte PC nichts leisten, was man in irgendeiner Weise als intelligent bezeichnen könnte.

Bestenfalls kann der neu erwachte PC nach Intelligenz suchen – nach Intelligenz, die in der Form eines Betriebssystems vorhanden ist, und die dem bis dato primitiven PC eine Struktur verleiht. Danach erfolgt der eigentliche Lernprozeß mit Hilfe von Anwendungen, die dem PC sagen, wie er Aufgaben schneller und genauer erledigen kann, als wir es vermögen. Er wird zum Schüler, der seinen Lehrer überholt.

Aber nicht alle Arten von Computern müssen diese anstrengende Wiedergeburt jedes Mal erleben, wenn sie angeschaltet werden. Sie begegnen täglich unzähligen Computern, die in dem Augenblick, in dem sie angeschaltet werden, zu vollem Leben erwachen. Sie werden diese Geräte nicht zu den Computern zählen, aber sie gehören dazu: Taschenrechner, der elektrische Anlasser Ihres Autos, die Zeitschaltuhr in der Mikrowelle und das unergründliche Programmierteil des Videorekorders. Der Unterschied zwischen diesen Geräten und dem großen Kasten auf Ihrem Schreibtisch ist die Verkabelung. Computer, die nur eine bestimmte Aufgabe erledigen müssen – und die diese eine Aufgabe ausgesprochen effizient erledigen – sind verkabelt. Das bedeutet, daß sie eher dummen Dienern als Weisen gleichen.

Was Ihren PC zu einem so wundervollen Werkzeug macht, ist die Tatsache, daß es jedesmal, wenn Sie ihn einschalten, wie eine Wiedergeburt ist, so daß er alles aufzunehmen vermag, was Sie – bzw. ein Programmierer – sich einfallen lassen. Er ist eine Rechenmaschine, die Leinwand eines Künstlers, eine wunderbare Schreibmaschine, ein fehlerloser Buchhalter und eine Plattform für andere Werkzeuge. Um ihn von einer Person in eine andere zu verwandeln, bedarf es lediglich der Betätigung weniger mikroskopisch kleiner Schalter, die sich in den Mikrochips befinden. Diese Aufgabe erledigen Sie dadurch, daß Sie einen Befehl in die Kommandozeile schreiben oder ein Symbol auf dem Bildschirm anklicken.

SCHLÜSSELWÖRTER

BIOS („Basic Input/Output System"): oder Basis-Ein-Ausgabe-System. Eine Sammlung von im PC eingebauten Softwarecodes, die für grundlegende Aufgaben der Datenweiterleitung von einem Teil des Computers in einen anderen zuständig sind.

Booten: Der Vorgang, der stattfindet, wenn ein PC angeschaltet wird. Hier werden die notwendigen Routinen durchgeführt, um das richtige Funktionieren aller Komponenten zu garantieren und anschließend das Betriebssystem zu laden.

CMOS („Complementary Metal-oxide Semiconductor"): Diese Bezeichnung ist von der Herstellung dieses CMOS-Chips abgeleitet. Der CMOS-Chip ist mit einer kleinen Batterie ausgestattet und speichert wichtige Informationen über die Hardware-Komponenten eines PCs. Es behält diese Informationen auch, wenn die Stromversorgung abgeschaltet wurde.

CPU („Central Processing Unit"): Die Zentraleinheit des Computers, der sogenannte Mikroprozessor oder auch Prozessor, besteht aus einem Mikrochip, der vom Computer verwendete Informationen und Code (Anweisungen) verarbeitet. Er ist das Gehirn des Computers.

POST („Power-On Self-Test"): Der Selbsttest nach dem Einschalten, ein Vorgang, den der Computer beim Hochfahren durchläuft, um zu prüfen, ob die grundlegenden Komponenten des PCs funktionsfähig sind.

ROM („read-only memory") und **RAM („random access memory"):** Diese Begriffe stehen für den Nur-Lese-Speicher, den sogenannten Festspeicher, bzw. für den Direktzugriffsspeicher, den sogenannten Arbeitsspeicher. Das ROM besteht aus Speicherchips mit Daten, die vom Prozessor gelesen werden können. Der PC kann auf diese Chips keine neuen Daten schreiben. RAM besteht aus Speicher oder Disks, die sowohl gelesen als auch beschrieben werden können. (Die Bezeichnung Direktzugriffsspeicher ist etwas irreführend, denn auch auf das ROM kann direkt zugegriffen werden. Ursprünglich wollte man mit dieser Bezeichnung das RAM von Daten und Software abgrenzen, die auf Magnetbändern gespeichert sind und auf die nur sequentiell zugegriffen werden kann. Das heißt, um auf die letzten Daten oder Codeelemente eines Magnetbandes zugreifen zu können, muß der Computer zunächst sämtliche anderen Daten des Magnetbandes lesen, bis er an die Stelle mit den gesuchten Daten bzw. Code gelangt. Im Gegensatz dazu kann der PC in RAM-Chips oder RAM-Disks auf sämtliche gespeicherte Daten direkt und unmittelbar zugreifen).

Systemdateien: Betriebssystemdateien mit Softwarecode, die der PC beim Booten als erstes von einem Laufwerk liest. Bei den Betriebssystemen DOS und Windows heißen die Dateien IO.SYS und MSDOS.SYS und sind verborgen, so daß sie normalerweise nicht in der Dateiauflistung eines Laufwerks angezeigt werden. Die Systemdateien enthalten benötigte Informationen, um nach dem Booten der Hardware-Komponenten die übrigen Komponenten des Betriebssystems zu laden. Eine weitere Systemdatei unter DOS ist die Datei COMMAND.COM. Sie enthält die Grundfunktionen des Betriebssystems, wie z.B. die Anzeige der Dateiliste (Verzeichnis). Eine Boot-Diskette muß alle drei Dateien haben, damit der Computer hochfahren kann. Zu den Systemdateien gehört auch die Datei CONFIG.SYS, die Hardware-Grundeinstellungen durchführt, und die Datei AUTOEXEC.BAT, einer Sammlung von Befehlen, die ausgeführt werden, wenn alle anderen Boot-Funktionen abgeschlossen sind. Bei Windows wird auch die Registrierdatenbank benötigt, damit Windows ausgeführt werden kann. Diese gehören damit auch zur Kategorie der Systemdateien.

Taktgeber: Ein Mikrochip, der die zeitliche Regulierung und Geschwindigkeit sämtlicher Computerfunktionen reguliert. Der Chip enthält ein Kristall, das bei Stromzufuhr bei einer bestimmten Frequenz vibriert. Die kürzeste Zeitspanne, in der ein Computer einen Vorgang ausführen kann, beträgt einen Takt, d.h. eine Vibration des Taktgeberchips. Die Taktgebergeschwindigkeit – und somit auch die Computergeschwindigkeit – wird in Megahertz (MHz) ausgedrückt. Ein Megahertz (MHz) steht für eine Million Schleifen oder Vibrationen pro Sekunde. Wenn man sagt, ein PC hat einen 200- oder 300 MHz-Prozessor, so heißt das, der Prozessor arbeitet mit einem Taktgeberchip dieser Geschwindigkeit.

TEIL I DAS BOOTEN

KAPITEL
1

So wacht der Computer auf

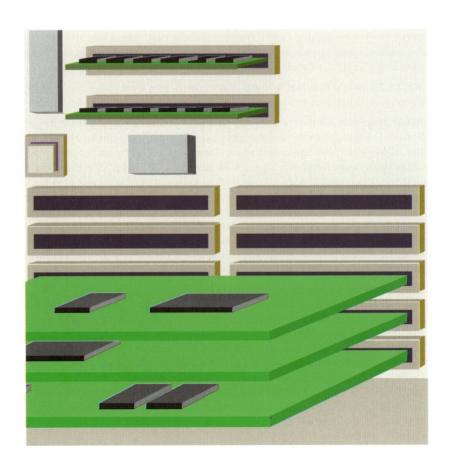

WENN Sie den Schalter zum Einschalten Ihres PC betätigen, scheint für einige Sekunden nichts zu passieren. In Wirklichkeit prüft der Rechner in einem komplizierten Vorgang, ob alle Komponenten richtig funktionieren, und warnt Sie, falls das nicht der Fall ist. Dieser Vorgang ist der erste Schritt eines komplexen Prozesses, der als Booten bezeichnet wird. Der englische Begriff Booten, der soviel bedeutet wie „jemanden einen Fußtritt geben", kommt von dem Gedanken, sich an seinen eigenen Haaren aus dem Dreck zu ziehen, der im Englischen mit dem Ausdruck „to lift yourself up by your own bootstraps" wiedergegeben wird. In einem PC ist das Booten notwendig, um alle Komponenten so weit zur Funktionsfähigkeit zu erwecken, daß das Betriebssystem geladen werden kann. Das Betriebssystem übernimmt dann schwierigere Aufgaben, die der Vorgang des Bootens alleine nicht erledigen kann, wie zum Beispiel die Interaktion von Hardware und Software.

Aber bevor der PC überhaupt beginnt, das Betriebssystem zu laden, muß er sicherstellen, daß alle Hardware-Komponenten laufen und daß der Prozessor (der als „CPU" bezeichnet wird, welches die Abkürzung von englisch „central processing unit" ist und wörtlich übersetzt „zentrale Verarbeitungseinheit" heißt) und der Speicher funktionieren. Dies ist die Aufgabe des Selbsttests nach dem Einschalten, der im Englischen als POST (Power-On Self-Test) bezeichnet wird.

Der Selbsttest ist das erste, was durchgeführt wird, wenn Sie Ihren PC einschalten, und es ist die erste Möglichkeit, daß Sie gewarnt werden, wenn irgend etwas nicht funktioniert. Wenn der Selbsttest einen Fehler entdeckt, der den Bildschirm, den Speicher, die Tastatur oder andere elementare Komponenten betrifft, wird eine Warnung ausgegeben, die aus einer Meldung besteht oder aus einer Reihe von Tönen, sofern der Bildschirm betroffen ist. Diese Meldung ist nicht genau genug, um sagen zu können, welches Problem aufgetreten ist. Sie dient lediglich dazu, Sie darauf hinzuweisen, welches Teil Ihres PC nicht richtig funktioniert.

Ein einzelner Ton zusammen mit der DOS-Eingabeaufforderung bedeutet, daß alle Komponenten den Selbsttest bestanden haben. Alle anderen Kombinationen von kurzen oder langen Tönen weisen darauf hin, daß es Schwierigkeiten gibt. Auch ein fehlender Ton zeigt ein Problem an.

Wenn keine Fehlermeldung erscheint und keine Töne gesendet werden, heißt das nicht, daß alle Komponenten richtig funktionieren. Der Selbsttest ist lediglich in der Lage, die gravierendsten Fehler festzustellen. Er kann bestimmen, ob eine Festplatte, die installiert sein sollte, auch tatsächlich vorhanden ist, aber er kann nicht erkennen, ob die Formatierung der Festplatte in Ordnung ist.

Insgesamt ist der Selbsttest nicht übermäßig hilfreich. Da die meisten Computer sehr zuverlässig arbeiten, wird selten eine Warnung durch den Selbsttest ausgelöst. Er arbeitet im Hintergrund, erledigt aber eine elementare Aufgabe. Sein Vorteil besteht darin, daß Sie ohne den Test nie sicher sein könnten, ob der PC seine Funktion richtig und zuverlässig erfüllen kann.

Selbsttest nach dem Einschalten

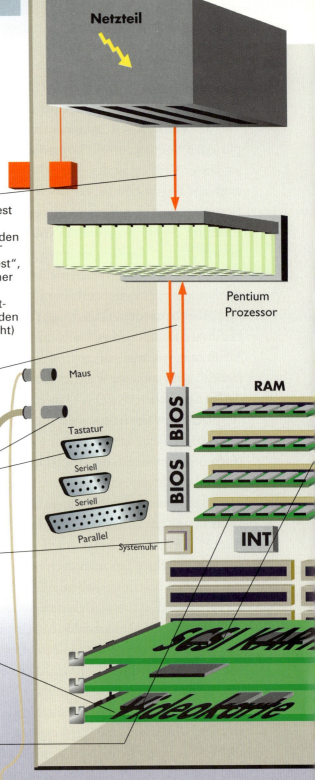

1 Wenn Sie Ihren PC einschalten, folgt ein elektrisches Signal einem fest programmierten Pfad zum Prozessor (auch CPU, als Abkürzung für „central processing unit", genannt), um übriggebliebene Daten aus den internen Speichern der Chips zu entfernen. Dieser Prozeß wird POST genannt (als Abkürzung für den englischen Begriff „power-on self-test", was soviel heißt wie „Selbsttest nach dem Einschalten"). Die Nummer des Programmzählers teilt dem Prozessor die Adresse der nächsten Anweisung mit. In diesem Fall ist die Adresse der Anfang eines Boot-Programms, das dauerhaft in einem Satz Nur-Lese-Chips (diese werden als ROM bezeichnet, was im Englischen für „read only memory" steht) gespeichert ist und das sogenannte BIOS enthält (BIOS ist die Abkürzung für „basic input/output system").

2 Der Prozessor benutzt die Adresse, um das BIOS-Boot-Programm zu finden und anzustoßen, das daraufhin eine Reihe von Überprüfungen des Systems vornimmt. Der Prozessor untersucht zunächst sich selbst und das Selbsttest-Programm, indem er Code an verschiedenen Stellen liest und überprüft, ob identische dauerhafte Speichersätze vorliegen.

3 Der Prozessor sendet Signale über den Systembus – das Leitungssystem, über das alle Komponenten miteinander verbunden sind –, um sicherzustellen, daß alle Komponenten funktionieren.

4 Der Prozessor prüft die Systemuhr, die dafür verantwortlich ist, daß alle Vorgänge im PC synchron und damit ordnungsgemäß ablaufen.

5 Der Selbsttest untersucht den Speicher, der sich auf dem Bildschirmadapter befindet, und die Videosignale, die den Bildschirm kontrollieren. Als nächstes integriert es das BIOS des Adapters in das BIOS des gesamten Systems und der Speicherkonfiguration. Zu diesem Zeitpunkt sehen Sie zum ersten Mal etwas auf Ihrem Bildschirm.

6 Der Selbsttest führt mehrere Routinen durch, um festzustellen, ob die Chips des Arbeitsspeichers richtig funktionieren. Bei manchen PCs wird nun der aktuelle Stand der Speicherplätze, die bereits getestet wurden, während des Tests auf dem Bildschirm angezeigt.

KAPITEL 1: SO WACHT DER COMPUTER AUF

10 Bei Systemen, in denen es Komponenten gibt, die über ein eigenes BIOS verfügen, wie es bei manchen Festplattencontrollern (z.B. SCSI) der Fall ist, wird dieses BIOS erkannt und in das allgemeine BIOS und die Speicherverwaltung des Systems einbezogen. Neuere PCs führen zusätzlich einen Plug&Play-Vorgang aus, um die Systemressourcen auf die verschiedenen Komponenten zu verteilen (vergl. Kapitel 3). Der PC kann nun den nächsten Schritt des Bootens ausführen: ein Betriebssystem von einem Datenträger laden.

9 Das Ergebnis des Selbsttests wird mit einem Datensatz verglichen, der sich auf einem besonderen CMOS-Chip befindet, und der die Informationen darüber enthält, welche Komponenten installiert sind. CMOS ist ein Speicher, der auch dann seine Daten behält, wenn der PC ausgeschaltet ist, da er durch eine Batterie mit Strom versorgt wird. Alle Veränderungen der Konfiguration des PC müssen im CMOS-Setup gespeichert werden. Wenn der Test neue Hardware entdeckt, erhalten Sie nun die Möglichkeit, Ihre Konfiguration im Konfigurationsmenü zu ändern.

8 Der Selbsttest schickt Signale über einen Bus zu den verschiedenen Laufwerken, um festzustellen, welche Laufwerke zur Verfügung stehen.

7 Der Prozessor untersucht, ob die Tastatur korrekt angeschlossen ist und ob irgendwelche Tasten betätigt wurden.

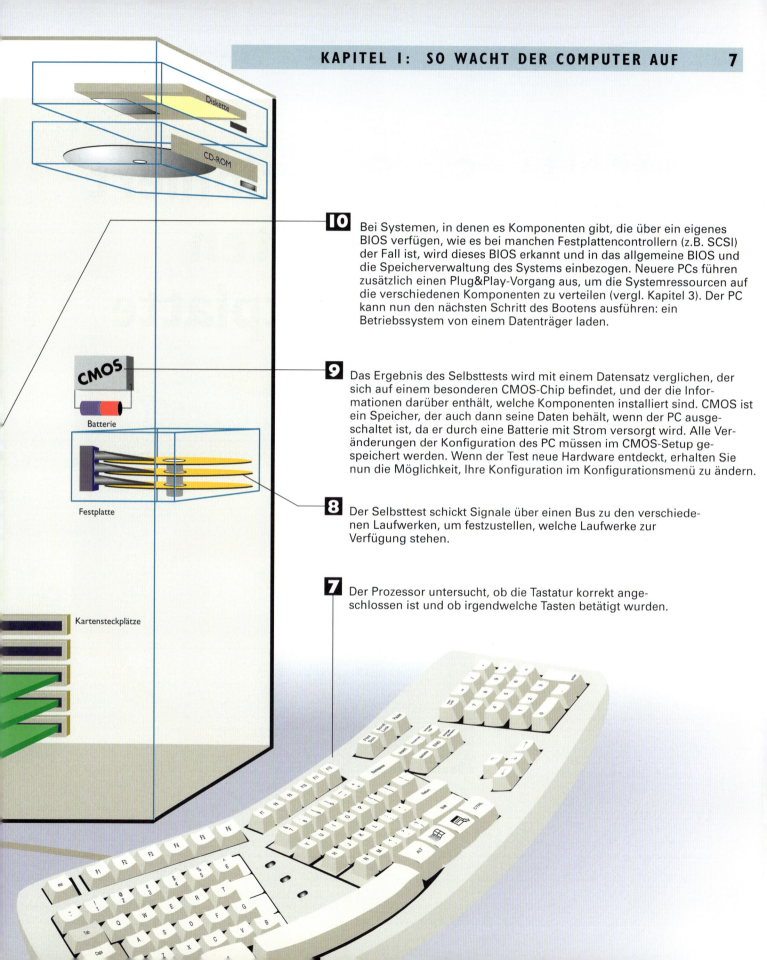

KAPITEL 2

So funktioniert das Booten von Festplatte

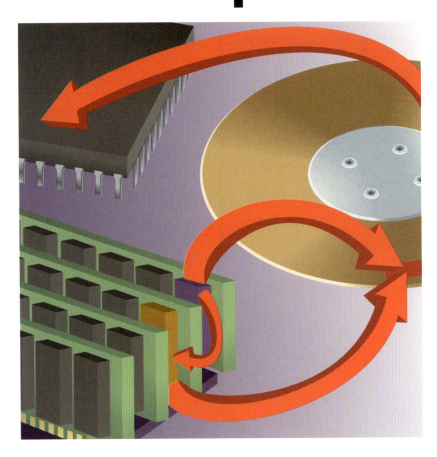

EIN PC kann nichts Vernünftiges tun, es sei denn, er hat ein Betriebssystem – eine notwendige Art Software, die als Aufseher für die ganzen Anwendungen, Spiele und anderen Programme, die Sie benutzen, fungiert. Das Betriebssystem setzt die Regeln zum Gebrauch von Speicher, Laufwerken und anderen Teilen des Computers fest. Aber bevor der PC das Betriebssystem verwenden kann, muß er es von der Festplatte in den Arbeitsspeicher (der auch als „RAM" bezeichnet wird, was die Abkürzung für den englischen Begriff „random access memory" ist) laden. Das geschieht beim Booten, bei dem ein Programmcode ausgeführt wird, der fester Bestandteil des PCs ist.

Beim Booten läuft ein Vorgang im PC ab, den er vollkommen selbständig ohne Hilfe eines externen Betriebssystems initiiert. Natürlich geschieht beim Booten nicht sehr viel. Es werden lediglich zwei Aufgaben erledigt: Der Selbsttest nach dem Einschalten (siehe Kapitel 1) wird ausgeführt, und die Laufwerke werden auf ein Betriebssystem hin untersucht. Nachdem diese Vorgänge abgeschlossen sind, werden die Betriebssystemdateien gelesen und in den Arbeitsspeicher geladen.

Es stellt sich die Frage, weshalb in PCs ein so komplizierter Vorgang abläuft. Weshalb wird nicht das Betriebssystem selbst in den PC integriert? Es gibt einfache oder sehr spezielle Computer, bei denen das der Fall ist. Ältere Computer, die hauptsächlich für Computerspiele genutzt wurden, wie zum Beispiel der Atari 400 und 800, und die Palmtop-Reihe von Hewlett Packard haben ein fest eingebautes Betriebssystem. Aber in der Regel wird das Betriebssystem von der Festplatte geladen. Dafür sprechen zwei Gründe:

Es ist einfacher ein Betriebssystem zu aktualisieren, wenn es von der Festplatte geladen wird. Wenn eine Firma wie Microsoft, die die zur Zeit beliebtesten Betriebssysteme MS-DOS und Windows herstellt, ein paar neue Funktionen hinzufügt oder schwerwiegende Bugs (Fehlfunktionen) beseitigen möchte, kann sie einfach einen Satz neuer Disketten oder eine CD erstellen. Manchmal reicht schon eine einzige Datei (ein sogenannter Patch) aus, deren Ausführung die entsprechenden Änderungen am Betriebssystem vornimmt. Es ist für Microsoft billiger, eine neue Version des Betriebssystems per Diskette oder CD-ROM zu verteilen, als einen neuen Chip zu entwerfen, der das Betriebssystem enthält. Und für den Anwender ist es ebenfalls einfacher, eine neue Version von Diskette oder CD-ROM zu installieren, als einen Chip auszuwechseln.

Der andere Grund, weshalb Betriebssysteme von der Festplatte geladen werden, ist die Möglichkeit des Anwenders, zwischen verschiedenen Betriebssystemen zu wählen. Obwohl die meisten PCs, die mit Intel-Prozessoren arbeiten, Windows 95, Windows 98, Windows ME, Windows NT oder Windows 2000 als Betriebssystem verwenden, gibt es Alternativen dazu, zum Beispiel OS/2 und verschiedene UNIX-/Linux-Betriebssysteme. Bei manchen PCs ist das Setup (die Installation) so eingestellt, daß Sie jedesmal, wenn Sie den PC einschalten, auswählen können, welches Betriebssystem verwendet werden soll.

Der Boot-Vorgang

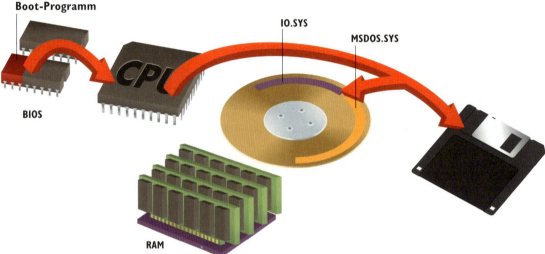

1 Nachdem der Selbsttest aller Hardwarekomponenten durchgeführt wurde, untersucht das Boot-Programm, das sich auf einem der ROM-BIOS-Chips des Computers befindet, ob in Laufwerk A eine formatierte Diskette eingelegt wurde. Wenn das der Fall ist, untersucht das Programm bestimmte Sektoren der Diskette daraufhin, ob sich dort die beiden ersten Teile des Betriebssystems befinden. Wenn Sie sich den Inhalt der Diskette mit Hilfe des DIR-Befehls oder des Windows Explorers ansehen, werden Ihnen die Namen der Systemdateien nicht angezeigt, da sie mit einem Dateiattribut versehen sind, das sie unsichtbar macht. In Microsoft Betriebssystemen heißen die Dateien IO.SYS und MSDOS.SYS. Bei IBM-Computern heißen sie IBMBIO.COM und IBMDOS.COM. Wenn das Diskettenlaufwerk leer ist, wird die Festplatte C daraufhin untersucht, ob sie diese Dateien enthält. Befindet sich eine Diskette in Laufwerk A, die diese Dateien nicht enthält, erzeugt das Boot-Programm eine Fehlermeldung.

2 Nachdem das Laufwerk mit den Systemdateien ausfindig gemacht wurde, werden die Daten, die im ersten Sektor des Laufwerks gespeichert sind, vom Boot-Programm gelesen und an eine bestimmte Stelle im Arbeitsspeicher kopiert. Diese Information ist der sogenannte „Boot-Record". Der Boot-Record befindet sich auf jeder formatierten Diskette an der gleichen Stelle. Er ist nur ungefähr 512 Byte groß, gerade ausreichend Code, um die beiden versteckten Systemdateien zu laden. Nachdem das BIOS-Boot-Programm den Boot-Record in den Arbeitsspeicher an die hexadezimale Adresse 7C00 geladen hat, wird die Kontrolle an den Boot-Record übergeben, indem zu dieser Adresse verzweigt wird.

KAPITEL 2: SO FUNKTIONIERT DAS BOOTEN VON FESTPLATTE

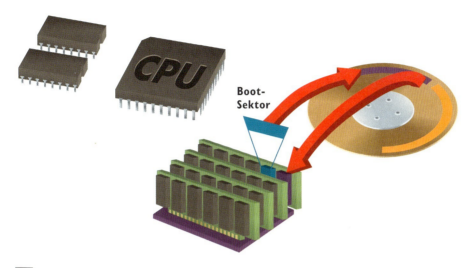

3 Der Boot-Record übernimmt die Kontrolle über den PC und lädt die Datei IO.SYS in den Arbeitsspeicher. Die Datei IO.SYS enthält Erweiterungen des ROM-BIOS und eine Routine namens SYSINIT, die den restlichen Boot-Vorgang organisiert. Nachdem die Datei IO.SYS geladen wird, wird der Boot-Record überflüssig und kann im Arbeitsspeicher durch andere Daten ersetzt werden.

4 SYSINIT übernimmt die Kontrolle über den Startvorgang und lädt die Datei MSDOS.SYS in den Arbeitsspeicher. Die Datei MSDOS.SYS arbeitet mit dem BIOS zusammen, um Dateien zu organisieren, Programme auszuführen und auf Signale der Hardware zu reagieren.

Der Boot-Vorgang

5 Unter DOS sucht SYSINIT im Hauptverzeichnis des Boot-Laufwerks nach einer Datei mit dem Namen CONFIG.SYS. Wenn die Datei vorhanden ist, teilt SYSINIT der Datei MSDOS.SYS mit, daß es die Befehle der Datei ausführen soll. Die Datei CONFIG.SYS wird vom Benutzer erstellt. Sie enthält Anweisungen für das Betriebssystem, wie bestimmte Vorgänge ablaufen sollen, beispielsweise wieviele Dateien gleichzeitig geöffnet sein dürfen. Die Datei CONFIG.SYS kann auch Anweisungen enthalten, um Gerätetreiber zu laden. Gerätetreiber sind Dateien, die Programmcode enthalten, der die Fähigkeiten des BIOS erweitert, den Speicher oder Hardwarekomponenten zu steuern.

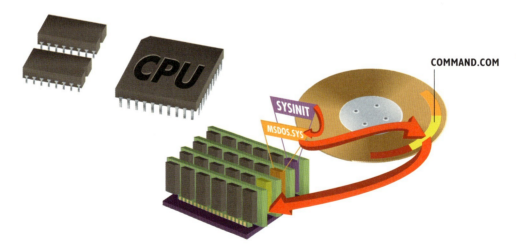

6 SYSINIT teilt der Datei MSDOS.SYS mit, die Datei COMMAND.COM zu laden. Diese Systemdatei besteht aus drei Teilen. Ein Teil ist eine Erweiterung der Input-/Output-Funktionen. Dieser Teil wird zusammen mit dem BIOS in den Arbeitsspeicher geladen und wird Teil des Betriebssystems.

KAPITEL 2: SO FUNKTIONIERT DAS BOOTEN VON FESTPLATTE 13

7 Der zweite Teil der Datei COMMAND.COM enthält die internen DOS-Befehle, wie zum Beispiel DIR, COPY und TYPE. Er wird an das obere Ende des konventionellen Arbeitsspeichers geladen, so daß er von Anwendungen überschrieben werden kann, falls sie den Arbeitsspeicher benötigen.

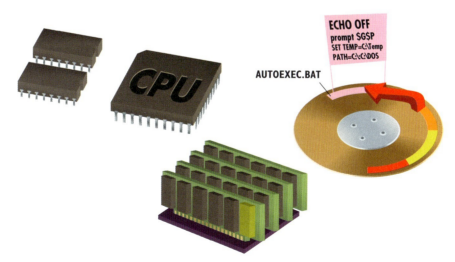

8 Der dritte Teil der Datei COMMAND.COM wird lediglich einmal benötigt und dann abgelegt. Dieser Teil sucht im Hauptverzeichnis nach der Datei AUTOEXEC.BAT. Diese Datei wird vom Anwender erstellt und enthält eine Reihe von DOS-Stapelbefehlen bzw. die Namen von Programmen, die der Anwender jedesmal ausführen möchte, wenn er den Rechner anschaltet. Das Booten des PCs ist damit abgeschlossen, und der PC kann nun benutzt werden.

14 TEIL I DAS BOOTEN

KAPITEL 3
So funktioniert Plug&Play

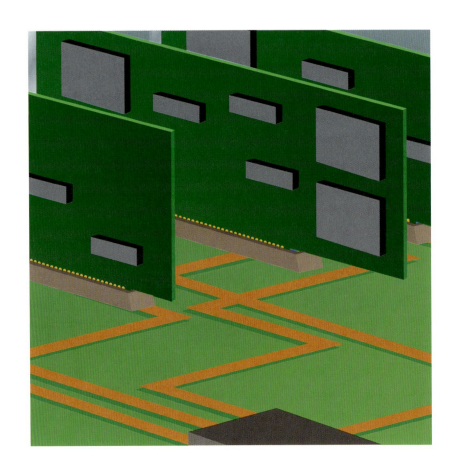

Bis vor kurzem glich es einem Alptraum, wenn Sie eine neue Erweiterung für Ihren PCs gekauft hatten und dann versuchen mußten, sie mit den anderen Komponenten Ihres PCs in Einklang zu bringen. Es gab Probleme, weil jede Komponente mit dem Prozessor und anderen Komponenten kommunizieren muß, aber nur einige wenige Kanäle für diese Kommunikation vorhanden sind. Diese Kanäle werden in der Regel als Systemressourcen bezeichnet. Eine Ressource ist ein sogenannter „Interrupt" (der englische Begriff „interrupt" bedeutet „Unterbrechung"). Eine andere Systemressource ist eine direkte Verbindung zum Speicher, die als „DMA" bezeichnet wird (DMA steht für „Direct Memory Access").

Wie der Name bereits andeutet, bewirkt ein Interrupt die Unterbrechung dessen, was der Prozessor gerade ausführt, damit der Prozessor die Anfrage der Komponente nach Prozessorzeit untersuchen kann. Wenn zwei Komponenten denselben Kanal für ihre Anfragen benutzen, kann der Prozessor nicht feststellen, von welcher Komponente die Anfrage kommt. Wenn zwei Komponenten die gleiche DMA benutzen, kann eine Komponente die Daten der anderen überschreiben, die im Arbeitsspeicher abgelegt sind. Wenn so etwas passiert, ist von einem „Konflikt" die Rede, und das ist in der Regel ausgesprochen unerfreulich.

In der Steinzeit der PCs – den achtziger Jahren und der ersten Hälfte der neunziger Jahre – gab es zwei Möglichkeiten, um Konflikte zu vermeiden. Die eine Möglichkeit bestand darin, genau Buch zu führen, welche Komponente Ihres PCs welche Systemressourcen benutzt. Natürlich gab es niemanden, der über diese Informationen verfügte. Da half nur Probieren.

Es mußte einen einfacheren Weg geben. Und es gibt ihn inzwischen. Die meisten Computerfirmen, darunter auch Microsoft und Intel, einigten sich auf einen Standard, den sie optimistisch als „Plug and Play" (Plug&Play, „Einstecken und Benutzen") bezeichneten. Wenn alle Teile Ihres PCs dem Plug&Play-Standard entsprechen, arbeiten theoretisch das BIOS Ihres PCs, die Systemsoftware und die Komponenten von selbst so zusammen, daß die Systemressourcen nicht mehrfach belegt werden. Aber nicht jede Komponente entspricht dem Plug&Play-Standard. Achten Sie darauf, wenn Sie eine Komponente kaufen.

Vor der Zeit von Plug&Play mußten Sie Ihren Rechner ausschalten, bevor Sie eine neue Hardwarekomponente installieren konnten. Mit Plug&Play ist es möglich, Geräte zu verändern, ohne den Rechner herunterzufahren. Dieser Vorgang wird als „hot swapping" („heißes Austauschen") bezeichnet. Es wird sich wohl vor allem für Notebooks und andere Rechner durchsetzen, die PCMCIA-Karten (PC-Karten) benutzen.

Die Schwierigkeit daran ist, daß Ihr PC, das BIOS, die Peripheriegeräte und das Betriebssystem alle den Plug&Play-Standard unterstützen müssen. Aufgrund der Laissez-faire-Einstellung vieler PC- und Komponentenhersteller gegenüber Standards ist Plug&Play nicht perfekt. Windows liefert zwar viele Plug&Play-Treiber, die von anderen Firmen verwendet werden können, aber es gibt keine Möglichkeit, die Hersteller von Komponenten dazu zu zwingen, sich nach dem Standard zu richten. Trotzdem ist es ein großer Schritt in Richtung problemlosen Aufrüstens.

Plug&Play

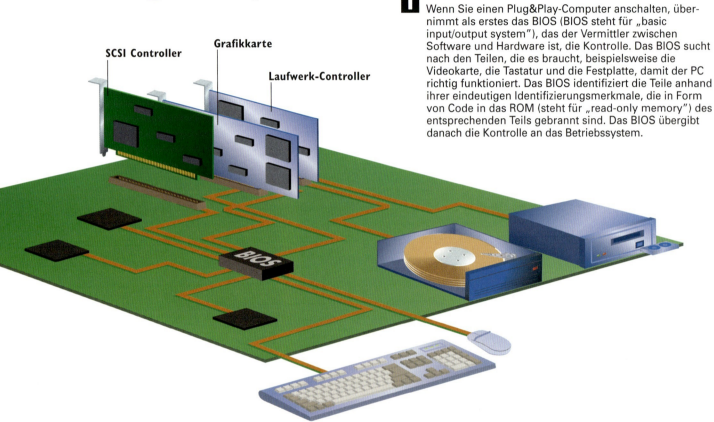

1 Wenn Sie einen Plug&Play-Computer anschalten, übernimmt als erstes das BIOS (BIOS steht für „basic input/output system"), das der Vermittler zwischen Software und Hardware ist, die Kontrolle. Das BIOS sucht nach den Teilen, die es braucht, beispielsweise die Videokarte, die Tastatur und die Festplatte, damit der PC richtig funktioniert. Das BIOS identifiziert die Teile anhand ihrer eindeutigen Identifizierungsmerkmale, die in Form von Code in das ROM (steht für „read-only memory") des entsprechenden Teils gebrannt sind. Das BIOS übergibt danach die Kontrolle an das Betriebssystem.

2 Das Betriebssystem führt spezielle Treiber(programme) aus, die als „Zähler" bezeichnet werden – Programme, die als Schnittstelle zwischen dem Betriebssystem und den verschiedenen Teilen fungieren. Es gibt „Bus-Zähler", Zähler für einen speziellen Bus, der „SCSI" genannt wird („SCSI" steht für „small computer system interface", was im Deutschen „Schnittstelle für kleine Computersysteme" heißt), Schnittstellenzähler (im Englischen werden sie als „port enumerators" bezeichnet) und andere. Das Betriebssystem fragt jeden der Zähler, welche Teile er kontrolliert und welche Systemressourcen dafür benötigt werden.

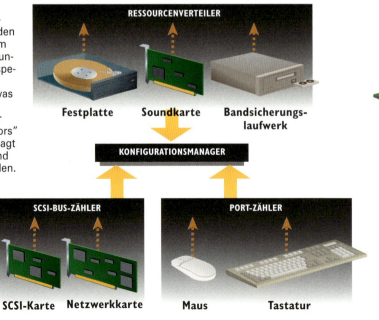

KAPITEL 3: SO FUNKTIONIERT PLUG&PLAY   17

3 Das Betriebssystem speichert die Informationen der Zähler in einem Hardwarebaum, der aus einer Datenbank besteht, die im Arbeitsspeicher gespeichert wird. Das Betriebssystem untersucht dann den Hardwarebaum, um herauszufinden, wie die Ressourcen aufgeteilt werden. Mit anderen Worten: Das Betriebssystem entscheidet, nachdem es die Information in einer Datenbank abgelegt hat, welche Ressourcen, zum Beispiel welche Interrupts (sie werden mit „IRQ" abgekürzt), welchen Komponenten zugeteilt werden. Das System teilt dann den Zählern mit, welche Ressourcen für welche Komponenten zur Verfügung stehen. Die Zähler speichern die Informationen über die Zuweisung von Ressourcen in den programmierbaren Registern der Geräte. Man kann sich diese als digitale Tafeln vorstellen, die sich auf den Speicherchips befinden.

SCSI-Karte

Tastatur

Soundkarte

Netzwerkkarte

Festplatte

Bandsicherungslaufwerk

Maus

4 Zuletzt sucht das Betriebssystem nach dem richtigen Gerätetreiber für jedes Teil. Ein Gerätetreiber besteht aus einigen Zeilen zusätzlichen Programmcodes für das Betriebssystem, der das Betriebssystem über die Hardware des Teils so weit informiert, wie es für die Kommunikation zwischen Betriebssystem und Komponente notwendig ist. Wenn das System keinen Gerätetreiber findet, fordert es Sie auf, ihn zu installieren. Das System lädt dann alle notwendigen Treiber und teilt jedem Treiber mit, welche Ressourcen das entsprechende Teil verwendet. Die Gerätetreiber initialisieren daraufhin ihre Geräte, und der Boot-Vorgang kann abgeschlossen werden.

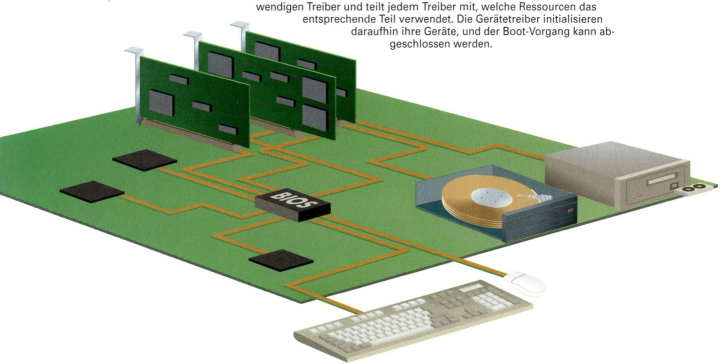

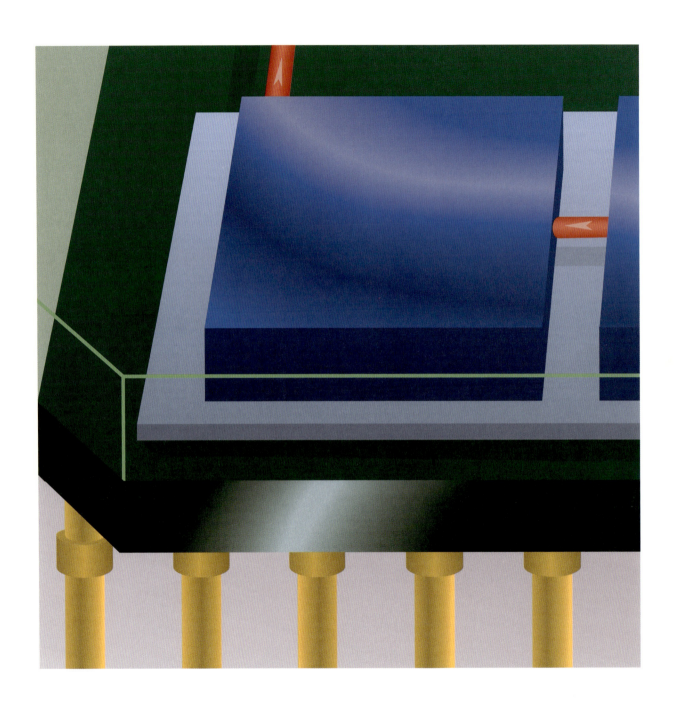

TEIL 2

MIKROCHIPS

Kapitel 4: So funktioniert ein Transistor
22

Kapitel 5: So funktioniert der Arbeitsspeicher
26

Kapitel 6: So addiert ein Computer
32

Kapitel 7: So funktionieren RISC- und CISC-Prozessoren
36

Kapitel 8: So funktioniert ein Mikroprozessor
40

DIE ersten Computer bestanden aus Komponenten, die als „Vakuumröhren" bezeichnet werden. Wenn Sie nicht mindestens so alt sind, daß Sie zur Generation der Baby-Boomer gehören, kennen Sie diese Vakuumröhren bis auf eine Ausnahme nicht mehr. Mit Ausnahme Ihres Bildschirms und Ihres Fernsehers werden sie nicht mehr in Elektrogeräten verwendet.

Vakuumröhren fungierten als elektronische Schalter. Wenn Strom durch einen Teil der Röhre floß, wurde ein anderer Teil so heiß, daß Elektronen frei wurden und von einem Teil der Röhre angezogen wurden, das eine positive Ladung besitzt. Ein Vakuum wurde deshalb in der Röhre benötigt, damit die Elektronen möglichst wenig Widerstand von Molekülen in der Luft hatten. Wenn die Elektronen flossen, war der Schalter an, wenn sie nicht flossen, war er aus.

Im Grunde genommen ist ein Computer eine Ansammlung von An-/Aus-Schaltern, was zunächst nicht besonders sinnvoll erscheint. Aber stellen Sie sich ein großes Feld von Glühbirnen vor – sagen wir zehn Reihen mit jeweils 50 Glühbirnen. Jede Glühbirne ist mit einem Schalter verbunden. Wenn Sie die richtige Kombination von Glühbirnen einschalten, können Sie mit dem Licht Ihren Namen darstellen.

Computer sind diesem Feld von Glühbirnen sehr ähnlich, mit einem gravierenden Unterschied: Ein Computer kann feststellen, welche Glühbirnen eingeschaltet sind und aufgrund dieser Information andere Schalter betätigen. Wenn das Muster der eingeschalteten Birnen den Namen „Thomas" ergibt, kann man den Computer so programmieren, daß aufgrund des Musters „Thomas" eine Reihe von anderen Schaltern betätigt wird, so daß das Wort „Junge" angezeigt wird. Wenn das Muster den Namen „Maria" ergibt, könnte der Computer eine andere Gruppe von Schaltern betätigen, um das Wort „Mädchen" anzuzeigen. Das An-/Aus-Konzept spiegelt das binäre System perfekt wider, welches jede Zahl mit Hilfe von 0 und 1 darstellt. Die ersten Computerhersteller konnten binäre mathematische Berechnungen vornehmen, indem sie einen Raum voller Vakuumröhren bedienten, und durch die Zuordnung von alphanumerischen Zeichen zu bestimmten Zahlen konnten Sie auch Text erzeugen.

Das Problem dieser ersten Computer bestand darin, daß sie aufgrund der großen Hitze, die durch die vielen hundert Vakuumröhren entstand, relativ unzuverlässig waren. Die Hitze hatte zum einen den hohen Verschleiß vieler Teile zur Folge, zum anderen kostete sie enorm viel Energie. Damit Vakuumröhren angeschaltet sind, müssen sie nicht diesen enormen Elektronenfluß erzeugen, den sie damals erzeugten. Auch ein geringer Elektronenfluß würde ausreichen, aber die Vakuumröhren waren groß. Sie hatten eine solche Größe, daß jedes Teil mit dem bloßen Auge sichtbar war. Sie waren einfach zu wenig ausgereift, um einen feineren Elektronenfluß produzieren zu können. Erst mit den Transistoren veränderten sich die Möglichkeiten, Computer zu bauen.

Ein Transistor ist im Grunde das gleiche wie eine Vakuumröhre, aber in mikroskopisch kleiner Form. Weil er klein ist, benötigt er weniger Strom, um den Elektronenfluß zu erzeugen. Weil er weniger Strom braucht, produziert er auch weniger Wärme, wodurch die Computer zuverlässiger werden. Und die geringe Größe der Transistoren bedeutet, daß Computer, die früher einen ganzen Raum ausfüllten, jetzt ganz bequem auf Ihren Schoß passen.

Alle Mikrochips, ganz gleich, ob es sich um Mikroprozessoren, Speicherchips oder ein spezielles Bauteil handelt, sind eine riesige Sammlung von Transistoren, die jeweils verschieden angeordnet sind, so daß sie verschiedene Aufgaben erledigen können. Derzeit beträgt die Zahl der Transistoren, die auf einem einzelnen Chip untergebracht werden kann, ungefähr 25 Millionen. Die physikalische Grenze hat ihren Grund darin, wie nahe die Hersteller die Lichtstrahlen nebeneinander senden können, die dazu dienen, das Rohmaterial der Transistoren mit lichtempfindlichem Material zu bearbeiten. Chiphersteller experimentieren mit Röntgenstrahlen anstelle von normalem Licht, weil Röntgenstrahlen wesentlich schmaler sind. Irgendwann werden Transistoren möglicherweise zu ihrer logischen Grenze gebracht werden – die molekulare Ebene, auf der die Anwesenheit bzw. Abwesenheit eines Elektrons die Zustände An und Aus repräsentiert.

KAPITEL 4
So funktioniert ein Transistor

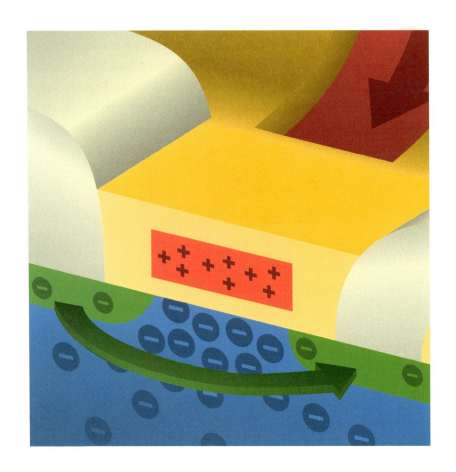

DER Transistor ist der Grundbaustein, aus dem sich alle Mikrochips zusammensetzen. Der Transistor kann lediglich binäre Information erzeugen: eine 1, wenn Strom fließt, und eine 0, wenn keiner fließt. Aus diesen Einsen und Nullen, die als „Bits" bezeichnet werden, kann ein Computer jede Zahl erzeugen, vorausgesetzt er verfügt über genügend zusammengehörige Transistoren, die die Einsen und Nullen speichern.

Die binäre Bezeichnung ist ganz einfach:

Dezimalzahl	Binärzahl	Dezimalzahl	Binärzahl
0	0	6	110
1	1	7	111
2	10	8	1000
3	11	9	1001
4	100	10	1010
5	101		

Personalcomputer, die beispielsweise auf einem Intel-8088- oder 80286-Prozessor basieren, sind 16-Bit-PCs. Dies bedeutet, daß sie mit binären Zahlen von bis zu 16 Stellen bzw. Bits arbeiten können. Entsprechend wäre also die größte darstellbare Dezimalzahl 65.536. Wenn für eine Rechenoperation größere Zahlen benötigt werden, muß der PC diese Zahlen zunächst in kleinere Teile aufschlüsseln, die Rechenoperation mit diesen Teilen durchführen und dann die Teilergebnisse zu einem Gesamtergebnis zusammenfügen. Größere PCs, die zum Beispiel auf den Intel-Prozessoren 80386, 80486 oder dem Pentium basieren, sind 32-Bit-PCs. Dies heißt, daß sie binäre Zahlen bis zu einer Länge von 32 Stellen verarbeiten können, was der dezimalen Zahl 4.294.967.296 entspricht. Die Fähigkeit, mit bis zu 32 Bits zu arbeiten, macht diese Rechner wesentlich schneller.

Transistoren dienen nicht nur dazu, Zahlen zu speichern und damit zu rechnen. Die Bits können auch für die Wahrheitswerte Wahr (1) oder Falsch (0) stehen, wodurch es möglich ist, die Boolesche Algebra auf dem Computer anzuwenden. Transistorkombinationen in verschiedenen Konfigurationen werden als „logisches Gatter" bezeichnet, die sich zu Feldern kombinieren lassen, die Halbaddierer genannt werden und wiederum zu Volladdierern zusammengefaßt werden. Um mit 16-Bit-Zahlen rechnen zu können, sind mehr als 260 Transistoren notwendig, die einen Volladdierer bilden.

Zusätzlich ist es mit Hilfe von Transistoren möglich, mit einer geringen Menge Strom einen anderen Verbraucher einer größeren Menge Strom zu kontrollieren – genauso wie man mit einer kleinen Strommenge einen Lichtschalter betätigen kann, der dann dafür sorgt, daß der stärkere Strom fließt, der eine Lampe zum Leuchten bringt.

Transistoren

1 Eine geringe positive elektrische Ladung wird in einer Aluminiumleitung entlanggeleitet, die zum Transistor führt. Die positive Ladung wird in eine Schicht von leitendem Polysilizium geleitet, die von nichtleitendem Siliziumdioxid umgeben ist.

2 Die positive Ladung zieht negativ geladene Elektronen aus einer Schicht von P-Typ(positiv dotiert)- Silizium an, die wiederum zwei Schichten von N-Typ(negativ dotiert)- Silizium voneinander trennt.

3 Der Elektronenfluß aus dem P-Typ-Silizium erzeugt ein Vakuum, das mit Elektronen gefüllt wird, die aus einer anderen leitenden Schicht dorthin fließen. Diese Schicht wird als die „Source" (Quelle) bezeichnet. Die Elektronen, die von der Quelle fließen, füllen nicht nur das Vakuum des P-Typ-Siliziums, sondern fließen auch zu einer ähnlichen leitenden Schicht, die als „Drain" (Ableitung) bezeichnet wird. Dadurch schließt sich der Stromkreis und der Transistor wird aktiviert, so daß er 1 Bit repräsentiert. Wenn das Polysilizium negativ geladen ist, werden die Elektronen der Quelle abgestoßen, und der Transistor wird ausgeschaltet.

SO FUNKTIONIEREN SILIZIUMPLÄTTCHEN

Auf einem Siliziumplättchen befinden sich Tausende von Transistoren. Das Plättchen ist in Plastik eingebettet und verfügt über Leiter aus Metall, die so groß sind, daß es möglich ist, den Chip mit anderen Bauteilen im Computer zu verbinden. Die Leiter übertragen Signale in den Chip und senden Signale zu anderen Komponenten des Computers.

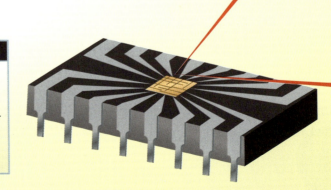

KAPITEL 4: SO FUNKTIONIERT EIN TRANSISTOR

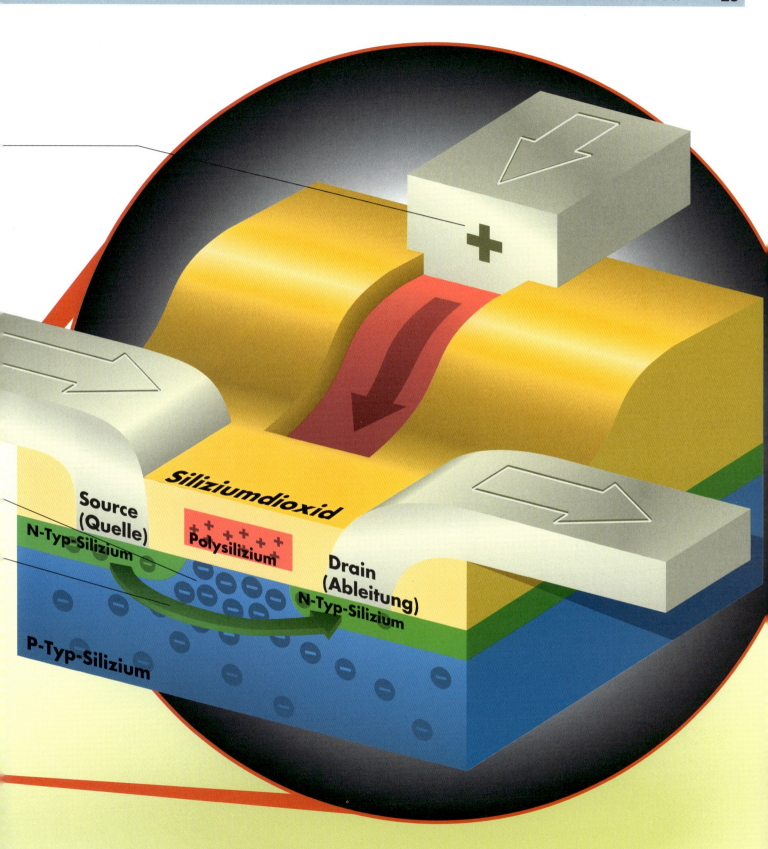

KAPITEL 5
So funktioniert der Arbeitsspeicher

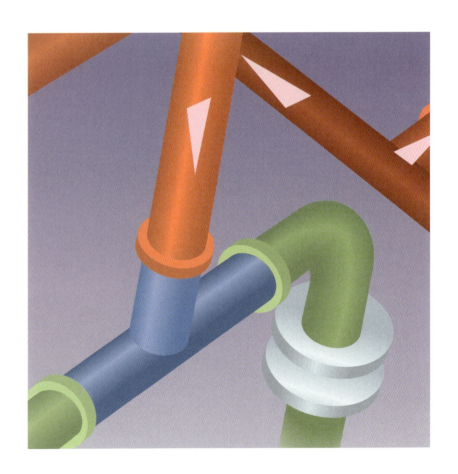

DER Arbeitsspeicher (RAM = Random Access Memory) Ihres Computers ist mit der unbemalten Leinwand eines Künstlers vergleichbar. Bevor der Computer etwas Sinnvolles tun kann, muß er Anwendungen von der Festplatte in den Arbeitsspeicher laden. Auch die Daten, die in Form von Dokumenten, Tabellen, Grafiken, Datenbanken oder in anderen Dateien vorhanden sind, müssen – wenn auch nur vorübergehend – im Arbeitsspeicher abgelegt werden, bevor die Software mit Hilfe des Prozessors daran Änderungen vornehmen kann.

Unabhängig davon, welche Art von Daten von einem Computer verarbeitet werden, und unabhängig davon, wie kompliziert uns diese Daten erscheinen mögen, bestehen sie für den Computer nur aus Nullen und Einsen. Da selbst die leistungsfähigsten Computer im Grunde genommen nur aus einer Ansammlung von Schaltern bestehen, sind binäre Zahlen die Muttersprache von Personalcomputern: ein offener Schalter entspricht einer Null, ein geschlossener Schalter einer Eins. In diesem Zusammenhang wird manchmal auch von Maschinensprache gesprochen. Durch dieses einfachste aller numerischen Systeme kann Ihr Computer Millionen von Zahlen, jedes Wort in jeder Sprache und unzählige Farben und Formen darstellen.

Da die Menschen die binäre Sprache längst nicht so gut beherrschen wie Computer, werden die Daten am Bildschirm in einer dem Menschen verständlichen Form dargestellt – normalerweise mit Hilfe des Alphabets oder in Form von Zahlen. Wenn Sie beispielsweise ein großes A eintippen, verwenden das Betriebssystem und die Software die sogenannten ASCII-Codes, die bestimmten Zahlen eindeutige Buchstaben zuordnen. Da der Computer mit Zahlen arbeitet, ist es auf Maschinenebene für ihn einfacher, binäre Zahlen zu verarbeiten. Aber für Programmierer und andere Menschen ist es einfacher, dezimale Zahlen zu benutzen. Das große A entspricht der dezimalen Zahl 65, B entspricht 66, C 67 etc. Trotzdem werden auch diese Zahlen in binärer Form im Computer gespeichert.

Eben diese binären Schlüssel sind es, die die Festplatte und den Arbeitsspeicher der PCs ausfüllen. Aber wenn Sie den Computer anschalten, ist der Arbeitsspeicher leer. Der Speicher wird mit Nullen und Einsen gefüllt, wenn Daten von der Festplatte gelesen werden oder durch Ihre Arbeit am Computer. Wenn Sie den Computer ausschalten, wird alles, was sich im Arbeitsspeicher befindet, gelöscht. Einige neuere Speicherchips können ihre elektrische Ladung behalten, wenn der Computer ausgeschaltet wird. Aber die meisten Speicherchips funktionieren nur, wenn es eine elektrische Quelle gibt, die die unzähligen elektrischen Ladungen, die die Anwendungen und Daten im Arbeitsspeicher repräsentieren, ständig erneuern.

Daten in den Arbeitsspeicher schreiben

1 Die Software sendet in Verbindung mit dem Betriebssystem einen elektrischen Impuls durch eine Adreßleitung, die aus einem mikroskopisch kleinen Kabel aus leitendem Material besteht, das auf den Speicherchip geätzt wurde. Jede Adreßleitung identifiziert den genauen Ort im Chip, wo Daten gespeichert werden können. Der elektrische Impuls legt fest, wo in den vielen Adreßleitungen auf einem Speicherchip die Daten gespeichert werden.

2 An jeder Stelle des Speicherchips, an der Daten abgelegt werden können, wird ein Transistor angeschaltet (geschlossen), der mit einer Datenleitung verbunden ist. Ein Transistor ist eigentlich ein mikroskopisch kleiner elektrischer Schalter.

3 Während die Transistoren angeschaltet werden, sendet die Software elektrische Impulse durch ausgewählte Datenleitungen. Jeder Impuls entspricht einem Bit – in der Muttersprache des Prozessors ist das die kleinste Einheit, in der Informationen gespeichert und verändert werden. Es handelt sich entweder um eine 0 oder eine 1.

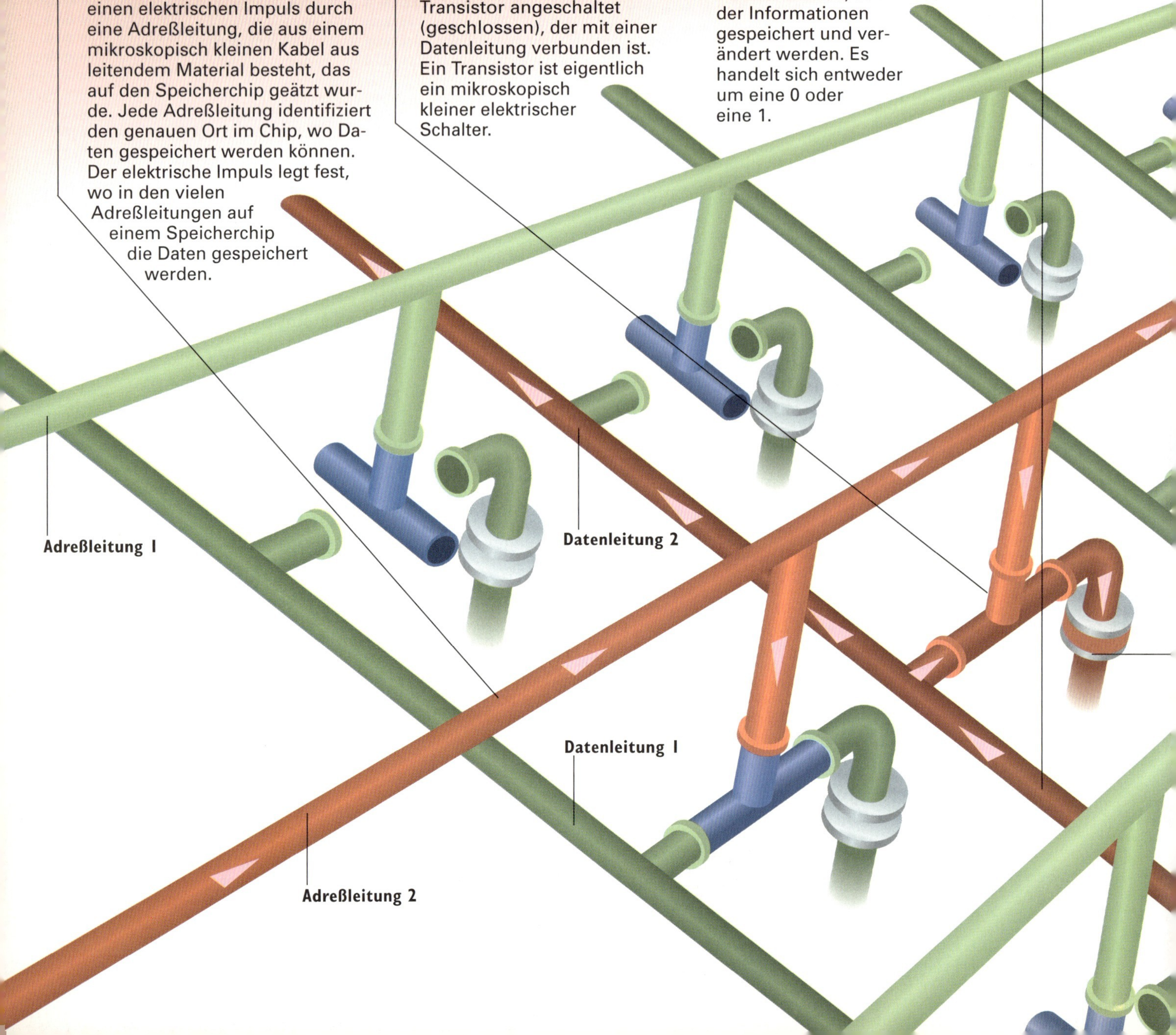

Adreßleitung 1

Datenleitung 2

Datenleitung 1

Adreßleitung 2

KAPITEL 5: SO FUNKTIONIERT DER ARBEITSSPEICHER

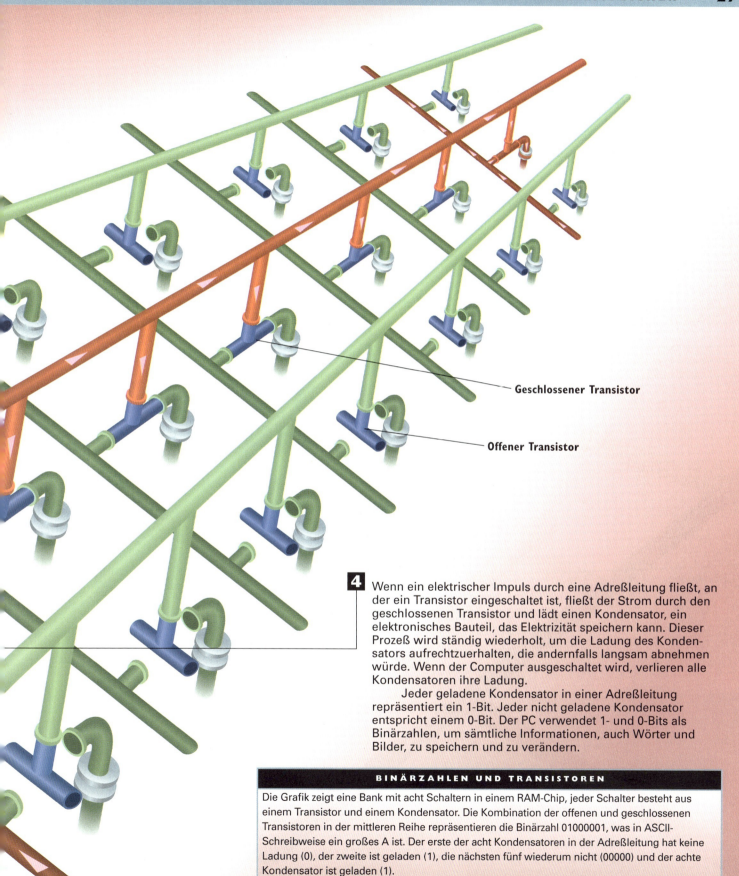

Geschlossener Transistor

Offener Transistor

4 Wenn ein elektrischer Impuls durch eine Adreßleitung fließt, an der ein Transistor eingeschaltet ist, fließt der Strom durch den geschlossenen Transistor und lädt einen Kondensator, ein elektronisches Bauteil, das Elektrizität speichern kann. Dieser Prozeß wird ständig wiederholt, um die Ladung des Kondensators aufrechtzuerhalten, die andernfalls langsam abnehmen würde. Wenn der Computer ausgeschaltet wird, verlieren alle Kondensatoren ihre Ladung.

Jeder geladene Kondensator in einer Adreßleitung repräsentiert ein 1-Bit. Jeder nicht geladene Kondensator entspricht einem 0-Bit. Der PC verwendet 1- und 0-Bits als Binärzahlen, um sämtliche Informationen, auch Wörter und Bilder, zu speichern und zu verändern.

BINÄRZAHLEN UND TRANSISTOREN

Die Grafik zeigt eine Bank mit acht Schaltern in einem RAM-Chip, jeder Schalter besteht aus einem Transistor und einem Kondensator. Die Kombination der offenen und geschlossenen Transistoren in der mittleren Reihe repräsentieren die Binärzahl 01000001, was in ASCII-Schreibweise ein großes A ist. Der erste der acht Kondensatoren in der Adreßleitung hat keine Ladung (0), der zweite ist geladen (1), die nächsten fünf wiederum nicht (00000) und der achte Kondensator ist geladen (1).

Daten aus dem Arbeitsspeicher lesen

1 Wenn eine Software die Daten lesen möchte, die im Arbeitsspeicher abgelegt wurden, wird ein weiterer elektrischer Impuls durch eine Adreßleitung gesendet, der wiederum die Transistoren schließt, die damit verbunden sind.

2 Überall in der Adreßleitung, wo sich ein geladener Kondensator befindet, werden die Kondensatoren – durch das Schließen des Stromkreises aufgrund der geschlossenen Transistoren – entladen und senden elektrische Impulse durch die Datenleitungen.

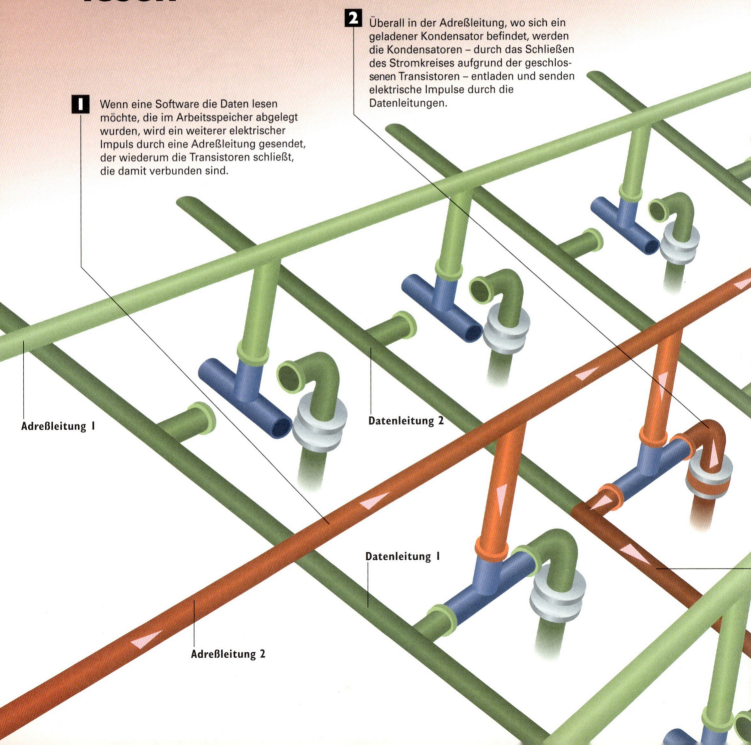

Adreßleitung 1

Datenleitung 2

Datenleitung 1

Adreßleitung 2

KAPITEL 5: SO FUNKTIONIERT DER ARBEITSSPEICHER

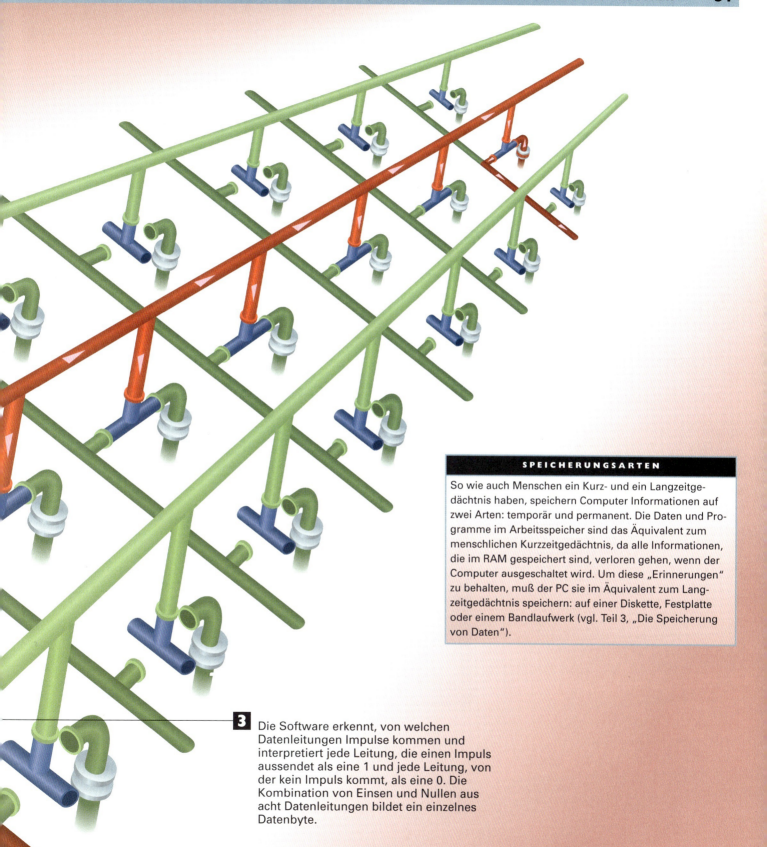

SPEICHERUNGSARTEN

So wie auch Menschen ein Kurz- und ein Langzeitgedächtnis haben, speichern Computer Informationen auf zwei Arten: temporär und permanent. Die Daten und Programme im Arbeitsspeicher sind das Äquivalent zum menschlichen Kurzzeitgedächtnis, da alle Informationen, die im RAM gespeichert sind, verloren gehen, wenn der Computer ausgeschaltet wird. Um diese „Erinnerungen" zu behalten, muß der PC sie im Äquivalent zum Langzeitgedächtnis speichern: auf einer Diskette, Festplatte oder einem Bandlaufwerk (vgl. Teil 3, „Die Speicherung von Daten").

3 Die Software erkennt, von welchen Datenleitungen Impulse kommen und interpretiert jede Leitung, die einen Impuls aussendet als eine 1 und jede Leitung, von der kein Impuls kommt, als eine 0. Die Kombination von Einsen und Nullen aus acht Datenleitungen bildet ein einzelnes Datenbyte.

KAPITEL 6
So addiert ein Computer

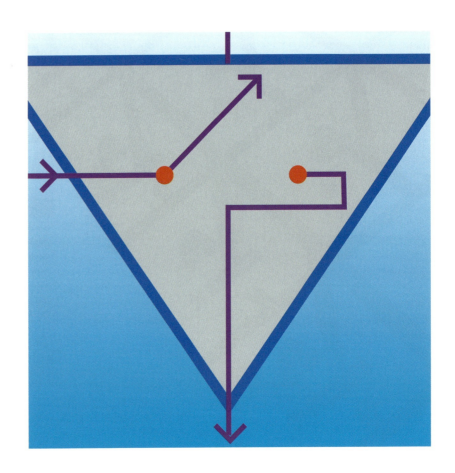

Am einfachsten stellt man sich einen Computer als eine riesige Ansammlung von Schaltern vor (was auch zutrifft). Diese Schalter bestehen aus mikroskopisch kleinen Transistoren, die auf ein Stück Silizium geätzt werden. Aber für den momentanen Zweck ist es besser, sich den Computer als eine riesige Fläche vorzustellen, die aus Tausenden von Lichterketten besteht. Halten Sie sich jetzt mal die Schaltzentrale hinter der Fläche vor Augen, in der es für jede Glühbirne einen eigenen Schalter gibt. Durch die Betätigung der richtigen Schalter können Sie Ihren Namen auf der Fläche darstellen oder eine Abbildung erzeugen.

Angenommen, es gibt Hauptschalter, mit denen sich Dutzende von anderen Schaltern bedienen lassen. Statt jeden Schalter für die Glühbirnen einzeln umzulegen, die Ihren Namen darstellen sollen, können Sie einen Schalter betätigen, der eine Kombination von Glühbirnen anschaltet, die ein B darstellen. Ein weiterer Hauptschalter schaltet alle Glühbirnen ein, die für ein E notwendig sind, und ein dritter erzeugt ein N.

Nun haben Sie ein ziemlich genaues Bild davon, wie ein Computer funktioniert. Ersetzen Sie die Anzeigefläche durch den Bildschirm, die Schaltzentrale durch den Arbeitsspeicher (der einer Ansammlung von Transistorenschaltern entspricht) sowie die Hauptschalter durch die Tastatur, und Sie verfügen über einen Computer, der zumindest eine der grundlegenden Funktionen erfüllt: alles, was Sie eintippen, wird am Bildschirm dargestellt.

Um ein nützliches Werkzeug zu sein, muß ein Computer natürlich weit mehr können, als nur Wörter auf einem Bildschirm darzustellen. Aber die An- und Aus-Position der Schalter, die für die Bildschirmdarstellung verantwortlich ist, kann auch dafür genutzt werden, Zahlen zu addieren, indem die Nullen und Einsen des binären Systems verwendet werden. Und wenn Sie die Addition beherrschen, können Sie jede mathematische Operation durchführen, da die Multiplikation lediglich eine wiederholte Addition ist, die Subtraktion die Addition mit negativen Zahlen und die Division eine wiederholte Subtraktion. Schließlich besteht für einen Computer die Welt aus Zahlen – dies gilt für die Mathematik ebenso wie für Wörter, Zahlen und Softwareanweisungen. Diese Tatsache ist dafür verantwortlich, daß die Transistoren jegliche Form der Datenmanipulation vornehmen können.

Die ersten Computer glichen in der Art, in der sie verwendet wurden, mehr der zuvor beschriebenen Anzeigefläche. Sie besaßen keine Tastatur und keinen Bildschirm. Die ersten Computernutzer betätigten eine Reihe von Schaltern in einer bestimmten Reihenfolge, um Daten darzustellen und zu manipulieren. Anstelle von Transistoren waren Vakuumröhren in den ersten Computern eingebaut, die enorm groß waren und eine Unmenge Hitze produzierten. Um das Ergebnis der Berechnungen des Computers lesen zu können, mußten die Benutzer etwas entziffern, was tatsächlich wie eine zufällige Anordnung von Lichtern aussah. Selbst der kleinste PC, den es heute zu kaufen gibt, ist wesentlich leistungsfähiger als das, was die Computerpioniere bauten.

So addiert ein Computer

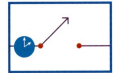 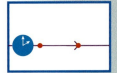

Dezimal	Binär
0	0
1	1
2	10
3	11
4	100
5	101
6	110
7	111
8	1000
9	1001
10	1010

1 Sämtliche Informationen – egal ob Wörter, Grafiken oder Zahlen – werden in Form von binären Zahlen im Computer gespeichert und bearbeitet. Im binären Zahlensystem gibt es lediglich zwei Ziffern – 0 und 1. Alle Zahlen, Wörter und Grafiken werden mit Hilfe verschiedener Kombinationen dieser Ziffern dargestellt.

2 Transistorenschalter werden dafür verwendet, binäre Zahlen zu verändern. Die zwei verschiedenen Zustände des Schalters, offen (aus) und geschlossen (an), entsprechen genau den zwei binären Ziffern. Ein offener Transistor, durch den kein Strom fließt, repräsentiert eine 0. Ein geschlossener Transistor, durch den ein elektrischer Impuls vom Taktgeber des PC gesendet werden kann, repräsentiert eine 1. (Der Taktgeber des Computers bestimmt, wie schnell ein Computer arbeitet. Je höher die Taktfrequenz ist, desto schneller arbeitet auch der Computer. Die Geschwindigkeit des Taktgebers wird in Megahertz oder Millionen Takten pro Sekunde gemessen.) Der Strom, der durch einen Transistor fließt, läßt sich dazu verwenden, um einen anderen Transistor zu kontrollieren und diesen ein- oder auszuschalten und somit seinen Status zu ändern. Eine solche Kombination wird als „Gatter" bezeichnet, weil der Transistor wie ein Zaungatter offen oder geschlossen sein kann und damit den Stromfluß möglich macht oder ihn stoppt.

3 Die einfachste Operation, die mit Hilfe eines Transistors ausgeführt werden kann, wird als „Logisches NICHT-Gatter" bezeichnet. Es verarbeitet einen Input des Taktgebers und eines anderen Transistors. Das NICHT-Gatter erzeugt einen einzelnen Output, der immer das Gegenteil des Input des anderen Transistors ist. Das NICHT-Gatter verfügt nur über jeweils einen Transistor. Wenn Strom von einem anderen Transistor, der die 1 repräsentiert, zu einem NICHT-Gatter gelangt, wird dessen Schalter geöffnet, so daß ein Impuls oder Strom vom Taktgeber nicht hindurchfließen kann. Der Output des NICHT-Gatters ist damit 0. Ein Input von 0 schließt den Transistor des NICHT-Gatters, so daß der Taktimpuls hindurchfließen kann und der Output 1 erzeugt wird.

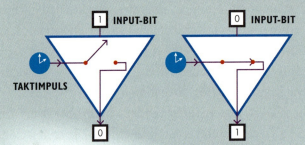

NICHT-Gatter-Operationen

INPUT DES TAKTGEBERS	INPUT DES ANDEREN TRANSISTORS	OUTPUT
1	1	0
1	0	1

4 Indem man NICHT-Gatter in verschiedenen Kombinationen zusammenfaßt, lassen sich andere logische Gatter erzeugen, die alle eine Leitung besitzen, über die die Impulse des Taktgebers fließen und zwei weitere Leitungen, durch die die Impulse von anderen logischen Gattern gesendet werden. Das ODER-Gatter hat als Output eine 1, wenn der Input des ersten oder des zweiten Gatters 1 ist.

ODER-Gatter

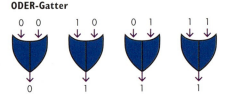

ODER-Gatter-Operationen

1. INPUT	2. INPUT	OUTPUT
0	0	0
1	0	1
0	1	1
1	1	1

KAPITEL 6: SO ADDIERT EIN COMPUTER 35

5 Der Output eines UND-Gatters ist nur dann 1, wenn der Input des ersten und des zweiten Gatters 1 ist.

UND-Gatter

UND-Gatter-Operationen

1. INPUT	2. INPUT	OUTPUT
0	0	0
1	0	0
0	1	0
1	1	1

6 Ein XOR-Gatter gibt eine 0 zurück, wenn der Input beider Gatter entweder 0 oder 1 ist. Es gibt lediglich eine 1 zurück, wenn einer der Inputs 1 und der andere 0 ist.

XOR-Gatter

XOR-Gatter-Operationen

1. INPUT	2. INPUT	OUTPUT
0	0	0
1	0	1
0	1	1
1	1	0

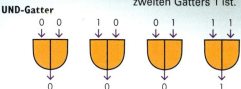

7 Mit Hilfe von verschiedenen logischen Gattern kann ein Computer alle mathematischen Operationen ausführen. Erreicht wird dies durch Gatterkonstruktionen, die als „Halbaddierer" (der englische Begriff lautet „half adders") und als „Volladdierer" („full adders") bezeichnet werden. Ein Halbaddierer besteht aus einem XOR-Gatter und einem UND-Gatter, die beide den gleichen Input erhalten, der aus einziffrigen Binärzahlen bestent. Ein Volladdierer besteht aus Halbaddierern und anderen Schaltern.

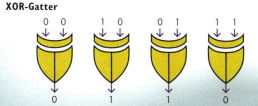

8 Durch eine Kombination aus einem Halbaddierer und einem Volladdierer lassen sich große Binärzahlen verarbeiten und Ergebnisse erzeugen, die einen Übertrag enthalten. Um die Dezimalzahlen 2 und 3 zu addieren (10 und 11 im binären System), werden die rechten Ziffern vom Halbaddierer zunächst durch ein XOR- und ein UND-Gatter geschickt.

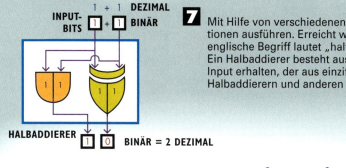

9 Das Ergebnis der XOR-Operation (1) wird zur ganz rechts stehenden Ziffer des Ergebnisses.

10 Das Ergebnis der UND-Operation (0) wird zu XOR- und UND-Gattern im Volladdierer geschickt. Der Volladdierer verarbeitet auch die linken Ziffern von 11 und 10, indem er beide zu anderen XOR- und UND-Gattern schickt.

11 Die Ergebnisse der Verarbeitung der linken Ziffern werden mit den Ergebnissen des Halbaddierers verarbeitet. Eines der neuen Ergebnisse wird durch ein ODER-Gatter geschickt.

12 Das Ergebnis der gesamten Berechnung ist 101 im binären System, was der dezimalen Zahl 5 entspricht. Bei größeren Zahlen werden mehr Volladdierer benötigt – und zwar einer für jede Ziffer der Binärzahl. Ein Rechner mit einem Pentium-Prozessor verwendet 32 Volladdierer.

KAPITEL 7
So funktionieren RISC- und CISC-Prozessoren

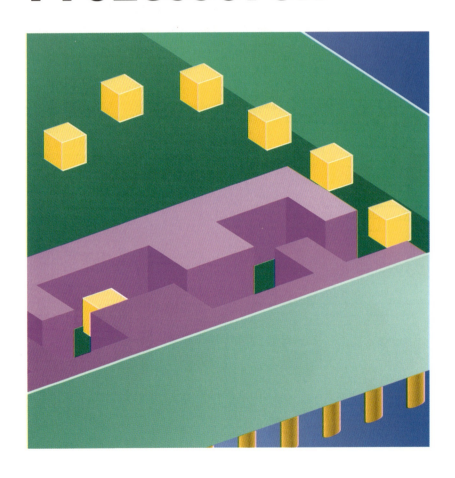

DER erste Prozessor in einem IBM-PC war der 8088 von Intel. Er wurde von der 86er-Familie der Intel-Prozessoren abgelöst, dem 8086, 80286, 80386 und 80486. Dabei handelt es sich um Weiterentwicklungen des 8088-Prozessors, die in ihrer Leistungsfähigkeit auf die eine oder andere Weise verbessert wurden, indem sie schneller rechnen oder mehr Daten gleichzeitig verarbeiten konnten. Der 8088-Prozessor arbeitete beispielsweise mit einer Taktfrequenz von 4,7 MHz, das heißt mit einer Frequenz von 4,7 Millionen Schwingungen pro Sekunde, während einige 80486-Prozessoren bis zu 133 MHz erreichen. Moderne Rechner mit Pentium-Prozessoren arbeiten sogar mit Taktfrequenzen über 1 GHz (1 Gigahertz = 1.000.000.000 Takte pro Sekunde). Der 8088-Prozessor konnte 8 Datenbits gleichzeitig verarbeiten, beim 80486er und beim Pentium sind es 32 Bits.

Trotz dieser Veränderungen bauten alle Intel-Prozessoren bis zum 80486er auf einer einzigen Entwicklungsphilosophie auf, die „CISC" genannt wird und für „complex instruction set computing" (Computer mit einem komplexen Befehlssatz) steht. Um eine Operation auszuführen, verwendet CISC Kommandos, die zahlreiche kleine Anweisungen zusammenfassen. Es ist mit einem Schwert vergleichbar, das die Daten und den Code in kleine Stücke schneidet. Es gibt eine Alternative dazu, die – um bei dem Bild zu bleiben – mit einem Skalpell vergleichbar ist, das die Daten und Code in kleinere, aber zusammengehörige Teile zerteilt. Das Skalpell wird als „RISC" bezeichnet, was für „reduced instruction set computing" (Computer mit reduziertem Befehlssatz) steht. Das RISC-Konzept findet sich in neueren Prozessoren wie zum Beispiel dem DEC Alpha, dem RISC 6000 von IBM, dem Power-PC-Prozessor und bis zu einem gewissen Grad auch in den Intel-Pentium-Prozessoren.

RISC ist ein relativ unkompliziertes Konzept, das mit mehreren einfacheren Schritten auskommt und für eine vergleichbare Aufgabe weniger Zeit braucht, als ein CISC-Prozessor, der einen umfangreichen, komplizierten Befehl ausführt. RISC-Chips können kleiner gebaut werden als CISC-Chips. Und weil sie weniger Transistoren benötigen, lassen sie sich billiger produzieren und sind weniger anfällig gegen Überhitzung.

Es gibt eine Reihe von Vorhersagen, daß die Zukunft den RISC-Prozessoren gehört, und das ist wahrscheinlich auch richtig. Aber bisher hat sich der RISC-Prozessor aus zwei Gründen nicht durchsetzen können. Der wichtigste Grund besteht in der Kompatibilität zur großen Zahl gängiger Computerprogramme, die für die bisherigen Intel-CISC-Prozessoren geschrieben wurden.

Der zweite Grund besteht darin, daß Sie nur dann vom Konzept der RISC-Prozessoren profitieren, wenn Sie ein Betriebssystem und Anwendungen einsetzen, die speziell dafür geschrieben und kompiliert wurden. Wir haben hier also die klassische Situation vom Huhn und vom Ei. Manche Hersteller bieten RISC-Prozessoren an, um mit ihrer Technologie vorne dabei zu sein. Um allerdings CISC-Programme verwenden zu können, müssen sie einen CISC-Prozessor emulieren können, wodurch die Vorteile des RISC-Konzepts wieder zunichte gemacht werden. Die Softwareentwickler zeigen solange kein großes Engagement, eine Version ihrer Programme speziell an RISC-Prozessoren anzupassen, wie es nur wenige Leute gibt, die einen PC mit RISC-Prozessor haben.

Der Pentium-Chip hat die Situation verändert. Man kann darüber streiten, ob der Pentium ein echter RISC-Prozessor ist – er ist auf jeden Fall ein praktischer Kompromiß. Alte Anwendungen und Betriebssysteme laufen auch weiterhin, gleichzeitig bietet er Geschwindigkeitsvorteile für Programme, die extra geschrieben wurden, um die Fähigkeiten des Pentium auszunutzen. Bei weiterentwickelten Betriebssystemen wie Windows NT oder 2000 kann man auch mehr als einen Pentium-Prozessor in den Computer stecken und somit die Geschwindigkeit vergrößern.

CISC- und RISC-Prozessoren

Computer mit komplexem Befehlssatz (CISC)

1 Im Nur-Lese-Speicher eines CISC-Prozessors ist ein komplexer Befehlssatz fest eingebaut, der aus zahlreichen Unterbefehlen besteht, die bei jeder einzelnen Aktion ausgeführt werden müssen, beispielsweise der Multiplikation von Zahlen oder dem Verschieben einer Buchstabenfolge im Speicher. Immer wenn das Betriebssystem oder eine Anwendung den Prozessor beauftragt, eine Aufgabe zu erledigen, schickt das Programm dem Prozessor den Namen des Kommandos zusammen mit weiteren Informationen, die er benötigt, beispielsweise die Speicheradresse der beiden Zahlen, die multipliziert werden sollen.

2 Da CISC-Kommandos keine einheitliche Größe haben, untersucht der Mikroprozessor das Kommando zunächst daraufhin, wieviele Bytes es für die Verarbeitung benötigt und reserviert dann den entsprechenden internen Speicher. Es gibt außerdem verschiedene Möglichkeiten, wie die Kommandos geladen und gespeichert werden können. Deshalb muß der Prozessor herausfinden, wie er die Kommandos laden und wohin er sie speichern soll. Diese beiden vorbereitenden Vorgänge verringern die Ausführungsgeschwindigkeit.

3 Der Prozessor schickt das Kommando, das von der Software verlangt wird, an eine Dekodierungseinheit, die das komplizierte Kommando in „Mikrocode" zerlegt, der aus einer Reihe von kleineren Anweisungen besteht, die vom „Nanoprozessor" ausgeführt werden, den man sich als Prozessor im Prozessor vorstellen kann.

5 Der Nanoprozessor führt jede Mikrocode-Anweisung in komplexen Schaltkreisen aus, weil manche Kommandos in mehreren Schritten bearbeitet werden müssen. Das Durchlaufen der komplexen Schaltkreise benötigt mehr Zeit. CISC-Prozessoren benötigen in der Regel zwischen vier und zehn Takte, um eine Anweisung auszuführen. In Extremfällen bedarf es bei einem 80386-Prozessor bis zu 43 Takte, um eine komplizierte mathematische Operation auszuführen.

4 Da eine Anweisung vom Ergebnis einer anderen Anweisung abhängig sein kann, werden die Anweisungen nacheinander ausgeführt. Alle anderen Anweisungen müssen so lange zurückgehalten werden, bis die aktuelle Anweisung ausgeführt ist.

KAPITEL 7: SO FUNKTIONIEREN RISC- UND CISC-PROZESSOREN

Computer mit reduziertem Befehlssatz (RISC)

1 Die Kommandofunktionen, die in einen RISC-Prozessor eingebaut sind, bestehen aus einer Reihe von einzelnen, kleinen Anweisungen, die jeweils eine bestimmte Aufgabe erledigen. Die Anwendungssoftware, die speziell für RISC-Prozessoren kompiliert sein muß, teilt dem Prozessor mit, welche Kombination von kleinen Anweisungen ausgeführt werden muß, um eine größere Aufgabe zu erledigen.

2 Alle RISC-Kommandos haben die gleiche Größe, und es gibt nur eine Möglichkeit, sie zu laden und zu speichern. Außerdem ist es nicht notwendig, die Anweisungen durch eine Dekodierungseinheit zu schicken, um komplexeren Code in Mikrocode aufzuteilen, weil jede Anweisung sowieso nur aus Mikrocode besteht. Aufgrund dieser Unterschiede können RISC-Kommandos viel schneller geladen werden als CISC-Kommandos.

3 Während des Kompilierens von Software, die speziell auf den RISC-Prozessor zugeschnitten ist, legt der Compiler fest, welche Kommandos unabhängig vom Ergebnis anderer Kommandos ausgeführt werden können. Da diese Kommandos nicht auf andere Kommandos warten müssen, kann der Prozessor bis zu zehn Kommandos parallel ausführen.

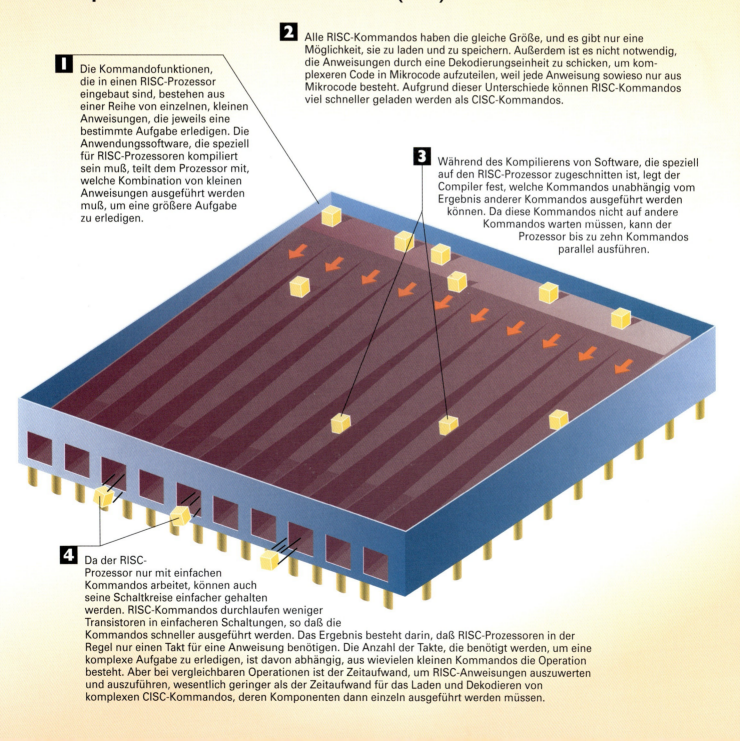

4 Da der RISC-Prozessor nur mit einfachen Kommandos arbeitet, können auch seine Schaltkreise einfacher gehalten werden. RISC-Kommandos durchlaufen weniger Transistoren in einfacheren Schaltungen, so daß die Kommandos schneller ausgeführt werden. Das Ergebnis besteht darin, daß RISC-Prozessoren in der Regel nur einen Takt für eine Anweisung benötigen. Die Anzahl der Takte, die benötigt werden, um eine komplexe Aufgabe zu erledigen, ist davon abhängig, aus wievielen kleinen Kommandos die Operation besteht. Aber bei vergleichbaren Operationen ist der Zeitaufwand, um RISC-Anweisungen auszuwerten und auszuführen, wesentlich geringer als der Zeitaufwand für das Laden und Dekodieren von komplexen CISC-Kommandos, deren Komponenten dann einzeln ausgeführt werden müssen.

KAPITEL 8
So funktioniert ein Mikroprozessor

DER Mikroprozessor, der die zentrale Verarbeitungseinheit in Ihrem Rechner darstellt und im englischen als CPU („central processing unit") bezeichnet wird, ist sein Gehirn, sein Bote, Zirkusdirektor und sein Chef. Die ganzen anderen Komponenten, wie Arbeitsspeicher, Lauf-werke, Bildschirm usw., existieren nur, um die Lücken zwischen Ihnen und dem Prozessor zu überbrücken. Sie nehmen Ihre Daten und übergeben sie dem Prozessor um sie zu verändern, anschließend werden die Ergebnisse dargestellt. Die CPU ist nicht der einzige Mikroprozessor in PCs. Grafikkarten, 3D-Accellerator-Karten (Beschleunigerkarten) und Soundkarten verfügen über Koprozessoren, die die Bildschirmdarstellung und den Sound unterstützen, um die CPU zumindest teilweise zu entlasten. Außerdem gibt es spezielle Prozessoren, die die CPU mit Daten versorgen und von dieser Daten entgegennehmen. Ein Beispiel hierfür ist der Prozessor Ihrer Tastatur, der die Signale, die beim Drücken der Tasten entstehen, verarbeitet.

Der Pentium-III-Chip von Intel ist derzeit Maßstab für leistungsfähige Prozessoren. Die zwei kombinierten Siliziumchips, die zusammen nur wenige Quadratzentimeter groß sind, verfügen über 7,5 Millionen Transistoren, bzw. winzige elektronische Schalter. Alle Vorgänge im Pentium-Prozessor werden dadurch realisiert, daß verschiedene Kombinationen von Schaltern betätigt werden. Diese Transistoren werden im Computer dazu verwendet, Nullen und Einsen darzustellen, die das binäre Zahlensystem bilden. Diese Nullen und Einsen werden in der Regel als „Bits" bezeichnet. Die verschiedenen Gruppierungen der Transistoren bilden die Teilkomponenten des Pentium-Prozessors und auch von Koprozessoren, Speicherchips und anderem digitalem Silizium.

Die meisten Komponenten des Pentium-Prozessors sind dafür zuständig, die Daten schnell in den Prozessor hinein- oder herauszubekommen und dafür zu sorgen, daß die Teile des Prozessors, die die eigentliche Datenverarbeitung vornehmen, nie arbeitslos sind, während sie auf Daten oder Anweisungen warten. Diese Komponenten müssen den Datenfluß und die Anweisungen für den Prozessor organisieren, die Anweisungen so übersetzen, daß sie ausgeführt werden können und die Ergebnisse an den Arbeitsspeicher weiterleiten.

Gegenüber dem 80486-Prozessor sind in der gesamten Pentium-Familie (Pentium MMX, Pentium Pro, Pentium II, Pentium III) einige Verbesserungen vorgenommen worden, um den Code und die Daten schneller durch den Prozessor hindurchschleusen zu können. Eine der wichtigsten Verbesserungen betrifft die ALU (Abkürzung für „arithmetic logic unit", was soviel bedeutet wie Rechen- und Steuereinheit), die man sich als Gehirn innerhalb des Gehirns vorstellen kann. Die ALU verarbeitet alle Daten, die etwas mit ganzen Zahlen zu tun haben, wie zum Beispiel 1, 23, 610 oder -123. Der Pentium-Prozessor ist der erste Prozessor, der über zwei ALUs verfügt, so daß er zwei Zahlen gleichzeitig bearbeiten kann. Wie der 80486-Prozessor verfügt auch der Pentium-Prozessor über eine spezielle Recheneinheit, die für die Verarbeitung von Gleitkommazahlen oder Dezimalzahlen mit Nachkommastellen (zum Beispiel 1,2; 35,8942 oder 0,333) optimiert wurde.

Ein weiterer wichtiger Unterschied zum 80486-Prozessor besteht darin, daß der Pentium-Prozessor bis zu 64 Datenbits gleichzeitig verarbeiten kann. Beim 80486-Prozessor sind es nur 32 Bit. Während der 80486er über einen Speicherbereich verfügt, der als „Cache" bezeichnet wird und Daten in einem Umfang von 8 Kbyte aufnehmen kann, besitzt der Pentium III mehrere Caches mit insgesamt mehr als 512 Kbyte. Diese sind dazu da, um sicherzustellen, daß die ALU permanent mit Daten und Anweisungen versorgt wird, um ihre Aufgaben erledigen zu können.

Der Pentium-Prozessor

2 Die BIU sendet die Daten auf zwei verschiedenen Wegen, die jeweils 64 Bit gleichzeitig transportieren können. Der eine Weg führt zu einem 8 Kbyte großen Speicher bzw. Cache, in dem Daten abgelegt werden. Der andere Weg führt zu einem identischen Speicher, der für die Anweisungen vorgesehen ist, die dem Prozessor mitteilen, wie er die Daten verarbeiten soll. Die Daten und Anweisungen bleiben so lange in den verschiedenen Caches, bis sie von anderen Teilen des Prozessors benötigt werden. In MMX-Prozessoren sind die beiden Caches mit je 16 Kbyte doppelt so groß.

1 Der Teil des Pentium-Prozessors, der als BIU (die Abkürzung steht für den englischen Begriff „bus interface unit", was im Deutschen soviel heißt wie „Bus-Schnittstelle") bezeichnet wird, empfängt Daten und Anweisungen vom Arbeitsspeicher. Die Schaltkreise der Hauptplatine, die als „Bus" bezeichnet werden, stellen die Verbindung zwischen Arbeitsspeicher und Prozessor her. Der Prozessor nimmt 64 Datenbit pro Takteinheit auf.

Zum Arbeitsspeicher

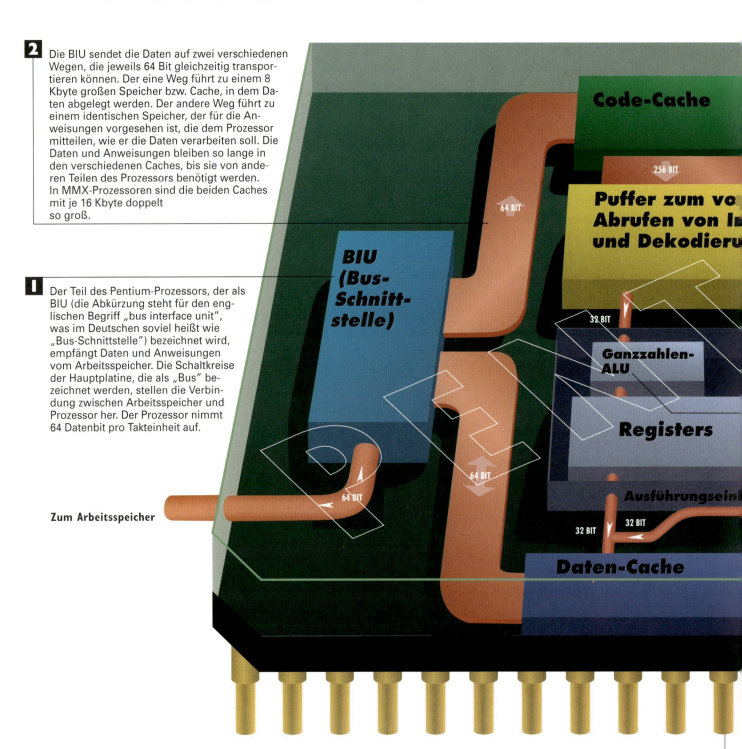

KAPITEL 8: SO FUNKTIONIERT EIN MIKROPROZESSOR

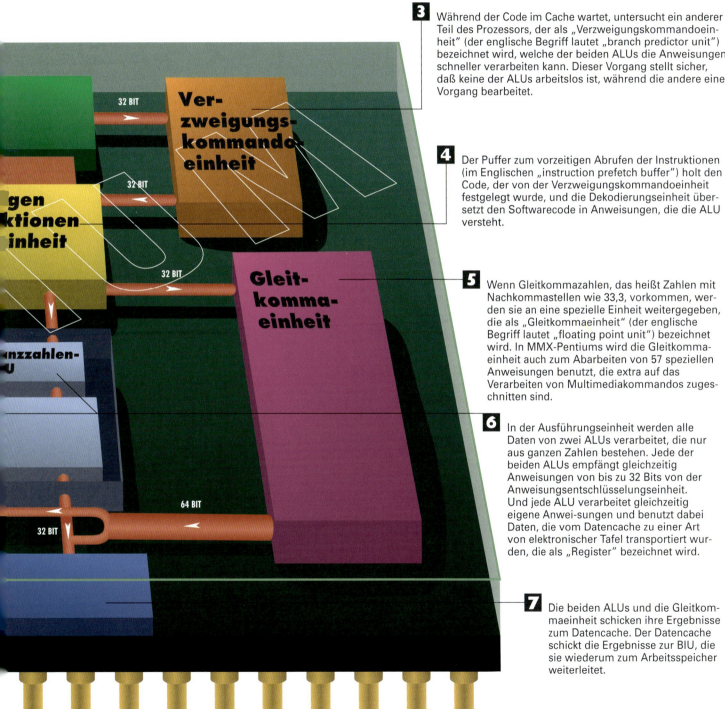

3 Während der Code im Cache wartet, untersucht ein anderer Teil des Prozessors, der als „Verzweigungskommandoeinheit" (der englische Begriff lautet „branch predictor unit") bezeichnet wird, welche der beiden ALUs die Anweisungen schneller verarbeiten kann. Dieser Vorgang stellt sicher, daß keine der ALUs arbeitslos ist, während die andere einen Vorgang bearbeitet.

4 Der Puffer zum vorzeitigen Abrufen der Instruktionen (im Englischen „instruction prefetch buffer") holt den Code, der von der Verzweigungskommandoeinheit festgelegt wurde, und die Dekodierungseinheit übersetzt den Softwarecode in Anweisungen, die die ALU versteht.

5 Wenn Gleitkommazahlen, das heißt Zahlen mit Nachkommastellen wie 33,3, vorkommen, werden sie an eine spezielle Einheit weitergegeben, die als „Gleitkommaeinheit" (der englische Begriff lautet „floating point unit") bezeichnet wird. In MMX-Pentiums wird die Gleitkommaeinheit auch zum Abarbeiten von 57 speziellen Anweisungen benutzt, die extra auf das Verarbeiten von Multimediakommandos zugeschnitten sind.

6 In der Ausführungseinheit werden alle Daten von zwei ALUs verarbeitet, die nur aus ganzen Zahlen bestehen. Jede der beiden ALUs empfängt gleichzeitig Anweisungen von bis zu 32 Bits von der Anweisungsentschlüsselungseinheit. Und jede ALU verarbeitet gleichzeitig eigene Anwei-sungen und benutzt dabei Daten, die vom Datencache zu einer Art von elektronischer Tafel transportiert wurden, die als „Register" bezeichnet wird.

7 Die beiden ALUs und die Gleitkommaeinheit schicken ihre Ergebnisse zum Datencache. Der Datencache schickt die Ergebnisse zur BIU, die sie wiederum zum Arbeitsspeicher weiterleitet.

So funktioniert der Pentium Pro

1 Der Pentium-Pro-Prozessor hat den gleichen 64-Bit breiten Datenbus wie der normale Pentium. Informationen, entweder Maschinencode oder Daten, die von diesem manipuliert wurden, bewegen sich mit der maximalen Bus-Geschwindigkeit des PC, die auch in Pentium Pros, die intern mit 200 MHz arbeiten, 66 MHz nicht überschreitet, in den Chip hinein oder aus diesem hinaus. Da es keinen schnelleren Weg gibt, Daten zum und vom Prozessor zu transportieren, verfügt der Pentium Pro über eine Technologie, mit der dieser Flaschenhalseffekt zumindest abgemildert werden kann. Dabei werden die Fälle, in denen ein CPU-Zyklus – das ist die kürzeste Zeit, in der ein Computer etwas tun kann – vergeht, ohne daß der Prozessor eine Operation ausführt, minimiert. Bei PCs mit Pentium III-Prozessoren gibt es mittlerweile Bus-Geschwindigkeiten von 100 oder 133 MHz. In Planung für die nächste Prozessorgeneration ist eine Busgeschwindigkeit von 200 MHz.

2 Der Pentium Pro besteht aus zwei Siliziumformen. Eine davon ist der Mikroprozessor mit 5,5 Millionen Transistoren. Dort werden die Anweisungen für die Software ausgeführt. Die andere ist ein Level-2-Cache (L2-Cache), ein maßgefertigter Hochgeschwindigkeits-Speichercache. Dessen 15,5 Millionen Transistoren speichern bis zu 512 Kbyte Daten und Code. In früheren Systemen war ein so großer Cache vom Prozessor getrennt und normalerweise Bestandteil der Hauptplatine des Computers.

L2-Cache Prozessor

10 Während dessen untersucht auch die Abgangseinheit („retirement unit") den Puffer. Diese Einheit überprüft zuerst, ob das Uop am Kopf des Puffers ausgeführt wurde. Wenn nicht, kontrolliert sie es so lange, bis es schließlich ausgeführt worden ist und macht dann dasselbe beim zweiten und dritten Uop. Wenn alle drei ausgeführt worden sind, sendet die Einheit alle drei Ergebnisse gleichzeitig (das ist das Maximum) an den Speicherpuffer. Dort werden sie ein letztes Mal von der Vorhersageeinheit kontrolliert und dann an den richtigen Platz im RAM des Systems geschickt.

9 Wenn ein zurückgestelltes Uop schließlich ausgeführt wird, vergleicht die Ausführungseinheit die Ergebnisse mit denen, die vom BTB vorausgesagt wurden. Wenn die Vorhersage falsch war, verschiebt die sogenannte Sprungausführungseinheit (abgekürzt mit JEU, für den englischen Begriff „jump execution unit") die Markierung für das Ende vom letzten Uop auf das falsch vorausgesagte. Das bedeutet, daß alle Uops hinter der Endmarkierung ignoriert und von neuen Mikrooperationen überschrieben werden. Dem BTB wird mitgeteilt, daß seine Voraussage falsch war, damit er diese Information für die nächsten Vorhersagen verwenden kann.

KAPITEL 8: SO FUNKTIONIERT EIN MIKROPROZESSOR 45

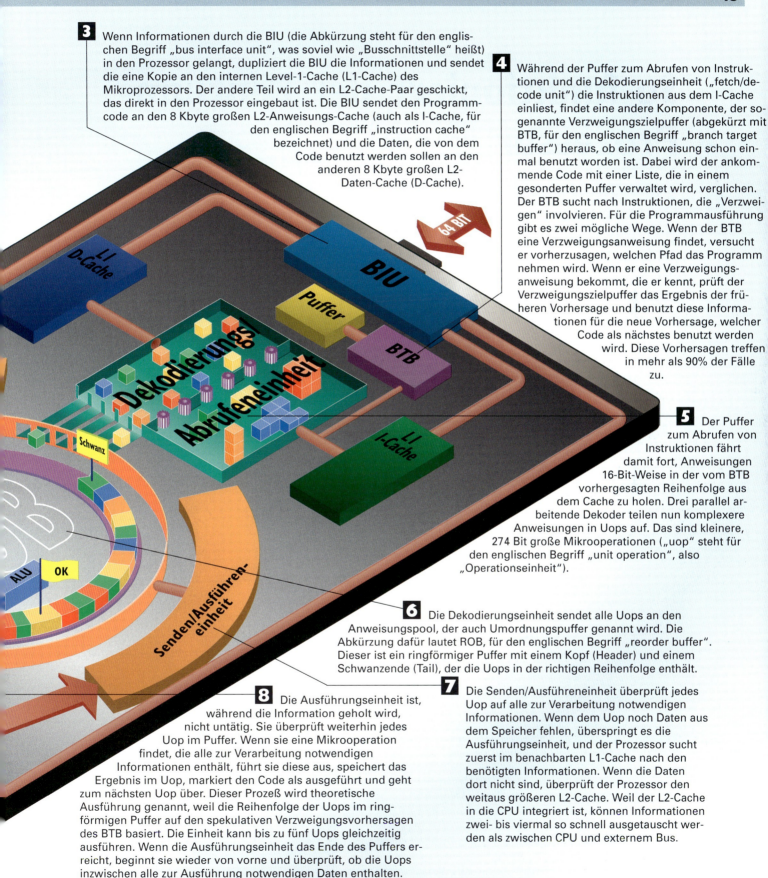

3 Wenn Informationen durch die BIU (die Abkürzung steht für den englischen Begriff „bus interface unit", was soviel wie „Busschnittstelle" heißt) in den Prozessor gelangt, dupliziert die BIU die Informationen und sendet die eine Kopie an den internen Level-1-Cache (L1-Cache) des Mikroprozessors. Der andere Teil wird an ein L2-Cache-Paar geschickt, das direkt in den Prozessor eingebaut ist. Die BIU sendet den Programmcode an den 8 Kbyte großen L2-Anweisungs-Cache (auch als I-Cache, für den englischen Begriff „instruction cache" bezeichnet) und die Daten, die von dem Code benutzt werden sollen an den anderen 8 Kbyte großen L2-Daten-Cache (D-Cache).

4 Während der Puffer zum Abrufen von Instruktionen und die Dekodierungseinheit („fetch/decode unit") die Instruktionen aus dem I-Cache einliest, findet eine andere Komponente, der sogenannte Verzweigungszielpuffer (abgekürzt mit BTB, für den englischen Begriff „branch target buffer") heraus, ob eine Anweisung schon einmal benutzt worden ist. Dabei wird der ankommende Code mit einer Liste, die in einem gesonderten Puffer verwaltet wird, verglichen. Der BTB sucht nach Instruktionen, die „Verzweigen" involvieren. Für die Programmausführung gibt es zwei mögliche Wege. Wenn der BTB eine Verzweigungsanweisung findet, versucht er vorherzusagen, welchen Pfad das Programm nehmen wird. Wenn er eine Verzweigungsanweisung bekommt, die er kennt, prüft der Verzweigungszielpuffer das Ergebnis der früheren Vorhersage und benutzt diese Informationen für die neue Vorhersage, welcher Code als nächstes benutzt werden wird. Diese Vorhersagen treffen in mehr als 90% der Fälle zu.

5 Der Puffer zum Abrufen von Instruktionen fährt damit fort, Anweisungen 16-Bit-Weise in der vom BTB vorhergesagten Reihenfolge aus dem Cache zu holen. Drei parallel arbeitende Dekoder teilen nun komplexere Anweisungen in Uops auf. Das sind kleinere, 274 Bit große Mikrooperationen („uop" steht für den englischen Begriff „unit operation", also „Operationseinheit").

6 Die Dekodierungseinheit sendet alle Uops an den Anweisungspool, der auch Umordnungspuffer genannt wird. Die Abkürzung dafür lautet ROB, für den englischen Begriff „reorder buffer". Dieser ist ein ringförmiger Puffer mit einem Kopf (Header) und einem Schwanzende (Tail), der die Uops in der richtigen Reihenfolge enthält.

7 Die Senden/Ausführeneinheit überprüft jedes Uop auf alle zur Verarbeitung notwendigen Informationen. Wenn dem Uop noch Daten aus dem Speicher fehlen, überspringt es die Ausführungseinheit, und der Prozessor sucht zuerst im benachbarten L1-Cache nach den benötigten Informationen. Wenn die Daten dort nicht sind, überprüft der Prozessor den weitaus größeren L2-Cache. Weil der L2-Cache in die CPU integriert ist, können Informationen zwei- bis viermal so schnell ausgetauscht werden als zwischen CPU und externem Bus.

8 Die Ausführungseinheit ist, während die Information geholt wird, nicht untätig. Sie überprüft weiterhin jedes Uop im Puffer. Wenn sie eine Mikrooperation findet, die alle zur Verarbeitung notwendigen Informationen enthält, führt sie diese aus, speichert das Ergebnis im Uop, markiert den Code als ausgeführt und geht zum nächsten Uop über. Dieser Prozeß wird theoretische Ausführung genannt, weil die Reihenfolge der Uops im ringförmigen Puffer auf den spekulativen Verzweigungsvorhersagen des BTB basiert. Die Einheit kann bis zu fünf Uops gleichzeitig ausführen. Wenn die Ausführungseinheit das Ende des Puffers erreicht, beginnt sie wieder von vorne und überprüft, ob die Uops inzwischen alle zur Ausführung notwendigen Daten enthalten.

So funktioniert der Pentium-Prozessor

1 Die Grundstruktur des Pentium-Prozessors mit 7,5 Millionen Transistoren ist der des Pentium ähnlich. Beide enthalten die CPU und einen großen 512 Kbyte-L2-Cache. Diese sind jedoch nicht auf dieselbe Weise wie im Pentium Pro integriert. Der Mikroprozessor und der Off-the-shelf-Cache sind voneinander getrennte Komponenten mit je einer eigenen Platine, die auf die Hauptplatine gesteckt wird. Das ganze ähnelt eher einer Erweiterungskarte als einem Mikrochip. Dieses Design ist billiger in der Herstellung, der Nachteil ist aber, daß die Informationen zwischen der CPU und dem L2-Cache nur mit der halben Geschwindigkeit wie innerhalb des Mikroprozessors ausgetauscht werden können.

2 Dieser Nachteil wird teilweise dadurch ausgeglichen, daß der interne L1-Cache für Daten und Code von 8 auf 16 Kbyte verdoppelt wurde. Der größere Cache halbiert in etwa die Speicherzugriffszeit, so daß auf die zuletzt benutzten Daten und Anweisungen schnell zugegriffen werden kann.

MMX — DER AUSBILDER DES PROZESSORS

Stellen Sie sich einen Bundeswehrausbilder vor, der einem ganzen Zug gegenüber steht. Wenn der Ausbilder möchte, daß sich die Soldaten umdrehen, könnte er die selbe Anweisung „und kehrt!" jedem Soldaten einzeln geben. Naturgemäß sind Ausbilder aber MMX-fähig. Wenn er also „und kehrt!" bellt, gibt er jedem im Zug das gleiche Kommando und alle Soldaten führen den Befehl gleichzeitig aus. Der Befehl des Ausbilders ist praktisch angewandtes SIMD mit einer einzigen Anweisung („und kehrt!") und parallelen Daten (den Soldaten).

KAPITEL 8: SO FUNKTIONIERT EIN MIKROPROZESSOR 47

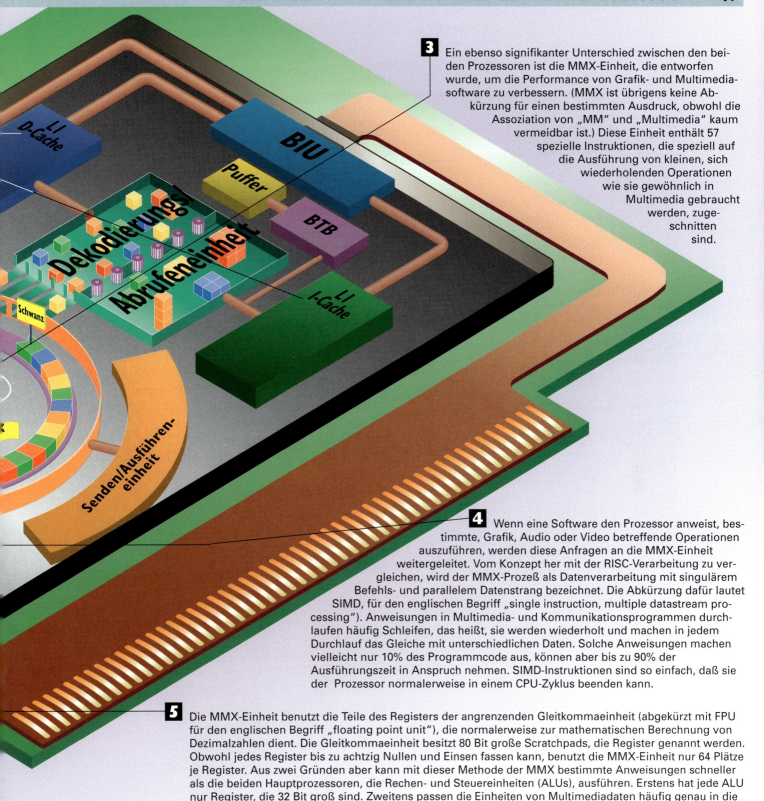

3 Ein ebenso signifikanter Unterschied zwischen den beiden Prozessoren ist die MMX-Einheit, die entworfen wurde, um die Performance von Grafik- und Multimediasoftware zu verbessern. (MMX ist übrigens keine Abkürzung für einen bestimmten Ausdruck, obwohl die Assoziation von „MM" und „Multimedia" kaum vermeidbar ist.) Diese Einheit enthält 57 spezielle Instruktionen, die speziell auf die Ausführung von kleinen, sich wiederholenden Operationen wie sie gewöhnlich in Multimedia gebraucht werden, zugeschnitten sind.

4 Wenn eine Software den Prozessor anweist, bestimmte, Grafik, Audio oder Video betreffende Operationen auszuführen, werden diese Anfragen an die MMX-Einheit weitergeleitet. Vom Konzept her mit der RISC-Verarbeitung zu vergleichen, wird der MMX-Prozeß als Datenverarbeitung mit singulärem Befehls- und parallelem Datenstrang bezeichnet. Die Abkürzung dafür lautet SIMD, für den englischen Begriff „single instruction, multiple datastream processing"). Anweisungen in Multimedia- und Kommunikationsprogrammen durchlaufen häufig Schleifen, das heißt, sie werden wiederholt und machen in jedem Durchlauf das Gleiche mit unterschiedlichen Daten. Solche Anweisungen machen vielleicht nur 10% des Programmcode aus, können aber bis zu 90% der Ausführungszeit in Anspruch nehmen. SIMD-Instruktionen sind so einfach, daß sie der Prozessor normalerweise in einem CPU-Zyklus beenden kann.

5 Die MMX-Einheit benutzt die Teile des Registers der angrenzenden Gleitkommaeinheit (abgekürzt mit FPU für den englischen Begriff „floating point unit"), die normalerweise zur mathematischen Berechnung von Dezimalzahlen dient. Die Gleitkommaeinheit besitzt 80 Bit große Scratchpads, die Register genannt werden. Obwohl jedes Register bis zu achtzig Nullen und Einsen fassen kann, benutzt die MMX-Einheit nur 64 Plätze je Register. Aus zwei Gründen aber kann mit dieser Methode der MMX bestimmte Anweisungen schneller als die beiden Hauptprozessoren, die Rechen- und Steuereinheiten (ALUs), ausführen. Erstens hat jede ALU nur Register, die 32 Bit groß sind. Zweitens passen die Einheiten von Multimediadaten häufig genau in die 64-Bit-Register. Video- und Grafikpaletten bestehen zum Beispiel oft aus Werten, die 8 Bit (d.h. 1 Byte) groß sind. Ein Grafikprogramm kann nun mit SIMD acht Werte, die je 1 Byte groß sind, in die 64 Bits eines Registers stecken. So braucht es nur eine einzige MMX-Anweisung um beispielsweise die Zahl 10 gleichzeitig zu dem Wert von jedem Byte zu addieren. Die meisten Audiodaten bestehen aus 16 Bit großen Einheiten, so daß vier in ein einziges 64-Bit-Register passen und simultan ausgeführt werden können.

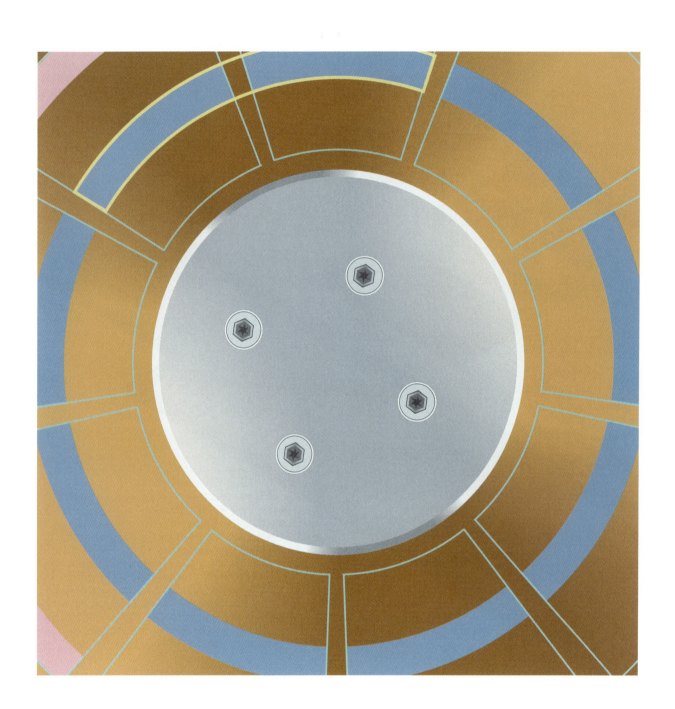

TEIL 3

DIE SPEICHERUNG VON DATEN

Kapitel 9: So funktioniert das Speichern auf Festplatte oder Diskette
52

Kapitel 10: So funktioniert ein Diskettenlaufwerk
62

Kapitel 11: So funktioniert eine Festplatte
66

Kapitel 12: So funktionieren weitere wechselbare Speichersysteme
74

Kapitel 13: So funktioniert ein Bandsicherungslaufwerk
80

TEIL 3 DIE SPEICHERUNG VON DATEN

So intelligent und schnell der Arbeitsspeicher eines Computers auch sein mag, er hat eine fatale Schwäche: sein Inhalt ist vergänglich. Mit wenigen Ausnahmen verlieren alle Speicherchips die Informationen, die in ihnen gespeichert sind, wenn Sie den Computer ausschalten. Alle Arbeit, die Sie in die Berechnung des Haushalts des nächsten Jahres oder in die Erstellung von Rechnungen gesteckt haben, löst sich in Nichts auf, wenn die Stromversorgung nur für den Bruchteil einer Sekunde ausfällt.

Glücklicherweise gibt es verschiedene Möglichkeiten, Daten dauerhaft zu speichern, so daß selbst dann nichts verlorengeht, wenn der Computer ausgeschaltet wird. Die am meisten verbreitete Form von Speichermedien sind magnetische Speicher – in Form von Disketten, Festplatten oder auch Bandlaufwerken. Zunehmender Beliebtheit erfreuen sich auch optische Geräte, die Laserstrahlen benutzen, um Daten zu speichern und zu lesen.

Disketten sind überall verwendbar, tragbar und billig, können aber nur geringe Datenmengen speichern und sind langsam. Neue Technologien wie zum Beispiel Zip-Laufwerke haben aber zu einer großen Verbesserung der Speicherkapazität von Disketten geführt.

Festplatten sind wohl die besten Allround-Speichermedien. Sie können Daten schnell speichern und lesen, verfügen über genügend Speicherplatz, um größere Datenmengen aufzunehmen und sind im Verhältnis zu ihrer Speicherkapazität auch nicht teuer. Neuerdings gibt es auch Festplatten, die herausnehmbar und tragbar sind, sie haben aber eine geringere Speicherkapazität als konventionelle Festplatten. Bandlaufwerke bieten zwar praktisch endlose Speicherkapazitäten zu einem niedrigen Preis, aber sie sind zu langsam, um sie für einen anderen Zweck als für die Datensicherung zu verwenden.

Optische Speichermedien sind für jeden Anwender geeignet, die sehr große Datenmengen speichern möchten. CD-ROM-Laufwerke können bis zu 650 bzw. 700 Mbyte Daten auf eine CD packen, DVDs (DVD steht für „digital versatile disk"), können bis zu 17 Gigabyte an Daten speichern – das sind einige Dutzend CDs. CDs und DVDs verfügen über einen permanenten und wiederbeschreibbaren Speicher. Aber bei herkömmlichen CD-ROMS und DVDs handelt es sich um Nur-Lese-Geräte, was bedeutet, daß Sie die Daten, die einmal auf sie geschrieben wurden, nur abrufen, nicht aber verändern oder löschen können. Es gibt drei verschieden Typen von Speicherchips, die ihre Informationen nicht verlieren, wenn die Stromzufuhr unterbrochen ist. EPROMs (EPROM steht für „erasable programmable read-only memory", also „löschbarer und programmierbarer Nur-Lese-Speicher") sind in allen PCs zu finden. Diese Chips enthalten Informationen zum Booten des PC, aber sie sind zu langsam und ihre Daten können nur dadurch verändert werden, daß man sie durch ultraviolettes Licht vollständig löscht. CMOS-Chips („complementary metal oxide semiconductor") rufen bei jedem Booten die gespeicherten Hardware-Konfigurationsdaten Ihres Computers ab und verfügen über eine eigene Batteriestromversorgung.

SCHLÜSSELWÖRTER

Datenübertragungsrate: Die Anzahl Bytes oder Megabytes, die pro Sekunde von einem Laufwerk in den Speicher (oder von einem Speichergerät in ein anderes) übertragen wird.

Formatierung: Der Vorgang, bei dem ein Laufwerk in „Spuren" und „Sektoren" unterteilt wird, so daß beim Speichern und Suchen von Dateien eine bestimmte Ordnung gegeben ist.

Fragmentierung: Der Vorgang, in dem Dateien in weit voneinander entfernt liegende Zuordnungseinheiten aufgeteilt werden. Defragmentierung oder „Optimierung" hebt die Fragmentierung wieder auf, indem die aufgeteilten Dateien in zusammenhängenden Sektoren zusammengefaßt werden.

Komprimierung: Vorgang, bei dem redundante Daten gelöscht werden, so daß die Dateigröße reduziert wird.

Laser: Abkürzung für „Light Amplification by Stimulated Emission of Radiation". Ein Gerät, das einen schmalen, kohärenten Strahl erzeugt. Die Kohärenz besteht darin, daß alle Lichtwellen sich als Einheit bewegen, so daß der Strahl sich nicht wie bei gewöhnlichem Licht verteilt oder ausbreitet und an Stärke verliert.

Laufwerk: Jedes Gerät zum Speichern von Computerdateien.

Optischer Speicher: Laufwerke, die Laserstrahlen zum Speichern und Lesen von Daten verwenden.

Schreib-Lesekopf: Die Gerätekomponente, die Daten auf ein Laufwerk schreibt und mit Hilfe von Magnetfeldern oder Laser liest.

Verzeichnis: Eine Gruppe von zusammengehörigen Dateien, die bei Windows 95, 98, ME, NT und 2000 auch als „Ordner" bezeichnet werden. Die Dateien können physisch in unterschiedlichen Bereichen eines Laufwerks lokalisiert sein, sind aber logisch in einem Verzeichnis zusammengefaßt, das auch andere Ordner oder Unterverzeichnisse enthalten kann.

Zugriffszeit: Die Zeitspanne, die benötigt wird, um Daten von einem Laufwerk abzurufen. Die Zugriffszeit setzt sich zusammen aus der „Positionierungszeit" (die Zeit, die benötigt wird, bis der Schreib-Lesekopf sich positioniert hat), der „Stabilisierungszeit" (Zeit, die benötigt wird, bis der Schreib-Lesekopf sich stabilisiert hat) und „Latenzzeit" (die Zeit, die der gewünschte Sektor benötigt, bis er sich unter den Kopf gedreht hat). Dieser Vorgang wird in Millisekunden gemessen.

Zuordnungseinheit (Cluster): Ein oder mehrere aufeinanderfolgende Sektoren, die eine zusammenhängende Datengruppe enthalten. Die kleinste Einheit, in der Daten in einem Laufwerk gespeichert sind.

TEIL 3 DIE SPEICHERUNG VON DATEN

KAPITEL 9
So funktioniert das Speichern auf Festplatte oder Diskette

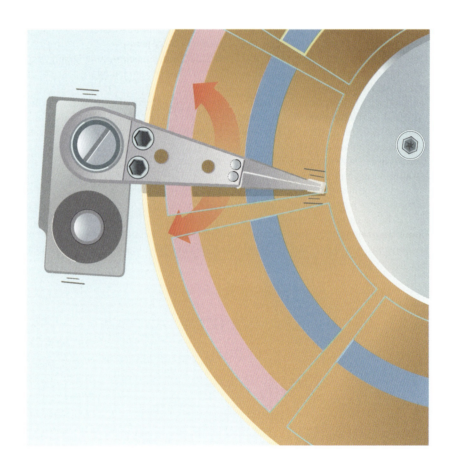

DISKETTEN

und Festplatten sind die gängigste Form der permanenten Datenspeicherung. Ihre Kapazität reicht von ein paar Hundert Kilobyte bis zu mehreren Gigabyte, aber sie haben trotzdem einige Gemeinsamkeiten. Auch wenn die Methoden unterschiedlich sind, wie (in der Binärsprache des Computers) die Nullen und Einsen erzeugt werden, so ist das gemeinsame Ziel jeweils die Veränderung mikroskopisch kleiner Flächen auf der Oberfläche des Datenträgers, damit sie die Nullen und Einsen darstellen. Andere Zeichen stehen dem Speichermedium nicht zur Verfügung, um beispielsweise ein bedeutendes literarisches Werk oder die Einkaufsliste der laufenden Woche darzustellen.

Ein weiteres gemeinsames Element ist das Schema, das festlegt, wie die Daten auf dem Datenträger organisiert sind. Das Schema wird durch das Betriebssystem des Computers festgelegt. Das Betriebssystem übernimmt so viele Aufgaben des PCs, daß die meisten Anwender vergessen, daß „DOS" ursprünglich die Abkürzung für „disk operating system" (Datenträgerbetriebssystem) war und seine Hauptaufgabe darin bestand, Laufwerke zu steuern. In den im Vergleich zu MS-DOS neueren Betriebssystemen Windows 95, Windows 98 und Windows ME finden sich noch immer viele Bestandteile von MS-DOS (unter anderem für den Zugriff auf Datenträger).

Bevor Daten auf einem Magnetdatenträger gespeichert werden können, muß der Datenträger formatiert werden. Das Formatieren erzeugt einen Plan, der dafür sorgt, daß das Laufwerk die Daten nach einem bestimmten System speichern und auffinden kann. Der Plan besteht aus magnetischem Code, der in der magnetischen Schicht auf der Oberfläche des Datenträgers untergebracht ist. Der Code unterteilt die Oberfläche des Datenträgers in sogenannte „Sektoren" (Kuchenstücke) und in „Spuren" (konzentrische Kreise). Diese Einteilung bildet die Struktur des Datenträgers, die sicherstellt, daß die Daten systematisch abgelegt und schnell von den Schreib-Leseköpfen wieder aufgefunden werden. Dabei bewegen sich während der Drehung des Datenträgers die Schreib-Leseköpfe vor und zurück. Die Anzahl der Sektoren und Spuren legt die Speicherkapazität des Datenträgers fest.

Nachdem der Datenträger formatiert wurde, ist das Schreiben und Lesen selbst einfachster Dateien ein komplizierter Vorgang. An diesem Vorgang beteiligen sich die Software, das Betriebssystem und das BIOS („basic input/output system"). Das BIOS stellt „Treiber" zur Verfügung, die dem Betriebssystem mitteilen, wie es zusätzliche Hardware, zum Beispiel ein SCSI-Laufwerk oder ein Bandlaufwerk bzw. die Festplatte des Computers, nutzen kann.

Das Lesen und Schreiben von Bits auf Festplatte oder Diskette

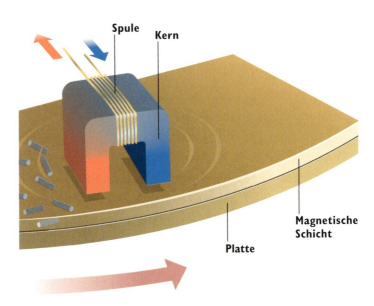

1 Bevor irgend etwas auf eine Disk geschrieben wird, befindet sich ein Durcheinander von Eisenteilchen in der Magnetschicht der Disk. Die Schicht gleicht der Oberfläche von Audio- und Videobändern. Damit aus den Teilchen Daten werden, fließt Elektrizität durch eine Spule, die um den Eisenkern des im Laufwerk befindlichen Schreib-Lesekopfes gewickelt ist. Der Kopf schwebt über der Oberfläche der Disk. Die Elektrizität verwandelt den Kern in einen Elektromagneten, der die Moleküle in der Hülle magnetisieren kann, genauso wie ein Kind einen Magneten benutzt, um mit Eisenspänen zu spielen.

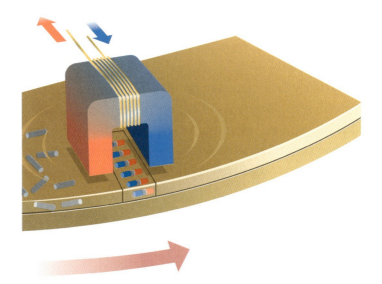

2 Wenn sich die Spule über die Disk bewegt, induziert sie ein magnetisches Feld im Kern. Das Feld wiederum magnetisiert die Eisenmoleküle, die sich in der Oberfläche der Disk befinden, so daß sich ihr positiver Pol in Richtung des negativen Pols des Schreib-Lesekopfes ausrichtet und ihr negativer Pol in Richtung des positiven Pols des Kopfes. Die positiven und negativen Pole werden hier mit den Farben Rot und Blau dargestellt.

KAPITEL 9: SO FUNKTIONIERT DAS SPEICHERN AUF FESTPLATTE ODER DISKETTE

3 Nachdem der Kopf ein magnetisches Band auf der sich drehenden Disk erzeugt hat, wird ein zweites direkt daneben erzeugt. Diese beiden Bänder bilden zusammen die kleinste Dateneinheit, die ein Computer verarbeiten kann – ein Bit. Wenn das Bit eine 1 repräsentiert, wechselt der Strom im Kern seine Richtung, nachdem er das erste Band erzeugt hat, so daß die magnetischen Pole im Kern umgedreht werden und die Moleküle im zweiten Band in die andere Richtung magnetisiert werden. Wenn ein Bit eine 0 repräsentiert, werden die Moleküle in beiden Bändern in die gleiche Richtung polarisiert.

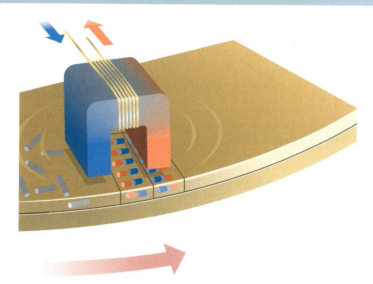

4 Wenn ein zweites Bit gespeichert wird, ist das erste Band immer gegenpolig zum vorhergehenden Band, um damit anzuzeigen, daß es sich um den Anfang eines anderen Bit handelt. Selbst das langsamste Laufwerk benötigt lediglich den Bruchteil einer Sekunde, um ein Band zu erzeugen. Die gespeicherten Bits der unteren Abbildung repräsentieren die Binärzahl 1011, die der Dezimalzahl 11 entspricht.

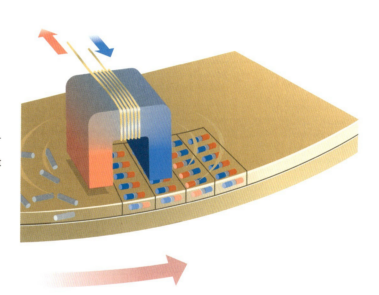

5 Wenn die Daten gelesen werden, wird kein Strom durch den Schreib-Lesekopf geschickt, während er über die Disk schwebt. Statt dessen läuft der zum Schreiben umgekehrte magnetische Vorgang ab. Die Bänder aus polarisierten Molekülen in der Oberfläche der Disk sind selbst kleine Magneten, die ein magnetisches Feld aufbauen, durch das sich der Schreib-Lesekopf bewegt. Die Bewegung des Kopfes durch das magnetische Feld erzeugt Strom, der in die eine oder andere Richtung durch die Leitungen fließt, die vom Kopf weggehen. Die Richtung ist von der Polarität der Bänder abhängig. Der Computer erkennt an der Richtung, in der der Strom fließt, ob sich der Schreib-Lesekopf über einer 1 oder einer 0 befindet.

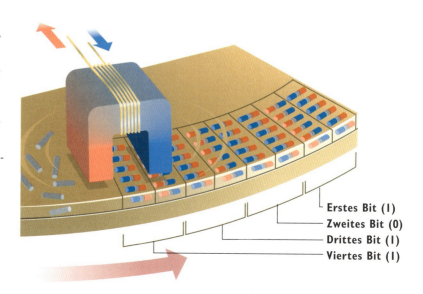

Erstes Bit (1)
Zweites Bit (0)
Drittes Bit (1)
Viertes Bit (1)

Das Formatieren einer Festplatte oder Diskette

1 Bevor eine Diskette oder Festplatte verwendet werden kann, muß sie formatiert werden. Das Laufwerk erledigt diese Aufgabe, indem es auf die Oberfläche der Disk ein Muster aus Einsen und Nullen schreibt – eine Art magnetischer Wegweiser. Dieses Muster unterteilt die Disk in Sektoren und konzentrische Kreise. Wenn sich der Schreib-Lesekopf über die Oberfläche der sich drehenden Disk bewegt, liest er diese magnetischen Wegweiser, um festzustellen, wo er sich im Verhältnis zu den Daten auf der Oberfläche der Disk befindet.

2 Eine Zuordnungseinheit (englisch „Cluster") bzw. ein Block besteht aus der Kombination von zwei oder mehr Sektoren auf einer Spur. Die Anzahl der Bytes in einer Zuordnungseinheit ist vom Betriebssystem, das zum Formatieren verwendet wird, und von der Größe der Disk abhängig. Eine Zuordnungseinheit ist die kleinste Einheit, die zum Speichern von Informationen verwendet wird. Selbst wenn eine Datei nur ein einziges Byte umfaßt, kann es sein, daß ein 256-Byte-Cluster verwendet wird, um die Datei zu speichern. Die Zahl der Sektoren und Spuren, und deshalb auch die Zahl der Cluster (Zuordnungseinheiten), die auf einer Disk vorhanden sind, entscheiden über ihre Speicherkapazität.

3 Das Laufwerk erzeugt eine spezielle Datei, die im Sektor 0 der Disk abgelegt wird (bei Computern wird oft von 0 an gezählt und nicht von 1). Diese Datei enthält die Dateizuordnungstabelle, die unter DOS mit „FAT" und unter Windows 95 mit „VFAT" abgekürzt wird (FAT steht für „file allocation table", VFAT ist die virtuelle FAT). VFAT ist schneller, da der Computer Dateien 32bitweise lesen kann, und nicht nur 16 Bit auf einmal wie in der älteren FAT. Mit der virtuellen Dateizuordungstabelle können Dateinamen aus bis zu 255 Zeichen bestehen, bei DOS waren nur elf Zeichen erlaubt. In der Dateizuordnungstabelle speichern die Betriebssysteme die Informationen über die Verzeichnisstruktur der Disk und legen fest, in welchen Zuordnungseinheiten sich welche Dateien befinden. Das Dateisystem von Windows 98 und Windows ME hat die Bezeichnung FAT32. Windows NT und Windows 2000 speichern und lesen Dateien mit Hilfe von NTFS (New Technology File System).

Der Aktenschrank des Computers

Wurzelverzeichnis

Laufwerk

Stellen Sie sich vor, daß Ihr Computer ein Aktenschrank ist, in dem Sie Ihre ganzen Dokumente aufbewahren. Jede Schublade entspricht einem Ihrer Laufwerke. Die unterste Organisationsebene jedes Laufwerks, das Wurzelverzeichnis (englisch „root"), enthält Verzeichnisse oder Ordner – die digitale Version der Hängeordner in Ihrem Aktenschrank. Jedes Verzeichnis enthält Dateien (Dokumente, Tabellenkalkulationen, usw.), genau so wie Sie in den Hängeordnern in den verschiedenen Schubladen Briefe, Berichte, Kopien, etc., aufbewahren. Ein wichtiger Unterschied jedoch ist, daß in einem Verzeichnis mehrere Unterverzeichnisse liegen können, die wiederum Verzeichnisse enthalten können. Diese Verzeichnis-/Ordnerstruktur wird Baum („tree") genannt, da ein Diagramm, das diese Struktur zeigt, wie ein Baum mit Ästen und Verzweigungen aussieht.

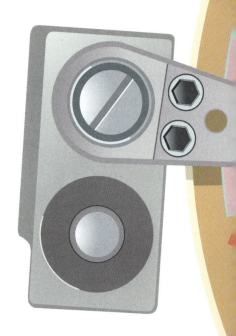

KAPITEL 9: SO FUNKTIONIERT DAS SPEICHERN AUF FESTPLATTE ODER DISKETTE 57

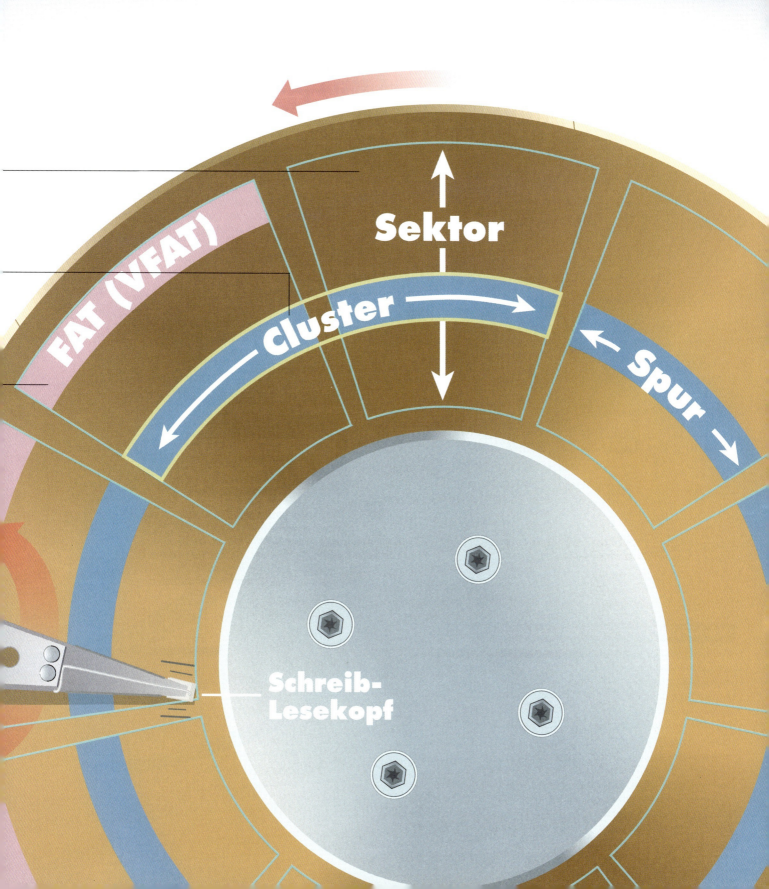

TEIL 3 DIE SPEICHERUNG VON DATEN

Eine Datei auf Festplatte oder Diskette speichern

1 Wenn Sie mit der Maus klicken, um eine Datei zu sichern, sendet das Programm, mit dem Sie arbeiten, einen Befehl an Windows und bittet das Betriebssystem, alle Schritte auszuführen, die notwendig sind, um die Datei aus dem RAM, wo sie vorübergehend aufbewahrt wird, dauerhaft auf die Disk zu speichern. In diesem Beispiel benutzen Sie ein Textverarbeitungsprogramm, um eine Datei unter dem Namen „Brief an Mutti.doc" abzuspeichern.

2 Windows ändert nun den Datensatz der Verzeichnisstruktur, um anzuzeigen, daß eine Datei namens „Brief an Mutti.doc" in das aktuelle Verzeichnis gespeichert wird. Wenn Sie einen anderen Pfad angeben, können Sie die Datei natürlich auch in einen anderen Ordner speichern.

Brief an Stefan.doc
Brief an Michael.doc
Brief an Susi.doc

Briefe

Eigene Dateien

Daten

VIRTUELLE DATEIZUORDNUNGSTABELLE

DATEI	CLUSTER
Brief an Mutti.doc	3
Etat_neu.xls	4
LEER	5

7 Zum Schluß ändert Windows oder DOS noch die Informationen in der VFAT bzw. FAT, um die Cluster zu markieren, die die Datei „Brief an Mutti.doc" enthalten. So weiß das Betriebssystem später, welche Zuordnungseinheiten in Gebrauch sind und vermeidet ein Überschreiben des Briefes.

Cluster-Adresse

CLUSTER	SPUR	SEKTOREN
12	3	6,7,8,9

Was passiert beim Löschen einer Datei?

Wenn Sie eine Datei löschen, werden die Daten, aus denen die Datei besteht, nicht verändert. Statt dessen verändert das Betriebssystem die entsprechenden Informationen in der Dateizuordnungstabelle und gibt die Cluster, die für die Datei verwendet wurden, frei. Diese stehen nun für andere Dateien zur Verfügung. Weil die Daten solange auf der Festplatte bleiben, bis die Cluster wieder hergenommen werden, können Sie häufig eine Datei, die Sie aus Versehen gelöscht haben, wiederherstellen (undelete).

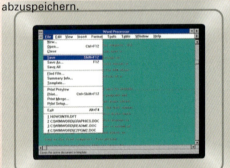

VIRTUELLE DATEIZUORDNUNGSTABELLE

DATEI	VERFÜGBAR CLUSTER
Brief an Mutti.doc	3
Etat_neu.xls	4
LEER	5
Etat_alt.xls	6

KAPITEL 9: SO FUNKTIONIERT DAS SPEICHERN AUF FESTPLATTE ODER DISKETTE

3 Das Betriebssystem überprüft die FAT auch auf die Nummer einer freien Zuordnungseinheit (oder Cluster). Die FAT teilt Windows mit, wo sich ein Bereich befindet, in dem die Datei abgespeichert werden kann, ohne eine andere zu überschreiben. In unserem Beispiel sagt die VFAT, daß das Cluster 3 für die Aufnahme von Daten zur Verfügung steht.

VIRTUELLE DATEIZUORDNUNGSTABELLE

DATEI	1. CLUSTER
Augabe.xls	1
Jahresbericht.doc	2
VERFÜGBAR	3
Etat_neu.xls	4

Cluster-Adresse

CLUSTER	SPUR	SEKTOREN
3	1	2,3,4,5

4 Das Betriebssystem ermittelt auch aus der FAT, daß der Ort der Zuordnungseinheit 3 die Sektoren Nummer 2, 3, 4 und 5 auf Spur 1 umfaßt. Windows sendet diese Informationen an das BIOS (basic input/output system) des PCs.

VIRTUELLE DATEIZUORDNUNGSTABELLE

VIRTUELLE DATEIZUORDNUNGSTABELLE

DATEI	1. CLUSTER
Verfügbar	12
Verfügbar	13
Mitteilung an Chef.doc	14

5 Die Software und das Betriebssystem werden von den Einzelheiten des Abspeicherns der Datei befreit. Das BIOS übernimmt diese Aufgabe. Es ruft die Daten, aus denen die Datei „Brief an Mutti.doc" besteht, aus dem RAM (dort hat das Textverarbeitungsprogramm sie vorübergehend abgelegt) ab. Zur selben Zeit erteilt das BIOS dem Festplattencontroller die Anweisung, die Daten, die es schickt, auf den Sektoren zwei bis fünf auf Spur 1 zu speichern.

6 Wenn die Datei aus mehr Bytes besteht als in ein einzelnes Cluster passen, fragt das Betriebssystem die FAT nach der Lage eines anderen Cluster, wo mit dem Speichern der Datei fortgefahren werden kann. Die Zuordnungseinheiten müssen nicht nebeneinander liegen. In der FAT wird eine Liste der Cluster, über die die Datei verteilt ist, aufbewahrt. Die Daten werden solange aus dem RAM auf die Festplatte oder Diskette kopiert, bis dem Betriebssystem ein spezieller Code, der das Ende der Datei markiert, begegnet. Dieser Code wird EOF-Marker genannt. (Der englische Begriff lautet „end of file", also „Dateiende".)

Eine gespeicherte Datei lesen

VIRTU

1 Wenn Sie beispielsweise Ihr Textverarbeitungsprogramm dazu benutzen, die Datei „Brief an Mutti.doc" hervorzuholen, gibt die Software die Anfrage und den Dateinamen an das Betriebssystem weiter.

2 Windows überprüft das Dateisystem auf Informationen, die den gerade geöffneten oder benutzten Ordner betreffen. Es schaut nach, ob sich eine Datei namens „Brief an Mutti.doc" im aktuellen Verzeichnis befindet. Das aktuelle Verzeichnis ist eines der vielen Verzeichnisse oder Ordner auf der Disk. Programme erinnern sich normalerweise an den Ordner, in dem Sie zuletzt eine Datei mit diesem Programm geöffnet oder gespeichert haben. Es nimmt an, daß Sie wahrscheinlich das gleiche Verzeichnis wieder benutzen wollen und öffnet die „Datei öffnen"-Dialogbox im zuletzt benutzten Verzeichnis der Anwendung. Da Sie in Windows normalerweise den Dateinamen aus einer Liste auswählen können, ist die Datei natürlich da. Aber wenn Sie den Dateinamen eintippen und dabei einen Fehler machen, oder wenn jemand anderes gerade die Datei aus dem Netzwerk gelöscht hat, kann Windows die in der VFAT eingetragene Datei nicht finden. Die Anwendung benutzt in so einem Fall häufig eine Windows-Dialogbox, um mitzuteilen, daß die Datei nicht gefunden wurde.

5 Das Laufwerk sendet die gelesenen Daten an den Arbeitsspeicher, und die Software kann nun auf die Daten, die im RAM liegen, zugreifen.

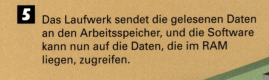

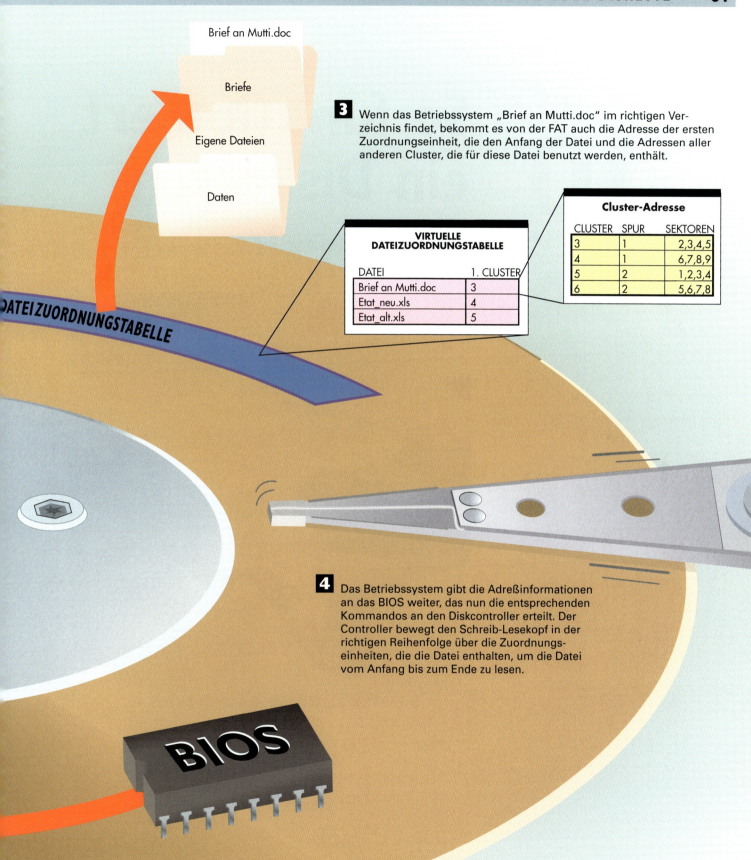

KAPITEL 10
So funktioniert ein Diskettenlaufwerk

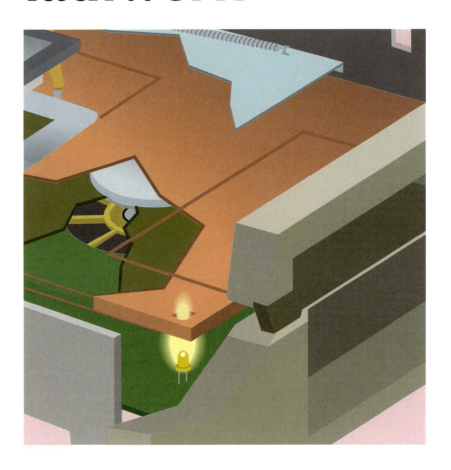

IM Umfeld schneller und großer Festplatten, magneto-optischer Laufwerke, von CD-ROM-Laufwerken, DVD-Laufwerken und allen anderen High-Tech-Entwicklungen ist es schwierig, dem ganz normalen Diskettenlaufwerk noch etwas abzugewinnen. In Vergleich zu den anderen Speichermedien ist es langsam und seine Speicherkapazität ist gering. Und bei der heutigen Größe von Programmen findet man kaum noch eines, das auf Disketten anstelle von CDs ausgeliefert wird.

Aber auch trotz dieser Nachteile ist das Diskettenlaufwerk ein kleines Wunder, dem zu wenig Beachtung geschenkt wird. Sie können ein ganzes Buch voller Informationen auf einer Diskette unterbringen, die Sie in Ihre Hosentasche oder Brieftasche stecken können. Weil Diskettenlaufwerke überall zu finden sind, ist es die sicherste und bequemste Methode, Daten von einem PC zum nächsten zu transportieren. Es werden keine Kommunikationsleitungen, Netzwerke oder gar Infrarotverbindungen benötigt – Sie nehmen die Diskette aus dem Laufwerk und schieben sie in ein anderes hinein.

Steve Jobs hatte versucht, mit dem NeXT-Computer das Diskettenlaufwerk abzuschaffen und statt dessen das magneto-optische Laufwerk als das ideale Medium zur Verteilung kommerzieller Software propagiert. Hinter diesem Gedanken steckte jede Menge Idealismus, aber richtig ernst genommen wurde Jobs trotzdem nicht. Heutzutage sind viele Programme wie Windows 95 und dessen Anwendungen so gigantisch groß, daß sie meistens auf CD vertrieben werden. Und die Diskette hat Konkurrenz in Form von leistungsfähigen „Verwandten" wie beispielsweise dem Zip-Laufwerk bekommen. Zwar ist die Diskette schon etwas in die Jahre gekommen, trotzdem ist sie immer noch ungemein verbreitet und ein verläßlicher und billiger Datenträger. Und sicher wird sie – in irgendeiner Form – unser „Computerleben" noch lange Zeit begleiten.

Obwohl Computer inzwischen mit kleineren, schnelleren Diskettenlaufwerken und mit einer größeren Speicherkapazität ausgeliefert werden, dauerte es Jahre, bis sie die 5,25-Zoll-Diskettenlaufwerke ersetzen konnten. Sie waren die Grammophonplatten mit 78 UpM der Computerwelt. Lange nachdem es kleinere Platten mit mehr Musik und besserer Wiedergabe gab, wurden immer noch 78-UpM-Platten produziert, weil viele Musikliebhaber viel in die 78er investiert hatten. Als die erste Ausgabe dieses Buches 1993 erschien, wurden PCs noch mit einem 5,25-Zoll- und dem neueren 3,5-Zoll-Diskettenlaufwerk zusammen verkauft. Heute sind 5,25-Zoll-Laufwerke und -Disketten nur noch ein Relikt aus längst vergessenen primitiven Zeiten.

3,5-Zoll-Disketten können mit 700 Kbyte bis 2,88 Mbyte mehr Daten speichern als der „große" Bruder. Aufgrund der stabilen Schutzhülle muß man nicht mehr ganz so vorsichtig mit ihnen umgehen, und sie sind so billig, daß ihre Kosten nicht ins Gewicht fallen. Und sie sind so weit verbreitet, daß es Jahre dauern wird, bis sie von der wiederbeschreibbaren CD oder DVD verdrängt werden.

3,5-Zoll-Diskettenlaufwerk

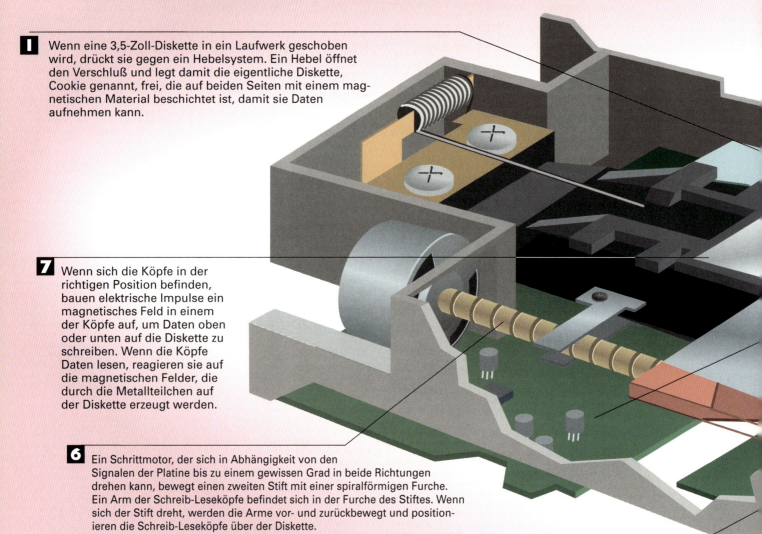

1 Wenn eine 3,5-Zoll-Diskette in ein Laufwerk geschoben wird, drückt sie gegen ein Hebelsystem. Ein Hebel öffnet den Verschluß und legt damit die eigentliche Diskette, Cookie genannt, frei, die auf beiden Seiten mit einem magnetischen Material beschichtet ist, damit sie Daten aufnehmen kann.

7 Wenn sich die Köpfe in der richtigen Position befinden, bauen elektrische Impulse ein magnetisches Feld in einem der Köpfe auf, um Daten oben oder unten auf die Diskette zu schreiben. Wenn die Köpfe Daten lesen, reagieren sie auf die magnetischen Felder, die durch die Metallteilchen auf der Diskette erzeugt werden.

6 Ein Schrittmotor, der sich in Abhängigkeit von den Signalen der Platine bis zu einem gewissen Grad in beide Richtungen drehen kann, bewegt einen zweiten Stift mit einer spiralförmigen Furche. Ein Arm der Schreib-Leseköpfe befindet sich in der Furche des Stiftes. Wenn sich der Stift dreht, werden die Arme vor- und zurückbewegt und positionieren die Schreib-Leseköpfe über der Diskette.

5 Ein Motor neben der Diskette dreht einen Stift, der in eine Kerbe in der Mitte der Diskette paßt. Dadurch wird die Diskette gedreht.

Der 5¼-Dinosaurier

Trotz unterschiedlicher Größe und Beschaffenheit ist die 51/4-Zoll-Diskette lediglich eine größere, langsamere und weniger komplexe Ausführung einer 31/2-Zoll-Diskette. Sie hat keinen Schieber, dafür aber eine Einkerbung an der Seite, die man überkleben kann, wenn die Diskette schreibgeschützt sein soll. Die Schreib-Leseköpfe funktionieren bei beiden Diskettenlaufwerkstypen gleich.

KAPITEL 10: SO FUNKTIONIERT EIN DISKETTENLAUFWERK

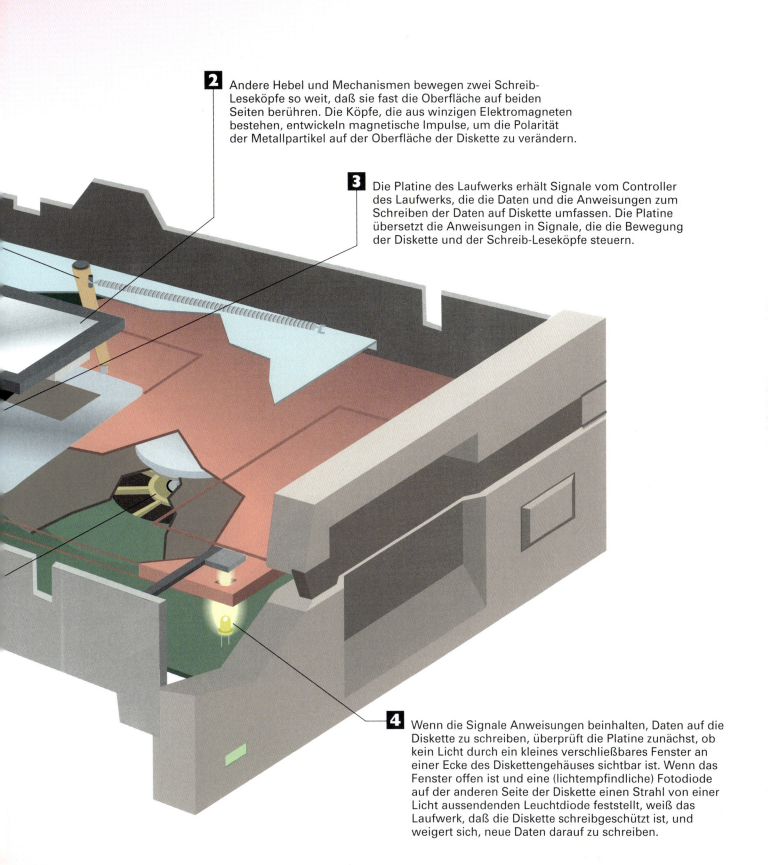

2 Andere Hebel und Mechanismen bewegen zwei Schreib-Leseköpfe so weit, daß sie fast die Oberfläche auf beiden Seiten berühren. Die Köpfe, die aus winzigen Elektromagneten bestehen, entwickeln magnetische Impulse, um die Polarität der Metallpartikel auf der Oberfläche der Diskette zu verändern.

3 Die Platine des Laufwerks erhält Signale vom Controller des Laufwerks, die die Daten und die Anweisungen zum Schreiben der Daten auf Diskette umfassen. Die Platine übersetzt die Anweisungen in Signale, die die Bewegung der Diskette und der Schreib-Leseköpfe steuern.

4 Wenn die Signale Anweisungen beinhalten, Daten auf die Diskette zu schreiben, überprüft die Platine zunächst, ob kein Licht durch ein kleines verschließbares Fenster an einer Ecke des Diskettengehäuses sichtbar ist. Wenn das Fenster offen ist und eine (lichtempfindliche) Fotodiode auf der anderen Seite der Diskette einen Strahl von einer Licht aussendenden Leuchtdiode feststellt, weiß das Laufwerk, daß die Diskette schreibgeschützt ist, und weigert sich, neue Daten darauf zu schreiben.

KAPITEL 11
So funktioniert eine Festplatte

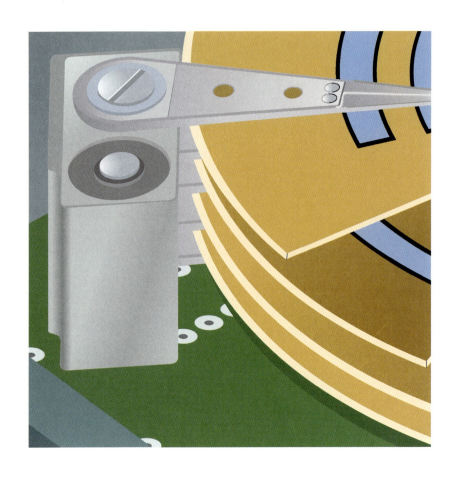

DIE Festplatte ist das Arbeitspferd des Computers. Die Platten, auf denen die Daten gespeichert werden, drehen sich während der gesamten Einschaltzeit des Computers mit einer Geschwindigkeit von 7200 und mehr Umdrehungen in der Minute, das sind 120 Umdrehungen in einer Sekunde (außer wenn sie zeitweise abgeschaltet werden, um Strom zu sparen).

Jedesmal, wenn Daten von der Festplatte gelesen oder darauf geschrieben werden, bewegen sich die Schreib-Leseköpfe mit enormer Geschwindigkeit und mikroskopischer Genauigkeit. Die Toleranzen in der Festplatte sind so gering, daß in die Zwischenräume zwischen Köpfen und Platte nicht einmal ein menschliches Haar passen würde. Es grenzt an ein Wunder, daß das Laufwerk arbeitet, ohne daß es ständig zu Zwischenfällen kommt. Statt dessen funktionieren Festplatten meist jahrelang ohne auszufallen.

Seit der erste IBM XT mit Festplatte in den frühen achtziger Jahren auf den Markt gekommen ist, haben sich Kapazität, Form und Leistung der Festplatten enorm verändert. Damals wurde eine Speicherkapazität von 10 Mbyte fast schon als verschwenderisch angesehen. Die Festplatten waren drei bis vier Zoll dick (1 Zoll entspricht 2,54 Zentimetern) und füllten einen 5,25-Zoll-Einbauschacht aus. Eine Zugriffsgeschwindigkeit von 87 Millisekunden glich der Lichtgeschwindigkeit im Vergleich zur Zugriffszeit von Diskettenlaufwerken. Ein Jahrzehnt später sind Festplatten mit einer Speicherkapazität von 20-80 Gbyte (20000–80000 Mbyte), 8 Millisekunden Zugriffszeit und kleiner als ein 3,5-Zoll-Diskettenlaufwerk der preiswerte Standard. Einige Wechselfestplatten bringen viele Gigabyte auf einem Raum unter, der kaum größer als eine Streichholzschachtel ist. Auch in Zukunft wird die Größe und der Preis von Festplatten in der gleichen Geschwindigkeit abnehmen wie ihre Speicherkapazität zunimmt.

Festplatten sind so billig geworden, daß synchronisierte Gruppen von Festplatten, Drive- oder Disk-Arrays genannt, für Kleinunternehmen und Heimanwender, die die Geschwindigkeit und Zuverlässigkeit dieses Mediums zu schätzen wissen, rentabel geworden sind.

Eines aber wird sich wahrscheinlich an Festplatten nicht ändern. Während die anderen PC-Komponenten den Befehlen der Software (ohne einen Laut von sich zu geben) gehorchen, ist die Arbeit der Festplatte deutlich hörbar. Diese Geräusche erinnern uns daran, daß die Festplatte zu den wenigen Komponenten des PCs gehört, die sowohl mechanisch als auch elektronisch funktionieren. Die mechanischen Komponenten der Festplatte sind die langsamsten in Ihrem PC, aber sie übernehmen dabei auch die meiste Arbeit.

Die Festplatte

2 Auf dem Boden des Laufwerks befindet sich eine Platine, die auch als „logische Platine" bezeichnet wird. Sie empfängt Signale vom Festplatten-Controller, der vom Betriebssystem gesteuert wird. Die Steuerlogik übersetzt die Signale in Spannungsunterschiede, die den Antrieb der Schreib-Leseköpfe veranlassen, die Köpfe über die Oberfläche der Platten zu bewegen. Die Steuerlogik stellt außerdem sicher, daß sich die Welle, die die Platten dreht, mit einer gleichmäßigen Geschwindigkeit rotiert und teilt den Köpfen mit, wann sie lesen und wann sie schreiben sollen. Auf einer IDE-Festplatte (IDE steht für den englischen Begriff „Integrated Drive Electronics", der „integrierte Festplattenelektronik" bedeutet) ist der Festplatten-Controller ein Teil der Steuerlogik.

3 Ein Welle, die mit einem Elektromotor verbunden ist, dreht bis zu acht magnetisch beschichtete Platten mit einer Geschwindigkeit von mehreren Tausend Umdrehungen pro Minute. Die Speicherkapazität der Festplatte ist von der Anzahl der Platten und der Zusammensetzung des magnetischen Materials, das die Platten umgibt, abhängig. Heutige Festplatten sind in der Regel mit einer Metallegierung versehen, die ungefähr drei Millionstel Zoll dick ist.

1 Ein geschlossenes Metallgehäuse schützt die internen Komponenten vor Staubteilchen, die den engen Zwischenraum zwischen den Schreib-Leseköpfen und den Platten blockieren und die Festplatte zerstören könnten, indem sie eine Rille in die magnetische Hülle der Platte ziehen.

Kein Platz für Fehler

Weil die Festplatte Daten auf mikroskopisch kleinem Raum speichert, müssen die Schreib-Leseköpfe extrem nah an der Oberfläche der Platten sein, um sicherzustellen, daß die Daten fehlerfrei aufgenommen werden. Der Spalt zwischen den Köpfen und der Plattenoberfläche beträgt nur etwa zwei Millionstel Zoll.

Haar
Staub
Kopf
Spalte
Rauch
Platte

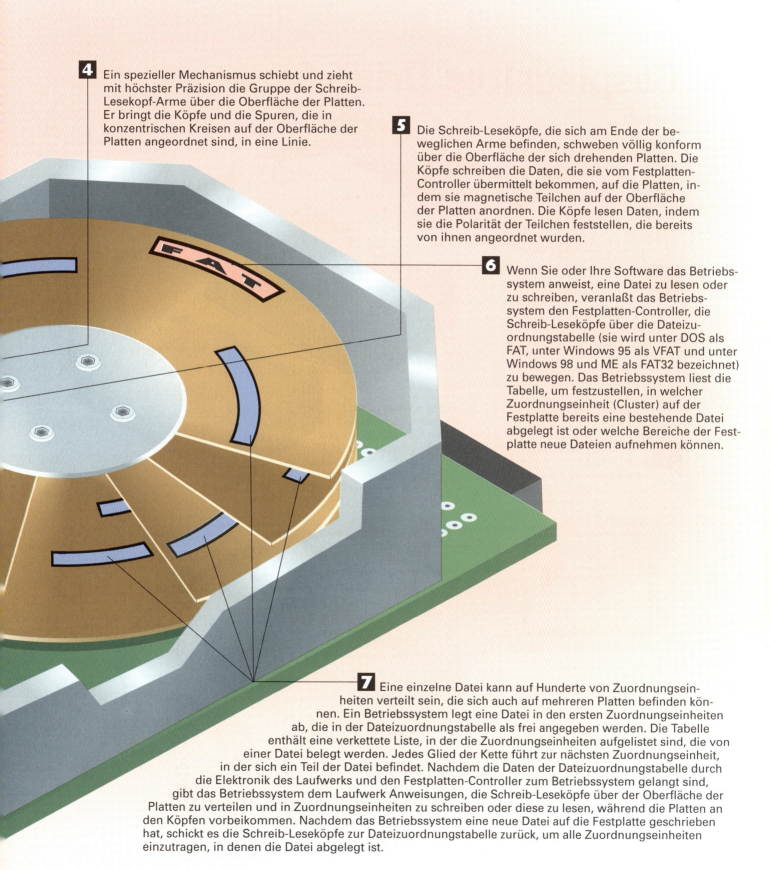

KAPITEL 11: SO FUNKTIONIERT EINE FESTPLATTE 69

4 Ein spezieller Mechanismus schiebt und zieht mit höchster Präzision die Gruppe der Schreib-Lesekopf-Arme über die Oberfläche der Platten. Er bringt die Köpfe und die Spuren, die in konzentrischen Kreisen auf der Oberfläche der Platten angeordnet sind, in eine Linie.

5 Die Schreib-Leseköpfe, die sich am Ende der beweglichen Arme befinden, schweben völlig konform über die Oberfläche der sich drehenden Platten. Die Köpfe schreiben die Daten, die sie vom Festplatten-Controller übermittelt bekommen, auf die Platten, indem sie magnetische Teilchen auf der Oberfläche der Platten anordnen. Die Köpfe lesen Daten, indem sie die Polarität der Teilchen feststellen, die bereits von ihnen angeordnet wurden.

6 Wenn Sie oder Ihre Software das Betriebssystem anweist, eine Datei zu lesen oder zu schreiben, veranlaßt das Betriebssystem den Festplatten-Controller, die Schreib-Leseköpfe über die Dateizuordnungstabelle (sie wird unter DOS als FAT, unter Windows 95 als VFAT und unter Windows 98 und ME als FAT32 bezeichnet) zu bewegen. Das Betriebssystem liest die Tabelle, um festzustellen, in welcher Zuordnungseinheit (Cluster) auf der Festplatte bereits eine bestehende Datei abgelegt ist oder welche Bereiche der Festplatte neue Dateien aufnehmen können.

7 Eine einzelne Datei kann auf Hunderte von Zuordnungseinheiten verteilt sein, die sich auch auf mehreren Platten befinden können. Ein Betriebssystem legt eine Datei in den ersten Zuordnungseinheiten ab, die in der Dateizuordnungstabelle als frei angegeben werden. Die Tabelle enthält eine verkettete Liste, in der die Zuordnungseinheiten aufgelistet sind, die von einer Datei belegt werden. Jedes Glied der Kette führt zur nächsten Zuordnungseinheit, in der sich ein Teil der Datei befindet. Nachdem die Daten der Dateizuordnungstabelle durch die Elektronik des Laufwerks und den Festplatten-Controller zum Betriebssystem gelangt sind, gibt das Betriebssystem dem Laufwerk Anweisungen, die Schreib-Leseköpfe über der Oberfläche der Platten zu verteilen und in Zuordnungseinheiten zu schreiben oder diese zu lesen, während die Platten an den Köpfen vorbeikommen. Nachdem das Betriebssystem eine neue Datei auf die Festplatte geschrieben hat, schickt es die Schreib-Leseköpfe zur Dateizuordnungstabelle zurück, um alle Zuordnungseinheiten einzutragen, in denen die Datei abgelegt ist.

Gespiegeltes Drive-Array

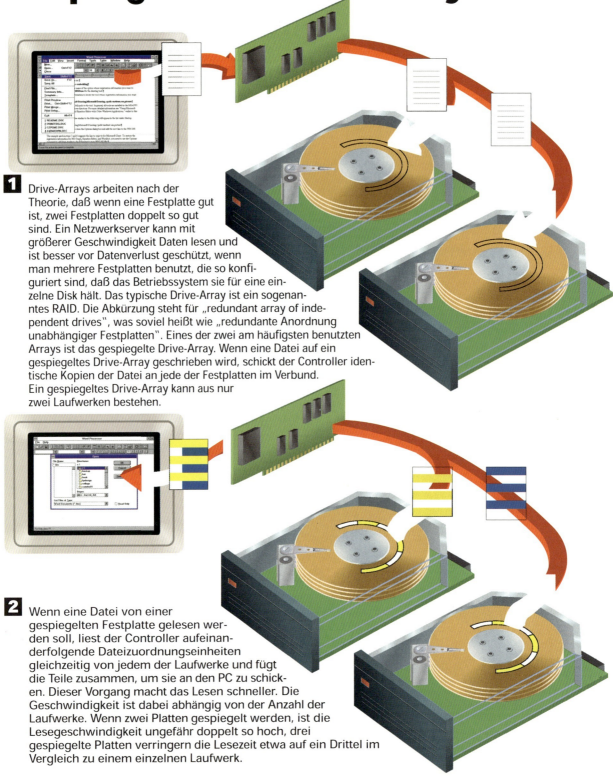

1 Drive-Arrays arbeiten nach der Theorie, daß wenn eine Festplatte gut ist, zwei Festplatten doppelt so gut sind. Ein Netzwerkserver kann mit größerer Geschwindigkeit Daten lesen und ist besser vor Datenverlust geschützt, wenn man mehrere Festplatten benutzt, die so konfiguriert sind, daß das Betriebssystem sie für eine einzelne Disk hält. Das typische Drive-Array ist ein sogenanntes RAID. Die Abkürzung steht für „redundant array of independent drives", was soviel heißt wie „redundante Anordnung unabhängiger Festplatten". Eines der zwei am häufigsten benutzten Arrays ist das gespiegelte Drive-Array. Wenn eine Datei auf ein gespiegeltes Drive-Array geschrieben wird, schickt der Controller identische Kopien der Datei an jede der Festplatten im Verbund. Ein gespiegeltes Drive-Array kann aus nur zwei Laufwerken bestehen.

2 Wenn eine Datei von einer gespiegelten Festplatte gelesen werden soll, liest der Controller aufeinanderfolgende Dateizuordnungseinheiten gleichzeitig von jedem der Laufwerke und fügt die Teile zusammen, um sie an den PC zu schicken. Dieser Vorgang macht das Lesen schneller. Die Geschwindigkeit ist dabei abhängig von der Anzahl der Laufwerke. Wenn zwei Platten gespiegelt werden, ist die Lesegeschwindigkeit ungefähr doppelt so hoch, drei gespiegelte Platten verringern die Lesezeit etwa auf ein Drittel im Vergleich zu einem einzelnen Laufwerk.

KAPITEL 11: SO FUNKTIONIERT EINE FESTPLATTE 71

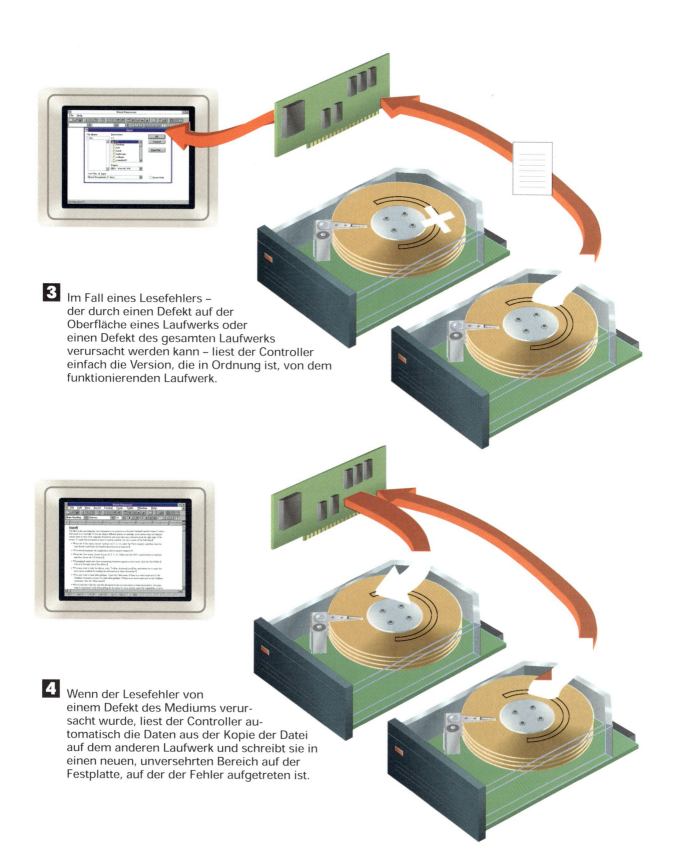

3 Im Fall eines Lesefehlers – der durch einen Defekt auf der Oberfläche eines Laufwerks oder einen Defekt des gesamten Laufwerks verursacht werden kann – liest der Controller einfach die Version, die in Ordnung ist, von dem funktionierenden Laufwerk.

4 Wenn der Lesefehler von einem Defekt des Mediums verursacht wurde, liest der Controller automatisch die Daten aus der Kopie der Datei auf dem anderen Laufwerk und schreibt sie in einen neuen, unversehrten Bereich auf der Festplatte, auf der der Fehler aufgetreten ist.

Verteiltes Drive-Array

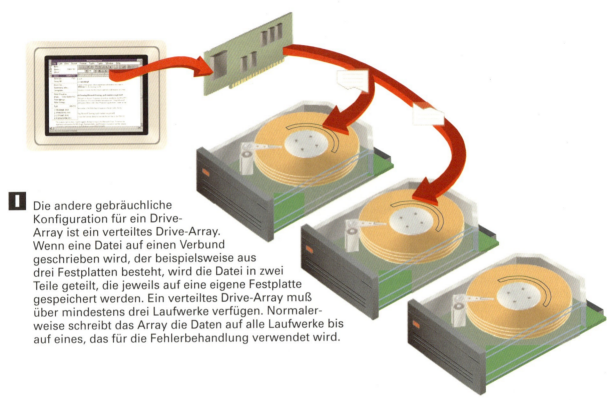

1 Die andere gebräuchliche Konfiguration für ein Drive-Array ist ein verteiltes Drive-Array. Wenn eine Datei auf einen Verbund geschrieben wird, der beispielsweise aus drei Festplatten besteht, wird die Datei in zwei Teile geteilt, die jeweils auf eine eigene Festplatte gespeichert werden. Ein verteiltes Drive-Array muß über mindestens drei Laufwerke verfügen. Normalerweise schreibt das Array die Daten auf alle Laufwerke bis auf eines, das für die Fehlerbehandlung verwendet wird.

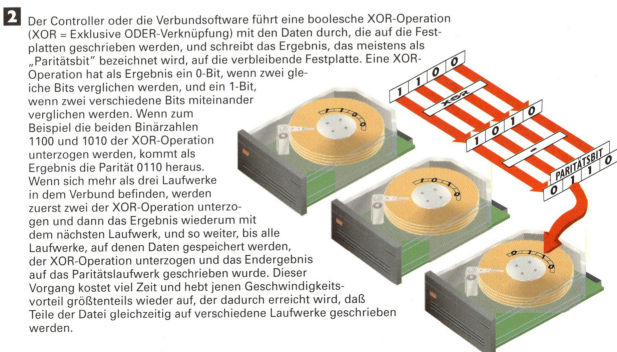

2 Der Controller oder die Verbundsoftware führt eine boolesche XOR-Operation (XOR = Exklusive ODER-Verknüpfung) mit den Daten durch, die auf die Festplatten geschrieben werden, und schreibt das Ergebnis, das meistens als „Paritätsbit" bezeichnet wird, auf die verbleibende Festplatte. Eine XOR-Operation hat als Ergebnis ein 0-Bit, wenn zwei gleiche Bits verglichen werden, und ein 1-Bit, wenn zwei verschiedene Bits miteinander verglichen werden. Wenn zum Beispiel die beiden Binärzahlen 1100 und 1010 der XOR-Operation unterzogen werden, kommt als Ergebnis die Parität 0110 heraus. Wenn sich mehr als drei Laufwerke in dem Verbund befinden, werden zuerst zwei der XOR-Operation unterzogen und dann das Ergebnis wiederum mit dem nächsten Laufwerk, und so weiter, bis alle Laufwerke, auf denen Daten gespeichert werden, der XOR-Operation unterzogen und das Endergebnis auf das Paritätslaufwerk geschrieben wurde. Dieser Vorgang kostet viel Zeit und hebt jenen Geschwindigkeitsvorteil größtenteils wieder auf, der dadurch erreicht wird, daß Teile der Datei gleichzeitig auf verschiedene Laufwerke geschrieben werden.

KAPITEL 11: SO FUNKTIONIERT EINE FESTPLATTE 73

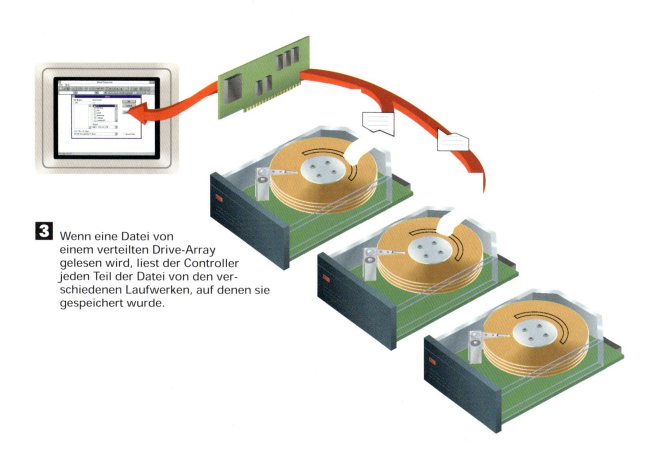

3 Wenn eine Datei von einem verteilten Drive-Array gelesen wird, liest der Controller jeden Teil der Datei von den verschiedenen Laufwerken, auf denen sie gespeichert wurde.

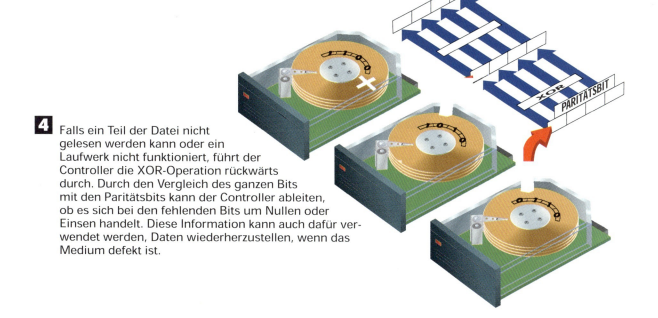

4 Falls ein Teil der Datei nicht gelesen werden kann oder ein Laufwerk nicht funktioniert, führt der Controller die XOR-Operation rückwärts durch. Durch den Vergleich des ganzen Bits mit den Paritätsbits kann der Controller ableiten, ob es sich bei den fehlenden Bits um Nullen oder Einsen handelt. Diese Information kann auch dafür verwendet werden, Daten wiederherzustellen, wenn das Medium defekt ist.

74 TEIL 3 DIE SPEICHERUNG VON DATEN

KAPITEL 12
So funktionieren weitere wechselbare Speichersysteme

DIE magnetischen Signale, die von konventionellen Disketten- und Festplattenlaufwerken verwendet werden, legen die Daten in mikroskopisch kleinen Streifen ab. Wenn man sich allerdings auf deren Ebene begibt, dann sind die magnetischen Signale ausgesprochen ungenau. Befindet man sich auf der mikroskopischen Ebene, dann können die Bereiche, die von den Elektromagneten der Schreib-Leseköpfe beeinflußt werden, mit einem breiten Fluß verglichen werden. Man könnte wesentlich mehr Daten auf eine gleich große Disk packen, wenn man sie in kleineren, dicht bepackten Bereichen unterbringen könnte. Das ist möglich, wenn man den Magnetismus mit der Präzision eines Lasers kombiniert.

Der Lichtstrahl eines Lasers kann auf einen wesentlich schmaleren Bereich gerichtet werden als jener, der durch einen magnetischen Schreib-Leseköpfe bearbeitet wird. Aber Laser alleine dazu zu bringen, Daten zu lesen und zu schreiben, ist weder einfach noch billig. Deshalb wird eine Kombination aus magnetischen Köpfen und der Präzision eines Laserstrahls in einem Laufwerk eingesetzt, das eine Unmenge von Daten auf einem sehr kleinen und tragbaren Datenträger unterbringt.

Die ersten Versuche, einen Laser mit dem Speichervorgang zu kombinieren, resultierte im sogenannten „WORM". Tatsächlich konnte ein WORM (die Ankürzung steht für „write once, read many", zu deutsch „einmal schreiben, vielfach lesen") mehrere Hundert Megabyte auf eine einzelne portable Platte schreiben. Das Problem bestand aber darin, daß die Daten, nachdem sie einmal geschrieben wurden, weder verändert noch gelöscht werden konnten. Beschreibbare CDs sind ein Beispiel für ein WORM-Laufwerk, allerdings sind inzwischen CDs, die man wieder und wieder beschreiben kann, im Kommen. Die Nachfolgemedien der WORM-Technik sehen aus wie CD-ROMs. Man unterscheidet zwischen CD-R-Medien, die nur einmal geschrieben (man sagt: gebrannt) werden können, und CD-RW-Medien, die häufig gelöscht und neu beschrieben werden können. Für das Schreiben von Daten werden sogenannte CD-Brenner benötigt. Die Standardkapazität dieser Medien beträgt 650 Mbyte.

Zwei weitere Laufwerkstypen – magneto-optische (MO) und Floptical – gehen die Herausforderung, den Laser einzusetzen, zwar von verschiedenen Standpunkten an, gelangen aber zu einem ähnlichen Ergebnis: mehr beschreibbarer Datenspeicher. Eine magneto-optische Platte hat einen Durchmesser von etwa 5,25 Zoll und ähnelt somit den „großen" Disketten. Ihre Speicherkapazität umfaßt bis zu 500 Mbyte. Magneto-optische Laufwerke, die über die doppelte Speicherkapazität verfügen, befinden sich derzeit in der Entwicklung. Eine Floptical-Platte besitzt etwa die Größe einer 3,5-Zoll-Diskette und kann bis zu 20 Mbyte Daten aufnehmen. Obwohl MO-Laufwerke und Flopticals verschiedene Technologien verwenden und sich die Technologien wiederum von denen der CD-ROMs unterscheiden, ähneln sie sich darin, daß sie alle einen Laserstrahl verwenden, um Daten so dicht zu packen, daß man Dutzende oder sogar Hunderte von Megabytes an Information auf eine einzelne Disk bringt, die sich von einem Rechner zum anderen tragen läßt.

Eine weitere Lösung für wechselbare Speichersysteme ist das Zip-Laufwerk von Iomega. Es benutzt keinen Laser, aber man kann damit 100 Mbyte auf einer einzelnen Disk von der Größe einer herkömmlichen 3,5-Zoll-Diskette unterbringen. Zip-Laufwerke, MOs und Flopticals sind eine preiswerte Alternative zu CD-ROM-Laufwerken und Bandlaufwerken zum Sichern von Daten, zur Offline-Speicherung und zum Transfer von großen Datenmengen von einem PC zum anderen. Der Trend am Markt bewegt sich jedoch nicht zuletzt durch die stark gefallenen Preise hin zu CD-R bzw. CD-RW und dem Einsatz von CD-Brennern.

So funktioniert ein Zip-Laufwerk

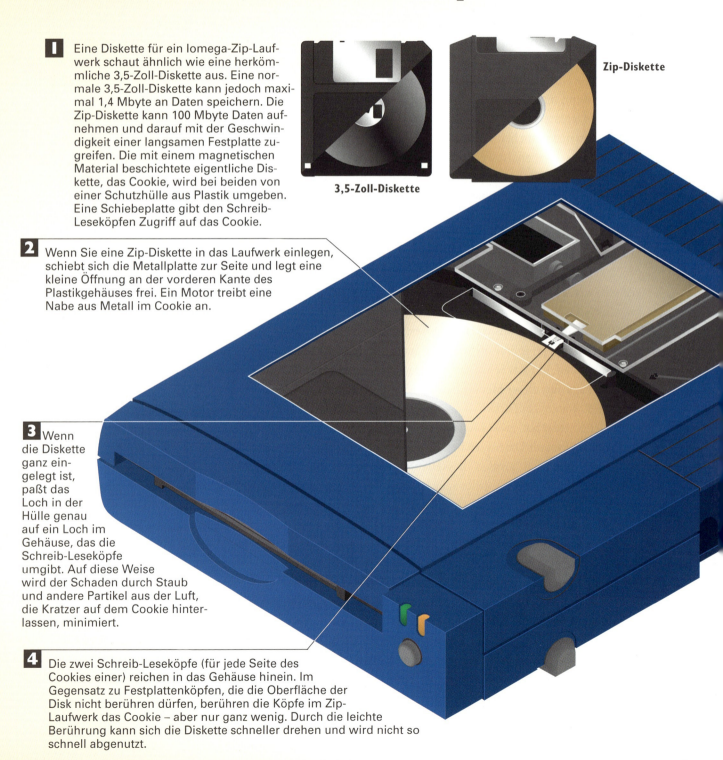

1 Eine Diskette für ein Iomega-Zip-Laufwerk schaut ähnlich wie eine herkömmliche 3,5-Zoll-Diskette aus. Eine normale 3,5-Zoll-Diskette kann jedoch maximal 1,4 Mbyte an Daten speichern. Die Zip-Diskette kann 100 Mbyte Daten aufnehmen und darauf mit der Geschwindigkeit einer langsamen Festplatte zugreifen. Die mit einem magnetischen Material beschichtete eigentliche Diskette, das Cookie, wird bei beiden von einer Schutzhülle aus Plastik umgeben. Eine Schiebeplatte gibt den Schreib-Leseköpfen Zugriff auf das Cookie.

2 Wenn Sie eine Zip-Diskette in das Laufwerk einlegen, schiebt sich die Metallplatte zur Seite und legt eine kleine Öffnung an der vorderen Kante des Plastikgehäuses frei. Ein Motor treibt eine Nabe aus Metall im Cookie an.

3 Wenn die Diskette ganz eingelegt ist, paßt das Loch in der Hülle genau auf ein Loch im Gehäuse, das die Schreib-Leseköpfe umgibt. Auf diese Weise wird der Schaden durch Staub und andere Partikel aus der Luft, die Kratzer auf dem Cookie hinterlassen, minimiert.

4 Die zwei Schreib-Leseköpfe (für jede Seite des Cookies einer) reichen in das Gehäuse hinein. Im Gegensatz zu Festplattenköpfen, die die Oberfläche der Disk nicht berühren dürfen, berühren die Köpfe im Zip-Laufwerk das Cookie – aber nur ganz wenig. Durch die leichte Berührung kann sich die Diskette schneller drehen und wird nicht so schnell abgenutzt.

KAPITEL 12: SO FUNKTIONIEREN WEITERE WECHSELBARE SPEICHERSYSTEME

5 Die Schreib-Leseköpfe sind nur etwa 1/10 so groß wie die in einem herkömmlichen Diskettenlaufwerk. Das entspricht etwa der Größe der Schreib-Leseköpfe in einem Festplattenlaufwerk.

Schreib-Lesekopf im herkömmlichen Diskettenlaufwerk

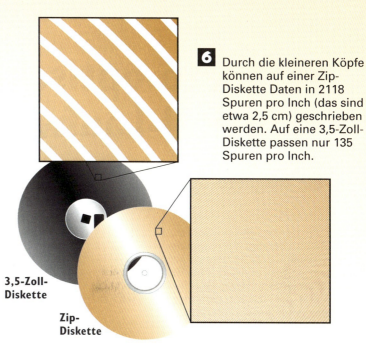

6 Durch die kleineren Köpfe können auf einer Zip-Diskette Daten in 2118 Spuren pro Inch (das sind etwa 2,5 cm) geschrieben werden. Auf eine 3,5-Zoll-Diskette passen nur 135 Spuren pro Inch.

3,5-Zoll-Diskette

Zip-Diskette

Disketten-Cookie

Zip-Cookie

7 Weitere Speicherkapazität wird dadurch erreicht, daß das Cookie mit demselben magnetischen Material beschichtet ist, das auch bei S-VHS-Videobändern benutzt wird. Die einzelnen Partikel haben ein höheres Energielevel, was bedeutet, daß sie nicht so leicht magnetisiert werden können. Dadurch ist ein kleinerer Bereich von den Magnetfeldern des Schreibkopfes betroffen als es bei einer 3,5-Zoll-Diskette der Fall ist. Je kleiner die Fläche auf der Oberfläche ist, die man braucht, um eine 0 oder eine 1 zu schreiben, desto mehr Bits passen auf dieselbe Spur.

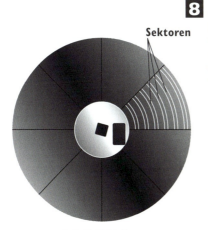

Sektoren

3,5-Zoll-Diskette

8 Die Sektoren auf einer herkömmlichen Diskette teilen diese strahlenförmig auf. Auf der äußersten Spur sind genauso viele Sektoren wie auf der innersten. Die äußeren Spuren brauchen also viel mehr Platz auf der Oberfläche als die inneren – eine Verschwendung von Speicherplatz. Zip-Laufwerke benutzen, genauso wie Festplatten, ein Zonen-Aufnahmeverfahren, so daß dieselbe Aufnahmedichte auf der ganzen Diskette erreicht wird. Es gibt also mehr Sektoren pro Spur je weiter sich die Köpfe zum äußeren Rand des Cookies bewegen.

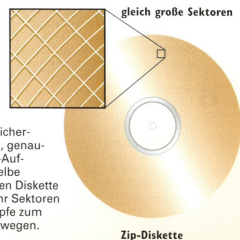

gleich große Sektoren

Zip-Diskette

Magneto-optische und Floptical-Laufwerke

Ein magneto-optisches Laufwerk

1 Der elektromagnetische Schreib-Lesekopf des Laufwerks erzeugt ein magnetisches Feld, das einen relativ großen Bereich auf der magneto-optischen Disk abdeckt. Aber die kristalline Metallegierung, die die Oberfläche bedeckt, ist zu stabil, um sich von dem magnetischen Feld alleine beeinflussen zu lassen.

2 Ein dünner, präziser Laserstrahl wird auf die Oberfläche der Disk gerichtet. Die Energie des Laserstrahls erhitzt einen kleinen Bereich der Legierung bis zu einer kritischen Temperatur, die als Curie-Punkt bezeichnet wird. An diesem Punkt können die Metallkristalle der magneto-optischen Schicht durch das magnetische Feld des Schreibkopfes bewegt und dadurch gezielt ausgerichtet werden. Die Teilchen werden in eine Richtung angeordnet um eine 0 zu repräsentieren und in die andere, um eine 1 zu repräsentieren.

3 Um die Daten von der magneto-optischen Disk zu lesen, wird ein schwächerer Laserstrahl auf die Datenspuren gerichtet, die mit Hilfe des stärkeren Lasers angelegt wurden.

4 Die Kristalle in der Legierung polarisieren das Licht des Lasers. Aufgrund der Polarisation kann nur das Licht durch die Kristalle dringen, das in eine bestimmte Richtung schwingt. Die Anordnung der Kristalle in den 0-Bits polarisiert das Licht in eine Richtung, die Kristalle in den 1-Bits polarisieren das Licht in eine andere Richtung.

5 Das polarisierte Licht wird von der Aluminiumschicht der Disk zu einer Leuchtdiode reflektiert, die die Richtung feststellen kann, in die das Licht polarisiert wurde. Diese Information wird in einen Datenfluß aus Einsen und Nullen übersetzt.

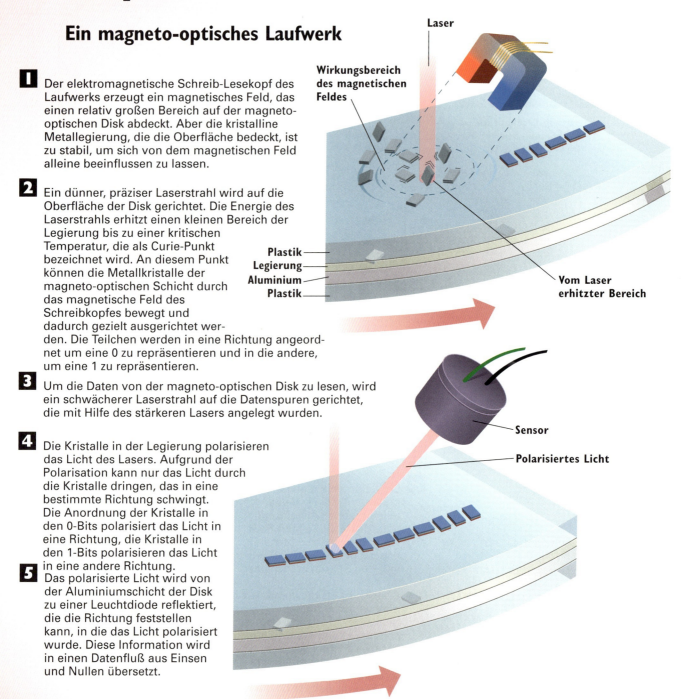

KAPITEL 12: SO FUNKTIONIEREN WEITERE WECHSELBARE SPEICHERSYSTEME

Ein Floptical-Laufwerk

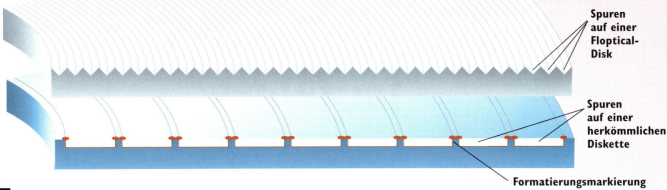

Spuren auf einer Floptical-Disk

Spuren auf einer herkömmlichen Diskette

Formatierungsmarkierung

1 Eine Floptical-Disk wird mit einer Reihe von kleinen, sehr genauen konzentrischen Spuren hergestellt, die in die Bariumferrit-Oberflächenbeschichtung eingeritzt werden. Die Spuren, in die die Daten später geschrieben werden, sind dünner und in einer größeren Anzahl vorhanden, als jene Spuren, die beim normalen Formatieren erzeugt werden können. Bei herkömmlichen Disketten setzt das Betriebssystem auf der Diskette magnetische Markierungspunkte auf der Oberfläche, um so einen Plan von Spuren und Sektoren zu erzeugen. Die Markierungspunkte werden dazu verwendet, Bereiche zu finden, in denen sich Dateien finden oder Bereiche, in die neue Dateien geschrieben werden können. Diese Formatierungsmethode verfügt allerdings über große Fehlertoleranzen in bezug auf die Ungenauigkeit beim Lesen der Markierungen durch die Laufwerksköpfe. Diese Toleranzen begrenzen die Datenmenge, die auf einer normalen Diskette gespeichert werden kann.

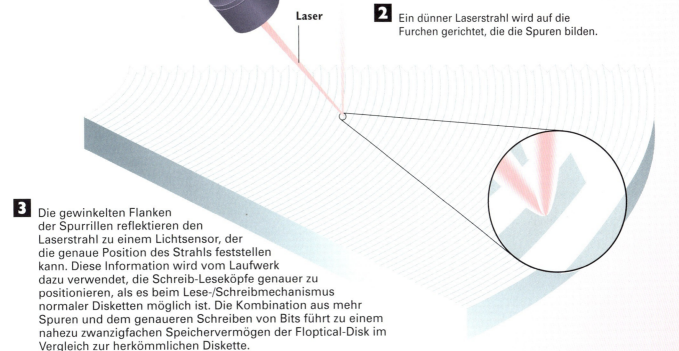

Sensor

Laser

2 Ein dünner Laserstrahl wird auf die Furchen gerichtet, die die Spuren bilden.

3 Die gewinkelten Flanken der Spurrillen reflektieren den Laserstrahl zu einem Lichtsensor, der die genaue Position des Strahls feststellen kann. Diese Information wird vom Laufwerk dazu verwendet, die Schreib-Leseköpfe genauer zu positionieren, als es beim Lese-/Schreibmechanismus normaler Disketten möglich ist. Die Kombination aus mehr Spuren und dem genaueren Schreiben von Bits führt zu einem nahezu zwanzigfachen Speichervermögen der Floptical-Disk im Vergleich zur herkömmlichen Diskette.

KAPITEL 13
So funktioniert ein Bandsicherungslaufwerk

DAS Sichern der Daten von der Festplatte auf ein Bandlaufwerk erinnert an die Ermahnungen der Mutter: Nimm einen Schirm mit und zieh Deinen Regenmantel an, wenn es bewölkt ist. Klar, Mutter hatte ab und zu recht – es regnete und man wurde naß, aber das war nicht weiter schlimm. Also, wo ist das Problem, wenn die Dateizuordnungstabelle der Festplatte mal beschädigt wird und man die Hälfte seiner Dateien verliert? Vor ein paar Jahren war es noch kein großes Problem, ein paar Mbyte von den Disketten der Hersteller wieder auf die Festplatte zu spielen, so lange man über ein paar wesentliche Systemdateien außerhalb der Festplatte verfügte.

Heute nimmt ein „kleiner" Festplattenunfall allerdings ganz andere Ausmaße an. Es geht in der Regel um Festplatten, auf denen nicht nur ein paar Mbyte, sonder eher viele Gigabyte Daten gespeichert sind. Eine einzige Windows-Anwendung kann aus 100 Mbyte Dateien bestehen. Und in einer so komplexen Umgebung wie Windows existieren die Anwendungen nicht mehr alleine. Jedes Windows-Programm, das Sie installieren, verändert die Registrierdatenbank von Windows. Außerdem, wie viele Veränderungen haben Sie an Ihrem System vorgenommen – von geheimnisvollen Parametern über einen Gerätetreiber, die Windows-Icon-Sammlung, bis hin zum Farbschema und Systemsound, mit dessen Perfektionierung Sie Stunden zugebracht haben? Veränderungen, an die Sie sich bestimmt nicht mehr erinnern können!

Niemals war es so notwendig, Daten zu sichern und niemals gab es mehr Möglichkeiten. Es ist jedoch unsinnig, diese Datenmengen auf Disketten zu sichern – so viele wollen Sie bestimmt nicht herumliegen haben. Beschreibbare Medien wie Zip-Laufwerke, Flopticals und beschreibbare CDs machen die Datensicherung einfach.

In diesem Kapitel beschäftigen wir uns mit der traditionellsten Methode zu Datensicherung, den Bandsicherungslaufwerken. Bandlaufwerke haben eine größere Speicherkapazität als Zip-Laufwerke und Flopticals. Backup-Bänder können wiederverwendet werden, bei CDs gilt das nur für die CD-RWs. Am besten ist aber, daß sich Bandlaufwerke in einer Aufgabe hervortun, die sie von ganz alleine erledigen können: Mit der richtigen Software können Sie jede Nacht Ihre Daten automatisch sichern lassen, ohne daß Sie einen Gedanken daran verschwenden müssen.

Preise von unter 500 DM machen sie sogar für den Heimanwender erschwinglich. Und die Möglichkeit, viele Gbyte auf ein einziges Band zu kopieren, machen sie selbst für sehr große Festplatten einfach in der Handhabung.

Im Folgenden finden Sie die Informationen über das Innenleben der gängigsten Bandsicherungen: die QIC-Kassette („QIC" steht für „quarter-inch cartridge", also Viertelzoll-Kassette) und das DAT-Band („DAT" steht für „digital audio tape").

QIC-Bandsicherungslaufwerk

1 Wenn Sie der Software einer QIC-Bandsicherung mitteilen, daß Sie eine Datensicherung vornehmen möchten, liest die Software die Dateizuordnungstabelle der Festplatte, um festzustellen, wo sich die zu sichernden Dateien befinden. Die Software schreibt die Informationen über die Verzeichnisse in einen 32 Kbyte großen Puffer im Arbeitsspeicher Ihres PC und kopiert die Dateien in denselben Puffer. Jede Datei wird mit einem sogenannten „Header" versehen, eine Art von Kopfzeile bzw. Kennsatz, in der die Informationen über die Datei und deren Ort im Verzeichnisbaum der Festplatte gespeichert werden.

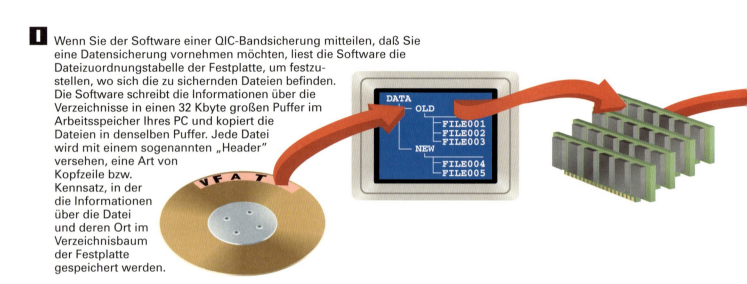

6 Erreicht ein Kopf eines der Enden des Bandes, erkennt er an den Löchern, die sich im Band befinden, daß er die Richtung des Bandes und den Bereich, in den der Schreibkopf die Daten schreibt, nach oben oder unten zur nächsten Spur ändern muß, bevor er weiterschreiben kann. Nachdem alle Daten auf das Band geschrieben wurden, aktualisiert das Programm zur Datensicherung das Verzeichnis der Kassette, indem es die Informationen über die Spuren und Segmente, in denen die Dateien gespeichert sind, neu einträgt.

5 Das Format einer QIC-Kassette umfaßt in der Regel 20 bis 32 parallele Spuren. Wenn die Kassette eines der Enden der Rolle erreicht, wird die Laufrichtung geändert, und die Daten werden in einer spiralförmigen Bewegung zur nächsten weiter außen liegenden Spur geleitet. Jede Spur ist in Blöcke von 512 oder 1.024 Bytes unterteilt, wobei jedes Segment in der Regel 32 Blöcke umfaßt. Acht Blöcke in einem Segment enthalten die Fehlerbehandlungsbefehle. Außerdem führt das Laufwerk an jedem Ende eines Blocks einen sogenannten „CRC" („cyclic redundancy check", deutsch „zyklische Redundanzüberprüfung") durch, eine weitere Fehlerbehandlung, die an den Block angefügt wird. Die meisten Datensicherungsprogramme reservieren am Anfang der Spur 0 oder auf einer speziellen Verzeichnisspur Speicherplatz für ein Verzeichnis der gesicherten Dateien.

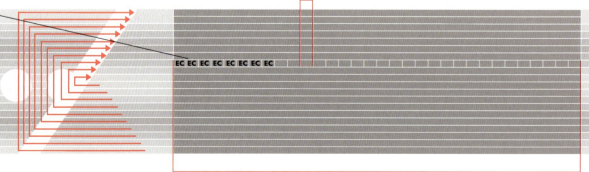

KAPITEL 13: SO FUNKTIONIERT EIN BANDSICHERUNGSLAUFWERK

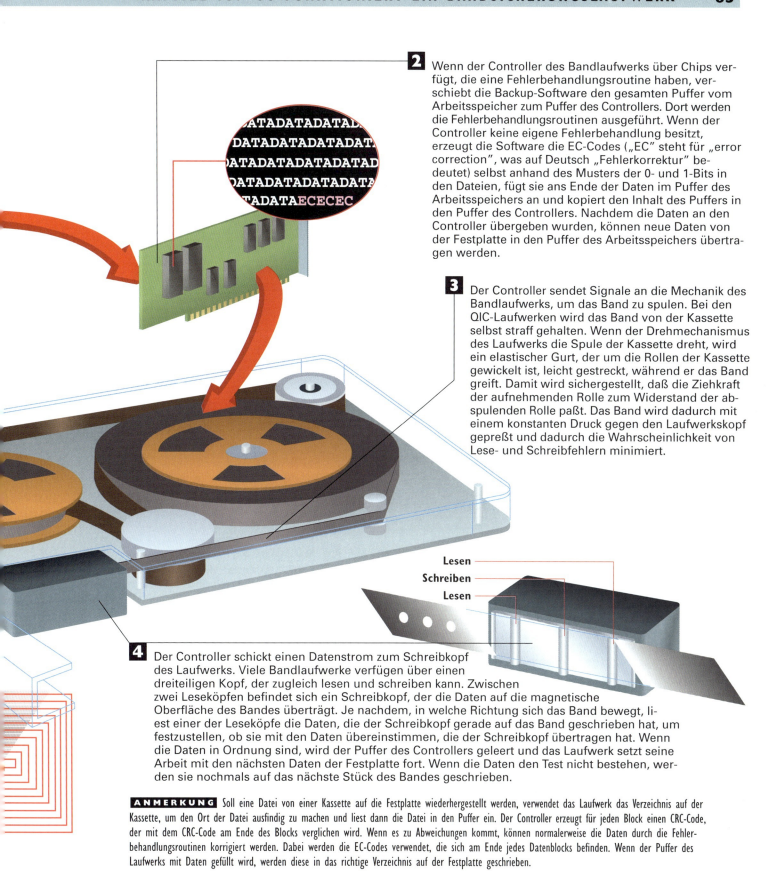

2 Wenn der Controller des Bandlaufwerks über Chips verfügt, die eine Fehlerbehandlungsroutine haben, verschiebt die Backup-Software den gesamten Puffer vom Arbeitsspeicher zum Puffer des Controllers. Dort werden die Fehlerbehandlungsroutinen ausgeführt. Wenn der Controller keine eigene Fehlerbehandlung besitzt, erzeugt die Software die EC-Codes („EC" steht für „error correction", was auf Deutsch „Fehlerkorrektur" bedeutet) selbst anhand des Musters der 0- und 1-Bits in den Dateien, fügt sie ans Ende der Daten im Puffer des Arbeitsspeichers an und kopiert den Inhalt des Puffers in den Puffer des Controllers. Nachdem die Daten an den Controller übergeben wurden, können neue Daten von der Festplatte in den Puffer des Arbeitsspeichers übertragen werden.

3 Der Controller sendet Signale an die Mechanik des Bandlaufwerks, um das Band zu spulen. Bei den QIC-Laufwerken wird das Band von der Kassette selbst straff gehalten. Wenn der Drehmechanismus des Laufwerks die Spule der Kassette dreht, wird ein elastischer Gurt, der um die Rollen der Kassette gewickelt ist, leicht gestreckt, während er das Band greift. Damit wird sichergestellt, daß die Ziehkraft der aufnehmenden Rolle zum Widerstand der abspulenden Rolle paßt. Das Band wird dadurch mit einem konstanten Druck gegen den Laufwerkskopf gepreßt und dadurch die Wahrscheinlichkeit von Lese- und Schreibfehlern minimiert.

Lesen
Schreiben
Lesen

4 Der Controller schickt einen Datenstrom zum Schreibkopf des Laufwerks. Viele Bandlaufwerke verfügen über einen dreiteiligen Kopf, der zugleich lesen und schreiben kann. Zwischen zwei Leseköpfen befindet sich ein Schreibkopf, der die Daten auf die magnetische Oberfläche des Bandes überträgt. Je nachdem, in welche Richtung sich das Band bewegt, liest einer der Leseköpfe die Daten, die der Schreibkopf gerade auf das Band geschrieben hat, um festzustellen, ob sie mit den Daten übereinstimmen, die der Schreibkopf übertragen hat. Wenn die Daten in Ordnung sind, wird der Puffer des Controllers geleert und das Laufwerk setzt seine Arbeit mit den nächsten Daten der Festplatte fort. Wenn die Daten den Test nicht bestehen, werden sie nochmals auf das nächste Stück des Bandes geschrieben.

ANMERKUNG Soll eine Datei von einer Kassette auf die Festplatte wiederhergestellt werden, verwendet das Laufwerk das Verzeichnis auf der Kassette, um den Ort der Datei ausfindig zu machen und liest dann die Datei in den Puffer ein. Der Controller erzeugt für jeden Block einen CRC-Code, der mit dem CRC-Code am Ende des Blocks verglichen wird. Wenn es zu Abweichungen kommt, können normalerweise die Daten durch die Fehlerbehandlungsroutinen korrigiert werden. Dabei werden die EC-Codes verwendet, die sich am Ende jedes Datenblocks befinden. Wenn der Puffer des Laufwerks mit Daten gefüllt wird, werden diese in das richtige Verzeichnis auf der Festplatte geschrieben.

DAT-Bandsicherung

1 Wenn Sie eine Datensicherung von der Software aus starten, liest die Software die Dateizuordnungstabelle der Festplatte ein, um festzustellen, wo sich die zu sichernden Dateien befinden. Die Software kopiert die Daten, Datei für Datei, in den Puffer des DAT-Laufwerks, der normalerweise Daten im Umfang von 512 Kbyte oder 1 Mbyte aufnehmen kann. Wie bei dem QIC-Laufwerk führt das DAT-Laufwerk einen Algorithmus aus, der einen Fehlerbehandlungscode zum Ergebnis hat, der an die Daten im Puffer angefügt wird.

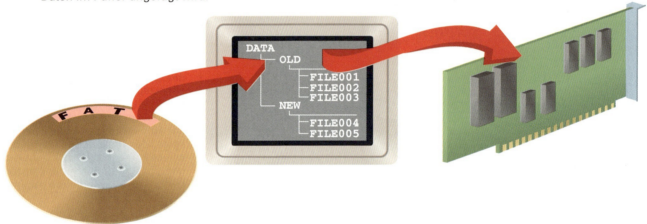

3 Während der Schreibkopf A Kontakt zum Band hat, schreibt er ungefähr 128 Kbyte Daten und Fehlerbehandlungscode vom Puffer des Laufwerks auf eine Spur des Bandes. Weil der Zylinder geneigt ist, trifft der Kopf den einen Rand des Bandes am Anfang und bewegt sich dann diagonal über das Band, bis er zum anderen Rand gelangt. Daraus resultiert eine enge diagonale Spur, die ungefähr achtmal so lang ist wie die Breite des Bandes.

4 Der Lesekopf A liest und überprüft die Daten der Spur A Bit für Bit, indem er sie mit den Daten vergleicht, die sich noch im Puffer befinden. Wenn die Daten den Test bestehen, werden sie aus dem Puffer entfernt und neue Daten von der Festplatte eingelesen. Wenn die Daten auf der Spur A fehlerhaft sind, werden sie beim nächsten Durchgang nochmals geschrieben.

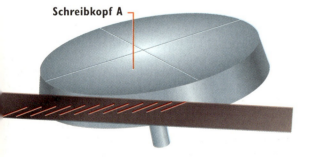

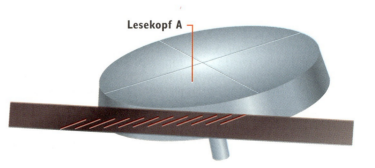

KAPITEL 13: SO FUNKTIONIERT EIN BANDSICHERUNGSLAUFWERK

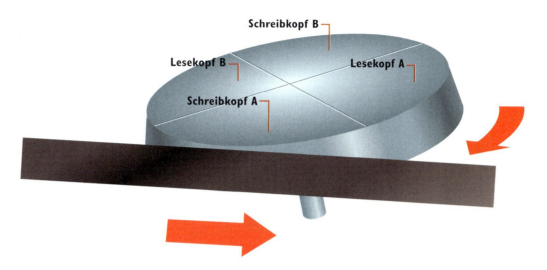

2 Das besondere Design des Schreib-Lesekopfes in einem DAT-Laufwerk macht es möglich, sehr große Datenmengen auf eine kleine Kassette zu speichern, die die Größe einer Streichholzschachtel hat. Der Mechanismus besteht aus einem rotierenden Zylinder mit vier Köpfen, die jeweils in einem Winkel von 90 Grad zueinander stehen. Zwei dieser Köpfe, die Schreibköpfe A und B, schreiben Backup-Daten und zwei zugehörige Leseköpfe überprüfen die Daten. Der Zylinder ist leicht schräg gestellt, so daß er sich in einem bestimmten Winkel zum Band dreht. Der Zylinder dreht sich 2000mal pro Minute, während das Band (mit einer Geschwindigkeit von einem halben Zoll pro Sekunde) vor dem Zylinder in die entgegengesetzte Richtung der Drehbewegung vorbeizieht.

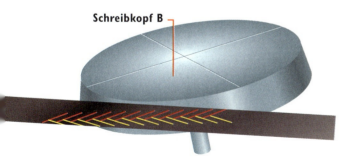

5 Wenn der Schreibkopf B über das Band gleitet, schreibt er Daten in einem 40-Grad-Winkel zur Spur A, wodurch ein Kreuzmuster entsteht, das die Spur A überlappt. Aufgrund der sich überlappenden Daten können mehr Informationen pro Zoll untergebracht werden. Und da die magnetischen Bits über eine unterschiedliche Polarität verfügen, treten später keine Lesefehler auf. Die verschiedenen Leseköpfe lesen einfach nur die Daten, die sich auf den richtig angeordneten Spuren befinden.

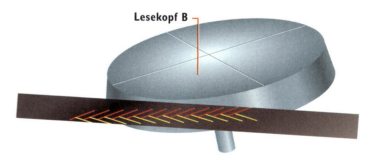

6 Der Lesekopf B und der Schreibkopf B leisten das gleiche wie die A-Köpfe, wobei sie sich mit diesen abwechseln, bis alle Daten auf das Band geschrieben sind. Dann spult das Laufwerk das Band zurück und schreibt ein Verzeichnis der gespeicherten Dateien entweder in eine spezielle Partition am Anfang des Bandes oder in eine Datei auf der Festplatte.

Daten wiederherstellen

Wenn Sie Dateien vom DAT-Laufwerk wiederherstellen, liest die Software das Verzeichnis, spult das Band zu der Stelle, an der die entsprechenden Dateien anfangen, und kopiert die Dateien auf die Festplatte.

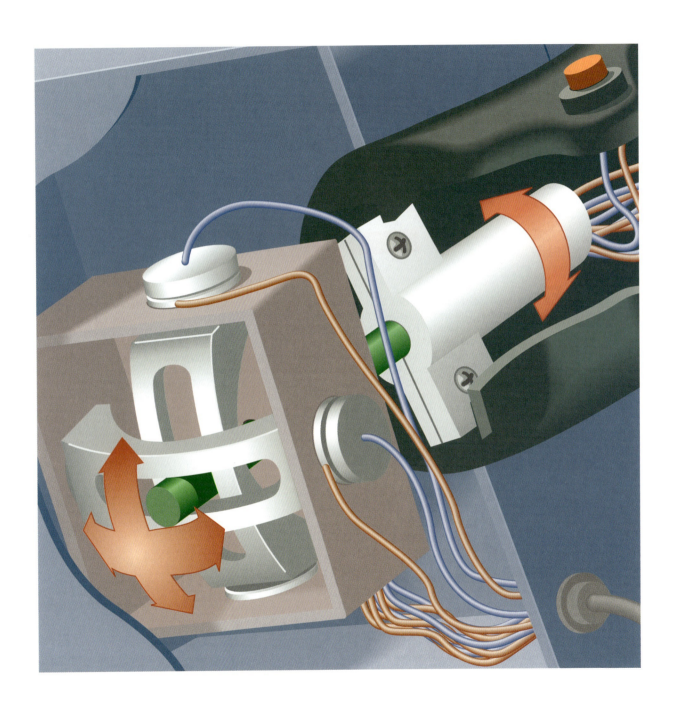

TEIL 4

EINGABE- UND AUSGABEGERÄTE

Kapitel 14: So funktioniert ein Bus
90

Kapitel 15: So funktioniert eine Tastatur
98

Kapitel 16: So funktioniert ein Bildschirm
102

Kapitel 17: So funktioniert eine Maus
112

Kapitel 18: So funktionieren Schnittstellen
116

Kapitel 19: So funktioniert ein Modem
128

Kapitel 20: So funktioniert eine PC-Card (PCMCIA)
134

Kapitel 21: So funktioniert ein Scanner
138

Kapitel 22: So funktioniert die High-Tech Ein- und Ausgabe
146

ALLES was der PC leisten kann, wäre wertlos, wenn es nicht die Möglichkeit gäbe, daß er mit der Außenwelt kommuniziert. Die Kommunikationsmethoden der ersten PCs, zum Beispiel des Altair, waren sehr primitiv. Es grenzt an ein Wunder, daß die Computerpioniere damals glaubten, ihre Apparate würden in der richtigen Welt wirklich nützlich sein. Anweisungen und Daten wurden durch das Betätigen von elektrischen Schaltern in den Computer gebracht – und es waren keineswegs kleine Schalter in Form von Transistoren, sondern ganz normale daumengroße Schalter. Die Ergebnisse der Berechnungen wurden in Form eines wahllos wirkenden Musters von kleinen Glühbirnen auf einer Platte präsentiert.

Heute kommunizieren wir mit dem Computer mit Hilfe von Geräten, die sich nicht einmal die einfallsreichsten Computerpioniere ausdenken konnten. Tastaturen und Bildschirme sind so gängig, daß wir uns keinen PC ohne sie vorstellen können. Außerdem gibt es Modems, Scanner, Mäuse und digitale Kameras, die uns dabei behilflich sind, Informationen und Anweisungen von außen zu sammeln. Neben dem normalen Bildschirm gibt es eine große Bandbreite an weiterentwickelten Anzeigegeräten, wie beispielsweise SuperVGA und Aktivmatrix-Farbdisplays und Drucker, die weit mehr leisten, als nur Buchstaben auf Papier zu bringen. Heute ist der Computer Teil der richtigen Welt, ein Ding, das eher wie eine Person behandelt wird – jemand, der zuhört und antwortet – und nicht wie eine Ansammlung von Mikrochips und Elektronik.

Genau genommen handelt es sich bei den meisten Komponenten (mal abgesehen vom Mikroprozessor selbst), also dem größten Teil des PC, um Eingabe- und Ausgabegeräte. Jedesmal, wenn Daten von einem Laufwerk oder aus dem Arbeitsspeicher gelesen oder geschrieben werden, wird das BIOS (Basic Input/Output System) benutzt. Trotzdem neigen wir dazu, die Eingabe und Ausgabe nur mit Geräten wie der Tastatur, dem Bildschirm oder der Maus zu verbinden, also denjenigen, die wir sehen und anfassen können. Unser kurzsichtiger Blick auf das, was wir als Eingabe- und Ausgabegeräte ansehen, ist verständlich, denn ohne diese Geräte wäre selbst der leistungsfähigste PC nicht mehr als ein unhandliches Werkzeug für ein paar Experten und eine Wundermaschine für den Rest von uns.

Schlüsselwörter

Analog/Digital: Ein analoges Signal ist eine dauernd schwankende elektrische Spannung, wie sie von Mikrophonen oder Klangverstärkern erzeugt wird. Ein digitales Signal besteht aus diskreten, eigenen Werten für Eingabe- bzw. Ausgabedaten.
Analog-zu-Digital-Wandlerchip (ADC): Ein Chip, der ein analoges Signal in digitale Werte umwandelt, die ein Computer bearbeiten kann.
ASCII: Abkürzung für „American Standard Code for Information Interchange". Der amerikanische Standard-Code ASCII besteht aus 256 Zahlen, die dem Alphabet, Zahlen, Interpunktionszeichen und anderen Zeichen zugeordnet sind.
Bandbreite: Allgemein gleichbedeutend mit der „Datenübertragungsrate", ganz spezifisch aber auch die Bitanzahl, die über eine Netzwerkverbindung weitergeleitet werden kann und in Bits pro Sekunde gemessen wird. Der Frequenzbereich, den ein Gerät für Übertragungen verwenden kann wird in Hertz (Hz) oder Schwingungen gemessen wird.
Beschleunigter Grafikanschluß: Ein Erweiterungsanschluß, der einer Grafikkarte einen schnellen Zugriff auf Bitmaps ermöglicht, die im Hauptarbeitsspeicher des Computers gespeichert sind.
Bitmap: Eine Grafikdatei, die für jeden Pixel der Grafik einen Farbwerteintrag enthält.
Bus: Schaltung und Chips, die die Datenübertragung von einem Gerät zu einem anderen verwalten. Das Motherboard eines Computers verfügt über einen Bus wie zum Beispiel ISA oder PCI, aber es gibt auch Busse zwischen Speicher, Prozessor und externen Komponenten wie SCSI-Bus oder Universal Serial Bus.
Datenübertragungsrate: Die Datenmenge, die in einem bestimmten Zeitraum von einem Gerät an ein anderes übertragen wird.
Erweiterungskarte (auch Adapter): Eine Leiterplatte, häufig mit eigenem Mikroprozessor und Speicher, die in einen Erweiterungssteckplatz eingesteckt wird, um dem Computer weitere Leistungsmerkmale hinzuzufügen. Zum Beispiel Video-, Sound- und SCSI-Karten.

Kabel: Eine Sammlung von Leitungen, die voneinander isoliert sind und elektrische Signale zwischen einzelnen Komponenten weiterleiten.
Kathodenstrahlröhre: Die „Bildröhre" des konventionellen Fernsehers oder Computerbildschirms.
Kontakt: Die Metallstifte und Streifen, an denen die elektrische Schaltung zweier Komponenten physischen Kontakt haben, so daß der Strom von der einen Komponente zur anderen fließen kann.
Schaltung/Schaltplatte: Metallspuren, die auf einer Fiberglastafel aufgedruckt sind und elektrische Signale zwischen größeren Komponenten weiterleiten.

TEIL 4 EINGABE- UND AUSGABEGERÄTE

KAPITEL 14
So funktioniert ein Bus

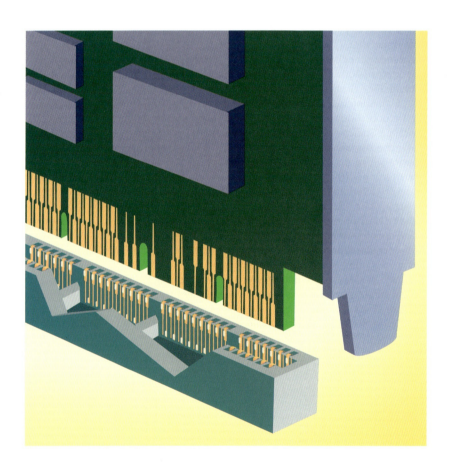

WENN wir an Eingabe und Ausgabe („I/O" bedeutet „Input/Output" und wird als Abkürzung für Eingabe und Ausgabe verwendet) denken, dann assoziieren wir damit die Kommunikation zwischen uns und unserem Computer. Das mag von unserem Standpunkt aus richtig sein, aber für den Computer gibt es eine Menge mehr „I/O", um die er sich kümmern muß, als die Kommunikation mit uns. Millionen von Bits an Informationen sausen ständig zwischen den Komponenten des PCs hin und her, selbst wenn er scheinbar nichts tut. Verschiedenste Verkehrspolizisten, die als „Input/Output-Controller" bezeichnet werden, arbeiten mit dem Prozessor zusammen, damit diese Datenströme keinen Stau – oder schlimmer noch – keinen Crash verursachen. Der Bus ist die Autobahn für Daten und transportiert diese zwischen dem Prozessor und den anderen Komponenten hin und her. Es gibt keine einzelne Stelle auf der Hauptplatine, auf die man deuten und sagen kann, daß es sich dabei um den Bus handelt. Der Bus ist vielmehr ein komplexes Konglomerat von Stromkreisen, die als Bahnen bezeichnet werden. Bahnen werden auf die Ober- und Unterseite des sogenannten Motherboards gedruckt, welches die Hauptplatine in Ihrem Computer darstellt. Der Bus umfaßt auch zugeordnete Chips und die Steckplätze, in die andere Karten eingesteckt werden können, die oft als Adapter- oder Erweiterungskarten bezeichnet werden. Manchmal wird der Bus auch Erweiterungsbus genannt, und die Steckplätze, die mit Dutzenden von Metallkontakten ausgestattet sind, werden als Erweiterungs- oder Adaptersteckplätze bezeichnet. Um die Sache aber noch komplizierter zu machen, gibt es nicht nur einen Bus, nämlich den auf Ihrer Hauptplatine, sondern auch Busse für den Prozessor, Speicher, SCSI-Verbindungen und, als neueste Erfindung, den Universal Serial Bus (universeller, serieller Bus, oft abgekürzt mit USB).

Das Konzept von Steckplätzen, in die man andere Boards einstecken kann, die dann mit dem Motherboard zusammenarbeiten, ist eines der besten am PC. Ohne diese Steckplätze müßten Sie immer mit der gleichen Videokarte, dem gleichen Festplattencontroller und anderer Peripherie arbeiten, die einmal mit dem Motherboard verbunden wurde. Die Erweiterungssteckplätze ermöglichen es beispielsweise, daß Sie eine Videokarte herausnehmen und durch eine neue ersetzen, die 3D-Grafiken schneller darstellen kann. Sie können sogar neue Karten hinzufügen, die es noch nicht gab, als Ihr PC gebaut wurde, beispielsweise Soundkarten. Es gibt derzeit eine Tendenz, manche Komponenten des PC in das Motherboard zu integrieren, beispielsweise parallele und serielle Schnittstellen oder Videocontroller. Aber für den Fall des Videocontroller gibt es die Möglichkeit, diesen abzuschalten, wenn Sie eine neue Videokarte installieren möchten, die mehr leistet, als der eingebaute Controller.

Das grundlegende Konzept des Busses, das 1981 im IBM-PC zum ersten Mal realisiert wurde, war so gut und nützlich, daß es lange Zeit kaum verändert wurde. Inzwischen gibt es allerdings ein halbes Dutzend verschiedener PC-Bus-Architekturen. Alle sind so weiterentwickelt worden, daß die Daten noch schneller zwischen den Komponenten des Computers ausgetauscht werden können.

Die erste Veränderung, die am ursprünglichen PC-Bus vorgenommen wurde, war die Fähigkeit, mehr als 8 Bits an Daten gleichzeitig zu übertragen. Als im Jahre 1984 der IBM AT vorgestellt wurde, war er mit Steckplätzen ausgerüstet, die über mehr Verbindungen verfügte, so daß 16 Bits an Daten gleichzeitig transportiert werden konnten – die doppelte Menge gegenüber dem ursprünglichen Bus. Dieser Bus, der als ISA-Bus bezeichnet wurde (ISA steht für „industry standard architecture"), wird auch heute noch in PCs verwendet.

Die ISA-Steckplätze haben den Vorteil, daß man auch ältere 8-Bit-Adapter anschließen kann. Die alten Karten verwenden dann einfach weniger Verbindungen des Steckplatzes. 1987 stellte IBM allerdings einen ganz anderen Bus vor, der von IBM als „MCA" (MCA steht für „microchannel architecture") bezeichnet wurde. Er kann 32 Bits an Daten gleichzeitig übertragen und ist mit einer primitiven Intelligenz ausgestattet, die es erlaubt, daß er sich automatisch an das übrige System anpaßt. Durch diese Eigenschaft lassen sich Konflikte zwischen Komponenten vermeiden, die die gleichen Systemressourcen verwenden möchten, wie zum Beispiel den gleichen Interrupt oder die gleiche Speicheradresse.

MCA war zwar ein gutes Konzept, konnte sich aber aus zwei Gründen nicht durchsetzen. Zum einen konnte man keine alten 8-Bit- und 16-Bit-Karten mehr verwenden. Die Anwender waren einfach nicht bereit, ihre Karten wegzuwerfen, wo sie doch noch so gut funktionierten. Zum anderen ließ es IBM nicht zu, daß andere Hersteller den Bus nachbauten, so wie es bei den Vorgängermodellen der Fall war. Ohne die Unterstützung von IBM durch andere Hersteller dümpelte das MCA-Konzept nicht nur vor sich hin, sondern es forderte einen Gegenzug von sieben Konkurrenten von IBM heraus. Angeführt von Compaq wurde 1988 der EISA-Bus (EISA steht für „extended industry standard architecture") vorgestellt. Der EISA-Bus stellte einen 32-Bit-Datenfluß und die automatische Konfiguration von MCA zur Verfügung, verfügt aber über ein intelligentes Steckplatzsystem, das es erlaubt, auch ISA-Karten einzubauen. Aber EISA ist ein komplexes und teueres System und konnte sich ebenfalls nicht durchsetzen, ausgenommen in Hochleistungsbereichen, wo jeder minimale Geschwindigkeitsvorteil zählt.

1992 gab es in der Entwicklung der Busarchitektur eine weitere Wende. Zuvor hatten sich die Computerhersteller darauf konzentriert, den Datenfluß zu erhöhen – von 8 auf 16 und dann auf 32 Bit. Aber EISA- und MCA-Busse arbeiteten immer noch mit einer Taktfrequenz von 8,22 oder 10 Megahertz (MHz), obwohl es inzwischen Prozessoren mit einer Taktfrequenz von 33 MHz und mehr gab. Um den Bus genauso schnell zu machen, wurde der sogenannte „Local Bus" entwickelt. „Local" bezieht sich auf Busleitungen, die vom Prozessor benutzt werden. (Wenn Sie sich die Busleitungen als in der Nachbarschaft des Prozessors gelegen vorstellen, dann macht der Ausdruck „Local" etwas mehr Sinn.) Einige der Local-Bus-Leitungen führen zu den Steckplätzen, so daß diese lokalen bzw. direkten Zugriff auf den Prozessor haben. Der Vorteil des Local Bus besteht darin, daß er theoretisch mit dem

Prozessor und dessen Geschwindigkeit kommuniziert. Praktisch ist die Geschwindigkeit bisher noch geringer, aber gegenüber dem ISA-Bus doch ein enormer Fortschritt. In der Regel gibt es Local-Bus-Steckplätze zusammen mit ISA-Steckplätzen, wobei die Local-Bus-Steckplätze für Komponenten wie Videokarten oder Laufwerkscontroller verwendet werden, weil sie aufgrund der Datenmenge, die sie transportieren, mehr Einfluß auf die gesamte Leistungsfähigkeit des Computers haben. Die Local-Bus-Technologie bietet keine Verbesserungen, wenn Daten von und zu Modems oder Druckern geschickt werden, da diese ihre eigenen Engpässe haben.

Es gibt zwei verschiedene Versionen des Local Bus. Die Video Electronics Standards Association (VESA) ist eine Vereinigung von PC-Herstellern, die den VESA-Local-Bus bzw. VL-Bus entwickelt haben, um die Videodarstellung bis zu einer Geschwindigkeit von 50 MHz zu beschleunigen. Intel und andere große Computerhersteller haben den PCI („peripheral component interconnect") Local Bus entwickelt. Obwohl der PCI-Bus nur eine Geschwindigkeit von bis zu 33 MHz erlaubt, hat er das leistungsfähigere Konzept, mit dem sich als erstem Bus ein Plug&Play-Setup (soviel wie „Einstecken und Loslegen") realisieren läßt. Trotz der geringeren Geschwindigkeit des Busses kann der PCI-Local-Bus bis zu 132 Mbyte pro Sekunde transportieren, im Vergleich zu 107 Mbyte pro Sekunde des VESA-Busses und 8 Mbyte pro Sekunde des ISA-Busses.

Der PCI-Bus ist inzwischen Standard, da dessen Kosten durch die Massenproduktion gesenkt wurden und weil bei Videokarten und Festplatten der schnelle Transport von großen Datenmengen immer wichtiger geworden ist. MCA und EISA wurden trotz der technologischen Vorteile Opfer der Preis- und Marketingpolitik und werden nur noch selten eingesetzt.

Unterschiede zwischen den Erweiterungskarten

8-Bit-Karte: Die Daten werden zwischen den Steckplätzen und anderen Komponenten auf dem Bus lediglich über acht parallele Datenleitungen übertragen. Die Datenleitungen verwenden nur einen Teil der 31 Verbindungspaare, die in einen Steckplatz passen. Genau wie bei neueren Karten versorgen die anderen Verbindungen die Karte mit Strom, Anweisungen und Adressen von Daten auf der Erweiterungskarte oder im Arbeitsspeicher.

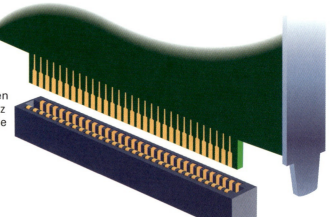

16-Bit- oder ISA-Karte: Die ISA-(Industry Standard Architecture)-Karte verfügt über 18 zusätzliche Verbindungspaare und überträgt die Daten über 16 Datenleitungen, so daß doppelt soviel Daten übertragen werden wie bei der 8-Bit-Karte. Es handelt sich um die am häufigsten eingesetzte Erweiterungskarte, und auch PCs mit schnelleren und neueren Local-Bus-Steckplätzen verfügen über ISA-Steckplätze. Eine 16-Bit-Karte ist leistungsfähig genug für Komponenten wie die Tastatur, serielle und parallele Schnittstellen und interne Modems, die nicht extrem viel Daten verarbeiten müssen, so wie Video-, Netzwerk- oder Festplatten-Controller-Karten.

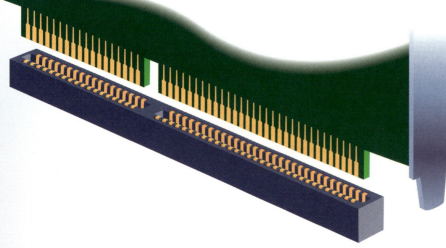

32-Bit-MCA-Karte: Die Microchannel(MCA)-Karte von IBM benutzt 32 ihrer 93 Leitungen, um Daten zu übertragen. Sie verfügt außerdem über spezielle Schaltkreise, die die Installation der Karte wie bei der Plug&Play-Technologie (siehe Kapitel 3) vereinfachen. In den MCA-Steckplatz, den IBM lange Zeit nicht von anderen Herstellern nachbauen ließ, lassen sich keine 8-Bit- oder ISA-Karten einstecken.

KAPITEL 14: SO FUNKTIONIERT EIN BUS 95

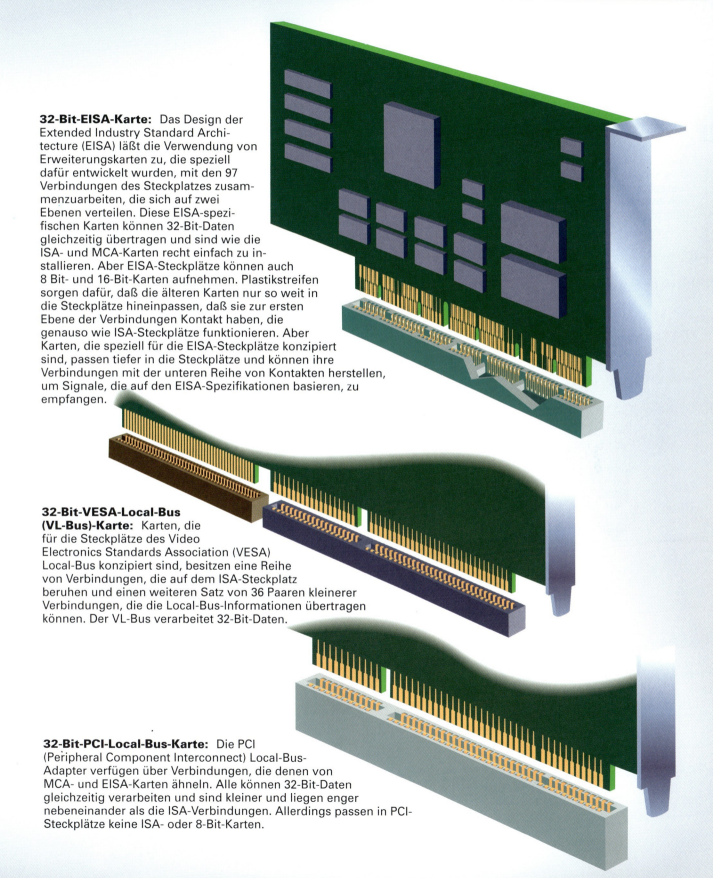

32-Bit-EISA-Karte: Das Design der Extended Industry Standard Architecture (EISA) läßt die Verwendung von Erweiterungskarten zu, die speziell dafür entwickelt wurden, mit den 97 Verbindungen des Steckplatzes zusammenzuarbeiten, die sich auf zwei Ebenen verteilen. Diese EISA-spezifischen Karten können 32-Bit-Daten gleichzeitig übertragen und sind wie die ISA- und MCA-Karten recht einfach zu installieren. Aber EISA-Steckplätze können auch 8 Bit- und 16-Bit-Karten aufnehmen. Plastikstreifen sorgen dafür, daß die älteren Karten nur so weit in die Steckplätze hineinpassen, daß sie zur ersten Ebene der Verbindungen Kontakt haben, die genauso wie ISA-Steckplätze funktionieren. Aber Karten, die speziell für die EISA-Steckplätze konzipiert sind, passen tiefer in die Steckplätze und können ihre Verbindungen mit der unteren Reihe von Kontakten herstellen, um Signale, die auf den EISA-Spezifikationen basieren, zu empfangen.

32-Bit-VESA-Local-Bus (VL-Bus)-Karte: Karten, die für die Steckplätze des Video Electronics Standards Association (VESA) Local-Bus konzipiert sind, besitzen eine Reihe von Verbindungen, die auf dem ISA-Steckplatz beruhen und einen weiteren Satz von 36 Paaren kleinerer Verbindungen, die die Local-Bus-Informationen übertragen können. Der VL-Bus verarbeitet 32-Bit-Daten.

32-Bit-PCI-Local-Bus-Karte: Die PCI (Peripheral Component Interconnect) Local-Bus-Adapter verfügen über Verbindungen, die denen von MCA- und EISA-Karten ähneln. Alle können 32-Bit-Daten gleichzeitig verarbeiten und sind kleiner und liegen enger nebeneinander als die ISA-Verbindungen. Allerdings passen in PCI-Steckplätze keine ISA- oder 8-Bit-Karten.

96 TEIL 4 EINGABE- UND AUSGABEGERÄTE

PCI Local Bus

1 Signale, die vom Prozessor kommen, werden zu einem I/O-Controller weitergeleitet, der für die Operationen des PCI Local Bus zuständig ist. Der Controller befindet sich zwischen dem Prozessor und dem normalen ISA-Controller.

2 Der PCI-Controller überprüft alle Signale des Mikroprozessors daraufhin, ob die angesteuerte Adresse der Signale ein Local-Bus-Adapter ist oder ein anderer Adapter.

3 Der PCI-Controller leitet alle Signale, die für einen Nicht-Local-Bus-Adapter gedacht sind, an einen zweiten Controller weiter, bei dem es sich normalerweise um einen ISA-Controller handelt, der aber auch ein Controller eines MCA- oder eines EISA-Busses sein kann. Dieser Teil des Busses transportiert 16-Bit-Daten gleichzeitig für ISA-Karten und 32 Bits gleichzeitig für EISA- oder MCA-Karten. Die Geschwindigkeit dieser Signale ist auf ungefähr acht bis zehn Megahertz begrenzt.

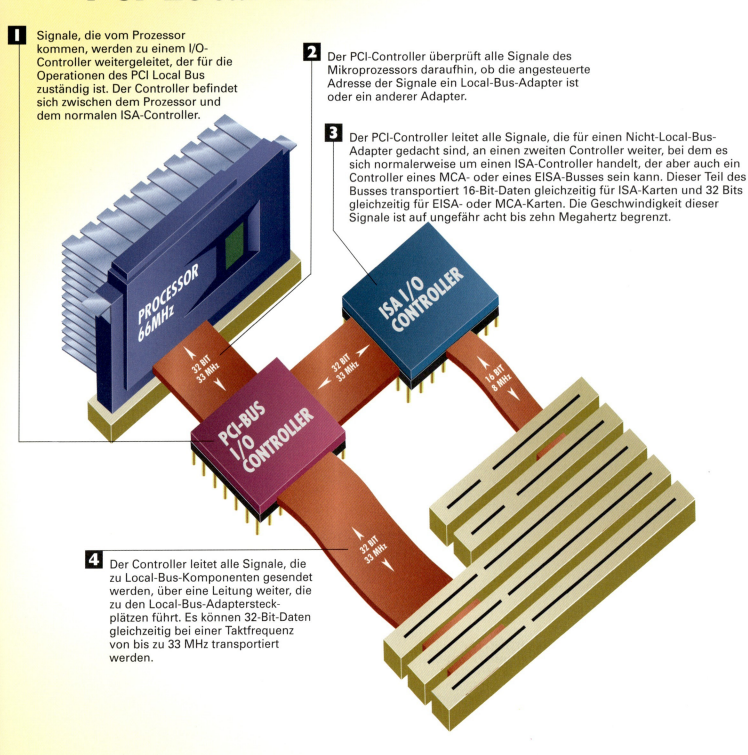

4 Der Controller leitet alle Signale, die zu Local-Bus-Komponenten gesendet werden, über eine Leitung weiter, die zu den Local-Bus-Adaptersteckplätzen führt. Es können 32-Bit-Daten gleichzeitig bei einer Taktfrequenz von bis zu 33 MHz transportiert werden.

Accelerated Graphics Port

1 Der I/O-Controller des PCI-Busses wurde durch den zweigeteilten 440LX-AGP-Chipsatz von Intel ersetzt. (AGP ist die Abkürzung für „accelerated graphics port" was soviel heißt wie beschleunigter Grafikport)

2 Der neue Chipsatz erfüllt die gleichen Aufgaben wie der PCI-Controller. Er kümmert sich simultan um den Transfer von Daten zwischen Speicher, Prozessor und dem ISA-Controller.

3 Zur gleichen Zeit ist der AGP-Satz für den Datentransfer zu den Adaptersteckplätzen auf dem PCI Local Bus zuständig. Die Transferraten betragen 132 Mbyte pro Sekunde.

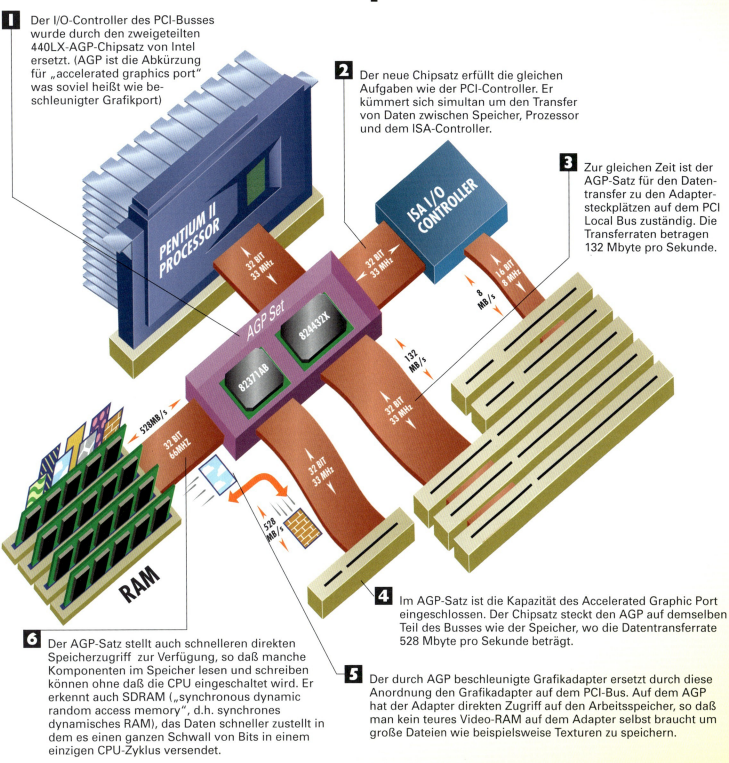

4 Im AGP-Satz ist die Kapazität des Accelerated Graphic Port eingeschlossen. Der Chipsatz steckt den AGP auf demselben Teil des Busses wie der Speicher, wo die Datentransferrate 528 Mbyte pro Sekunde beträgt.

5 Der durch AGP beschleunigte Grafikadapter ersetzt durch diese Anordnung den Grafikadapter auf dem PCI-Bus. Auf dem AGP hat der Adapter direkten Zugriff auf den Arbeitsspeicher, so daß man kein teures Video-RAM auf dem Adapter selbst braucht um große Dateien wie beispielsweise Texturen zu speichern.

6 Der AGP-Satz stellt auch schnelleren direkten Speicherzugriff zur Verfügung, so daß manche Komponenten im Speicher lesen und schreiben können ohne daß die CPU eingeschaltet wird. Er erkennt auch SDRAM („synchronous dynamic random access memory", d.h. synchrones dynamisches RAM), das Daten schneller zustellt in dem es einen ganzen Schwall von Bits in einem einzigen CPU-Zyklus versendet.

KAPITEL 15
So funktioniert eine Tastatur

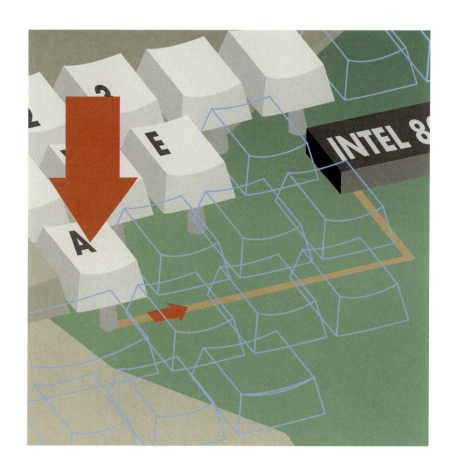

MIT keinem anderen Teil Ihres Computers haben Sie so viel Kontakt wie mit der Tastatur. Sie können jahrelang am Computer arbeiten, ohne je den Prozessor oder die Festplatte zu sehen – und erst recht anzufassen –, aber die meisten Leute widmen diesen Teilen mehr Aufmerksamkeit als dem Teil, das nicht darüber entscheidet, wie gut der Computer seine Arbeit tut, sondern wie gut Sie sie tun.

Eine schlecht konzipierte Tastatur wirkt sich als ständiger Hemmschuh bei der Arbeit aus und kann sogar Gesundheitsprobleme verursachen. Eine gut konzipierte Tastatur zeichnet sich dadurch aus, daß Sie nicht darüber nachdenken; Ihre Gedanken finden vielmehr den direkten Weg von Ihrem Kopf zum Bildschirm, ohne daß Sie sich Gedanken darüber machen, was Ihre Finger dazu beitragen.

Obwohl die Tastatur einen hohen Stellenwert hat, schenken ihr viele Hersteller – und auch die meisten Anwender – nicht die entsprechende Beachtung. Es gibt inzwischen Tastaturen, die mit eingebauten Trackballs (ein mausähnliches Eingabegerät) oder einem anderen Eingabegerät ausgerüstet sind oder die eine verstellbare Neigung besitzen, von der sich die Konstrukteure erhoffen, daß sie das Repetetive-Motion-Syndrom (Krankheit aufgrund sich ständig wiederholender Bewegungen) vermeiden helfen. Die wenigen extremen Veränderungen, die es gegeben hat – konkave Tastaturen, deren Tasten gleich weit von den Fingern entfernt sind, oder Tastaturen, die mit einer Hand bedient werden können –, sind nicht angenommen worden.

Egal, ob es an der Einfallslosigkeit der Hersteller liegt oder am fehlenden Interesse der Anwender, ist festzustellen, daß sich die Funktionsweise der Tastatur nicht wesentlich geändert hat, seit der erste IBM-PC Anfang der achtziger Jahre auf den Markt kam. Auch wenn die Gestaltung aller Tasten außer der alphanumerischen gleich ist – insbesondere bei Tastaturen von Notebooks –, besteht der einzige Unterschied zwischen verschiedenen Tastaturen darin, wie sie die Bewegung einer Taste in ein Signal umwandeln, das zum Computer gesendet wird. Außer diesem Unterschied ist das Senden des Signals durch die übrige Tastatur und durch den PC eine bewährte Technologie.

Die Tastatur- und Scancodes

3 Der Prozessor erzeugt in Abhängigkeit davon, welcher Stromkreis einer Taste ein Signal ausgesendet hat, eine Nummer, die als "Scancode" bezeichnet wird. Für jede Taste gibt es zwei Scancodes, einen dafür, daß die Taste gedrückt wird, und einen dafür, daß sie losgelassen wird. Der Prozessor speichert den Code im Speicherpuffer der Tastatur und sendet ihn zu einer Schnittstelle, aus der er vom BIOS des Computers gelesen werden kann. Dann sendet der Prozessor ein Unterbrechungssignal durch das Tastaturkabel, um dem Prozessor des Computers mitzuteilen, daß ein Scancode auf seine Verarbeitung wartet. Ein solches Unterbrechungssignal bewirkt, daß der Prozessor seine Arbeit unterbricht und seine Aufmerksamkeit dem Dienst zuwendet, der das Signal ausgesendet hat.

2 Ein Mikroprozessor, beispielsweise der 8048 von Intel, der sich in der Tastatur befindet, untersucht ständig die Stromkreise, die mit den Tasten verbunden sind. Er stellt den erhöhten oder verringerten Stromfluß fest, der durch das Drücken der Taste zustande kommt. Indem der Prozessor entweder eine Erhöhung oder eine Verringerung des Stromflusses feststellt, kann er sagen, wann eine Taste gedrückt und wann sie wieder losgelassen wurde. Jede Taste verfügt über einen eigenen Code, selbst wenn die Tasten für den Anwender identisch erscheinen. Der Prozessor kann beispielsweise zwischen der rechten und der linken Umschalttaste unterscheiden. Um ein echtes Signal von einer kleinen Stromschwankung unterscheiden zu können, wird die Untersuchung einige hundertmal pro Sekunde durchgeführt. Der Prozessor reagiert nur auf die Signale, die zweimal oder häufiger festgestellt wurden.

1 Unabhängig davon, welche Art von Tasten sich auf einer Tastatur befinden, bewirkt das Drücken einer Taste eine Veränderung des Stroms, der durch den Stromkreis fließt, zu der die Taste gehört.

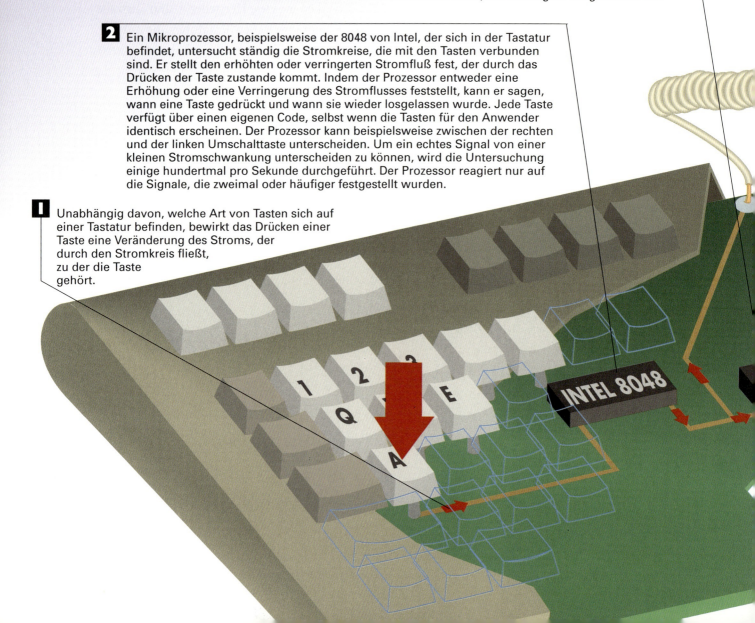

KAPITEL 15: SO FUNKTIONIERT EINE TASTATUR

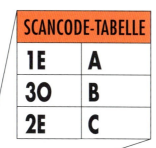

SCANCODE-TABELLE	
1E	A
30	B
2E	C

4 Das BIOS liest den Scancode aus der Tastaturschnittstelle und sendet ein Signal zur Tastatur, das ihr mitteilt, daß sie den Scancode aus ihrem Puffer löschen kann.

Scancode 1E

5 Wenn der Scancode für eine der normalen Umschalttasten oder für eine der Tasten steht, die als besondere Umschalttasten gelten – Strg, Alt, Num-Lock, Caps-Lock, Scroll-Lock oder Einfügen –, verändert das BIOS zwei Byte in einem speziellen Bereich des Speichers, um sich zu merken, welche der Tasten gedrückt wurden.

Puffer

6 Bei allen anderen Tasten untersucht das BIOS diese Bytes, um festzustellen, ob zuvor eine der Umschalttasten gedrückt wurde. Je nachdem, welchen Zustand die Bytes haben, übersetzt das BIOS den entsprechenden Scancode in ASCII-Code, der vom PC verwendet wird, um Buchstaben oder speziellen Code darzustellen, der für eine Funktions- oder Richtungstaste steht. Das BIOS schreibt den ASCII- oder den speziellen Tastaturcode in seinen eigenen Speicherpuffer, von wo aus sich das Betriebssystem oder die Anwendung den Code holt, sowie die aktuelle Aktion zu Ende geführt wurde.

A_

KAPITEL 16 So funktioniert ein Bildschirm

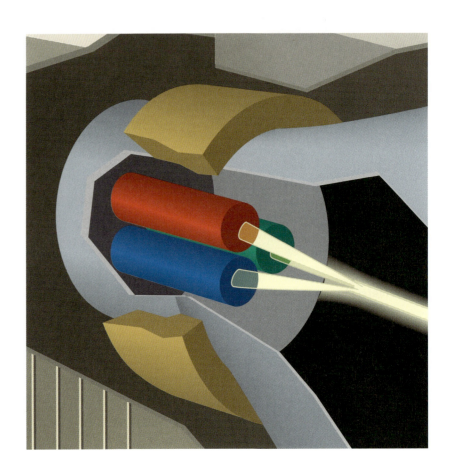

WENN Sie die Cartoons in der Sonntagsausgabe Ihrer Zeitung ansehen, betrachten Sie einen Ausdruck, bei dem die Bilder auf die gleiche Weise dargestellt sind, wie auf einem Computerbildschirm. Wenn Sie die farbigen Bilder mit einer Lupe näher betrachten, können Sie sehen, daß sie aus hunderten von roten, blauen, gelben und schwarzen Punkten zusammengesetzt sind. Verschiedene Farben und Schattierungen kommen dadurch zustande, daß die Punkte, die auch Ben-Day-Dots genannt werden, unterschiedlich groß sind. Große rote und gelbe Punkte zusammen mit kleinen blauen Punkten ergeben Orange. Wenn die blauen Punkte größer werden, wird die Farbe braun.

Ein Computerbildschirm funktioniert im Prinzip genauso, nur daß Grün anstelle von Gelb benutzt wird und er additive Farbe, im Gegensatz zum Subtraktionsprozeß bei gedruckter Farbe, benutzt. Leuchtende Punkte aus roten, grünen und blauen Chemikalien verschmelzen zu Millionen von Farben.

Wenn Sie zu dicht an einen Cartoon herangehen, sehen Sie die Punkte anstelle des Bildes, das sie darstellen. Wenn Sie den Cartoon von sich weghalten, setzen sich die Punkte zu einzelnen Bildern zusammen.

Wenn Sie einen Cartoon gcnau studieren und eine exakte Liste der Position, Größe und Farbe eines jeden Punktes erstellen müßten, würden Sie eine nicht computerisierte Version der gebräuchlichsten Computergrafik, eine Bitmap, erschaffen.

Wie der Name schon sagt, enthält eine Bitmap einen genauen Plan („map") der verwendeten Datenbits, das heißt alle Orts- und Farbinformationen. Ein Computerbild wird durch das Ändern der Farbe in einzelnen Pixeln auf dem Bildschirm dargestellt. (Ein Pixel, das die Abkürzung für „picture element" ist, ist die kleinste logische Einheit, die beim Bildaufbau verwendet wird.) Bitmaps können schnell aufgebaut werden und sind bei statischen Bildern wie Windows-Icons oder -Hintergrundbildern nützlich.

Die Grafiken und Farben in Windows, meist in der Form von Bitmaps, dienen als eine Schnittstelle zwischen Ihnen und dem Betriebssystem. Sie machen Windows nicht nur schöner, sondern übermitteln auch mehr Informationen als schwarzweißer Text.

Im Folgenden werden wir uns mit der Speicherung und Darstellung von Bitmaps und den zwei gebräuchlichsten Typen von Bildschirmen beschäftigen: dem Super-VGA-Bildschirm und der LCD-Anzeige eines tragbaren Computers.

Bitmap-Grafiken

1 Wenn ein Bildbearbeitungsprogramm eine Bitmapdatei liest, sieht es sich zuerst die Informationen an, die im Header (Kopf) der Datei gespeichert sind. Der Header besteht aus einigen Bytes am Anfang der Datei, die die Informationen enthalten, die das Programm braucht, um die Daten der restlichen Datei interpretieren zu können. Der Header beginnt mit einer Signatur, die die Datei als ein Bitmap identifiziert. Sie selbst können diese Signatur nicht sehen, aber Dateien mit der Endung .BMP, .PCX, .TIF und .JPG sind Bitmaps. Nach der Signatur steht im Header die Breite und Höhe des Bildes in Pixeln. Anschließend wird noch die Palette definiert, d.h. wie viele und welche Farben im Bild verwendet sind.

2 Nachdem das Programm die Parameter der Bilddatei ermittelt hat, liest es die Datenbytes nach dem Header, die das Bild als ein Muster aus Bits enthalten. Das einfachste Bitmap-Bild (Bitmap-Grafik) enthält nur weiße und schwarze Pixel. Bei solchen Bildern benötigt das Grafikprogramm nur zwei Informationen: wo die einzelnen Pixel liegen und ob sie ein- oder ausgeschaltet sind. Wo die Pixel liegen, wird durch die Höhe und Breite, die im Header festgelegt wurde, bestimmt. In diesem einfachen Bild, das einen Mann mit Hut darstellen soll, bricht die Zeile nach je elf Pixeln in die nächste Zeile um.

3 In dem Speicher für die Videoanzeige bestehen die Bytes, mit denen ein Schwarzweißbild dargestellt wird, aus einigen Bits, die den Wert 1 haben und aus den restlichen, die auf den Wert 0 gesetzt sind. 1 bedeutet, daß das Pixel eingeschaltet werden soll, 0 bedeutet, daß das Pixel ausgeschaltet sein soll. Der Kopf mit Hut besteht aus 121 Pixeln, die bei einem Schwarzweißbild 16 Byte belegen.

Die letzten sieben Bit werden einfach abgelegt, da sie aus dem Pixelschema, das im Header festgelegt wurde, herausfallen.

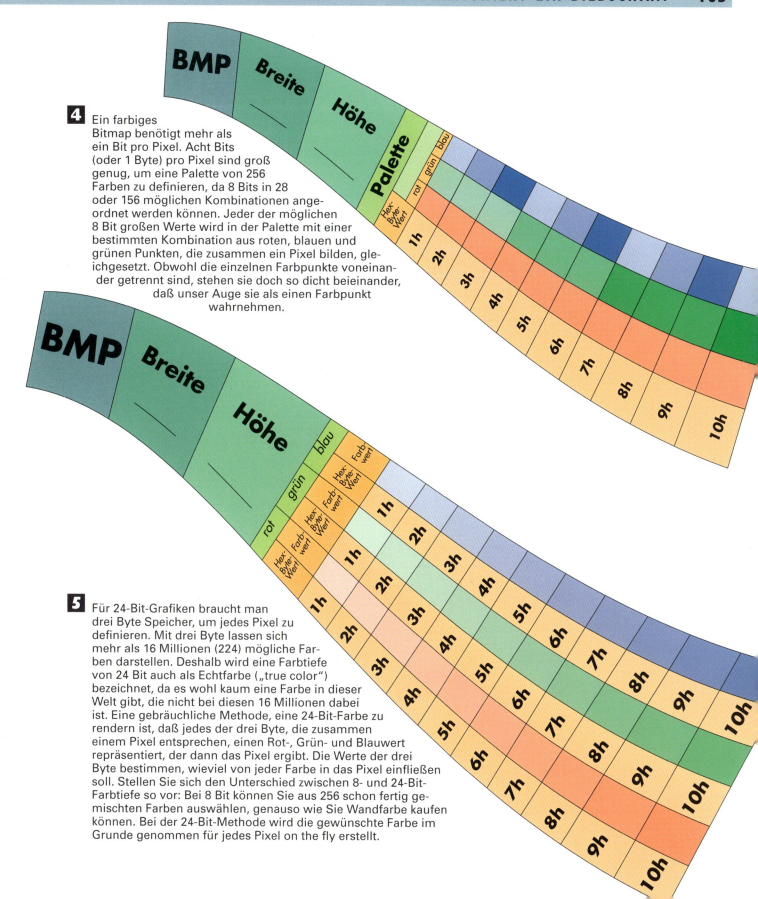

4 Ein farbiges Bitmap benötigt mehr als ein Bit pro Pixel. Acht Bits (oder 1 Byte) pro Pixel sind groß genug, um eine Palette von 256 Farben zu definieren, da 8 Bits in 28 oder 156 möglichen Kombinationen angeordnet werden können. Jeder der möglichen 8 Bit großen Werte wird in der Palette mit einer bestimmten Kombination aus roten, blauen und grünen Punkten, die zusammen ein Pixel bilden, gleichgesetzt. Obwohl die einzelnen Farbpunkte voneinander getrennt sind, stehen sie doch so dicht beieinander, daß unser Auge sie als einen Farbpunkt wahrnehmen.

5 Für 24-Bit-Grafiken braucht man drei Byte Speicher, um jedes Pixel zu definieren. Mit drei Byte lassen sich mehr als 16 Millionen (224) mögliche Farben darstellen. Deshalb wird eine Farbtiefe von 24 Bit auch als Echtfarbe („true color") bezeichnet, da es wohl kaum eine Farbe in dieser Welt gibt, die nicht bei diesen 16 Millionen dabei ist. Eine gebräuchliche Methode, eine 24-Bit-Farbe zu rendern ist, daß jedes der drei Byte, die zusammen einem Pixel entsprechen, einen Rot-, Grün- und Blauwert repräsentiert, der dann das Pixel ergibt. Die Werte der drei Byte bestimmen, wieviel von jeder Farbe in das Pixel einfließen soll. Stellen Sie sich den Unterschied zwischen 8- und 24-Bit-Farbtiefe so vor: Bei 8 Bit können Sie aus 256 schon fertig gemischten Farben auswählen, genauso wie Sie Wandfarbe kaufen können. Bei der 24-Bit-Methode wird die gewünschte Farbe im Grunde genommen für jedes Pixel on the fly erstellt.

Bitmap-Grafiken
(Fortsetzung)

6 Nach der Interpretation der Bitmapdatei schreibt die Bildbearbeitungssoftware (egal welche Methode benutzt wird) die Werte für die einzelnen Pixel in einen Bereich im Speicher der Videokarte, der Einzelbild-Puffer („frame buffer") genannt wird. Die Karte benutzt nun die Daten aus dem Speicher, um die elektronischen Signale einzustellen, die die Intensität der einzelnen roten, grünen und blauen Punkte, aus denen das Pixel besteht, festlegen.

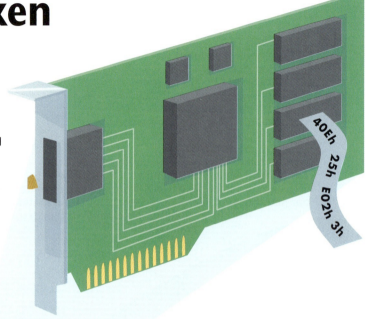

7 Der Bildschirm antwortet auf die Signale der Videokarte indem er Elektronenstrahlen von unterschiedlicher Stärke auf verschiedene Phosphorarten schickt. Es werden drei verschiedene Arten von Phosphor verwendet, für jede der Farben Rot, Blau und Grün je eine, die die Innenseite des Bildschirms bedecken. Das Phosphor glüht mehr oder weniger stark, abhängig von der Intensität des Elektronenstrahls von dem es aktiviert wird.

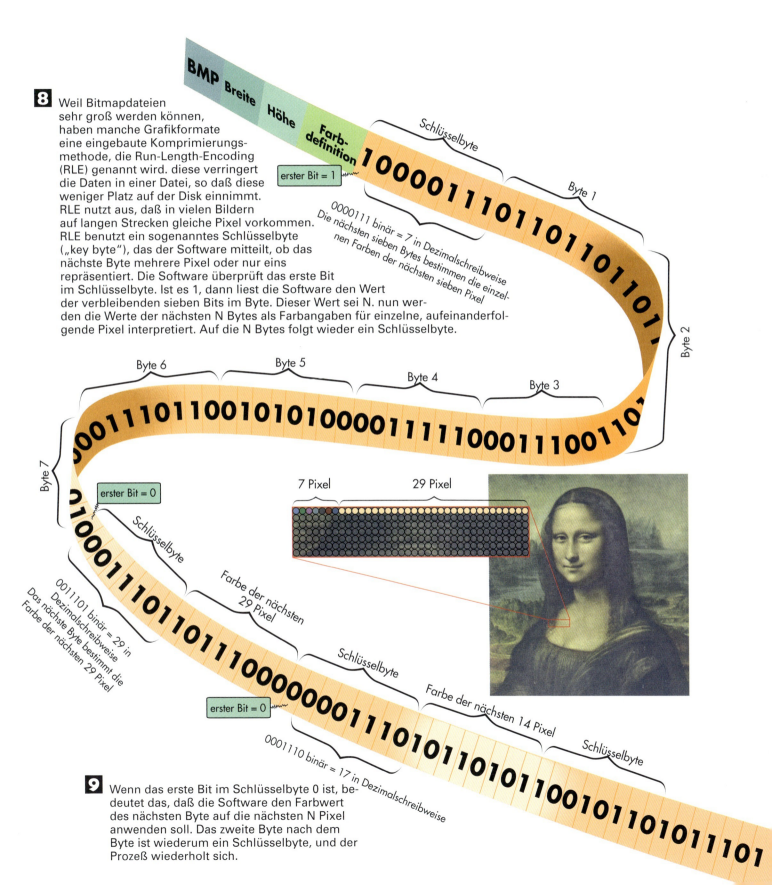

Super-VGA-Bildschirm

2 Der DAC vergleicht die digitalen Werte, die er vom PC erhält, mit den Werten in einer Tabelle, die die dazugehörigen Spannungen für die drei Grundfarben enthält, die benötigt werden, um die Farbe eines Pixels aufzubauen. Die Tabelle enthält Werte für 262.144 mögliche Farben, wovon 256 Farben im Speicher einer VGA-Karte gleichzeitig gespeichert werden können. Super-VGA-Karten haben genug Speicher, um 16 Bit (16.000 Farben, genannt High Color) oder 24 Bit (16.777.216 Farben, Echtfarbe oder True Color genannt) an Informationen für jedes Pixel zu speichern.

3 Die Karte sendet Signale zu den drei Elektronenkanonen, die sich am Ende der Bildröhre des Bildschirms befinden. Jede Elektronenkanone schießt für jeweils eine Farbe einen Strom von Elektronen durch das Vakuum, das in der Bildröhre existiert. Die Intensität des Elektronenstroms wird durch die Signale der Karte gesteuert.

4 Die Bildschirmkarte sendet außerdem Signale zu einem Mechanismus im Hals der Bildröhre, der den Elektronenstrahl fokussiert und ausrichtet. Bei dem Mechanismus handelt es sich um einen magnetischen Ablenkungspol, der elektromagnetische Felder benutzt, um den Elektronenstrom zu beugen. Die Signale, die zu dem Pol gesendet werden, sind daran beteiligt, die Auflösung des Bildschirms festzulegen – die Anzahl der Pixel in der Vertikalen und der Horizontalen – und die Auffrischungsrate, die bestimmt, wie oft das Bild auf dem Schirm neu erstellt wird.

SPANNUNG			
ROT	GRÜN	BLAU	
5	2.5	1	
5	2.5	2	
5	2.5	3	
5	2.5	4	
5	2.5	5	

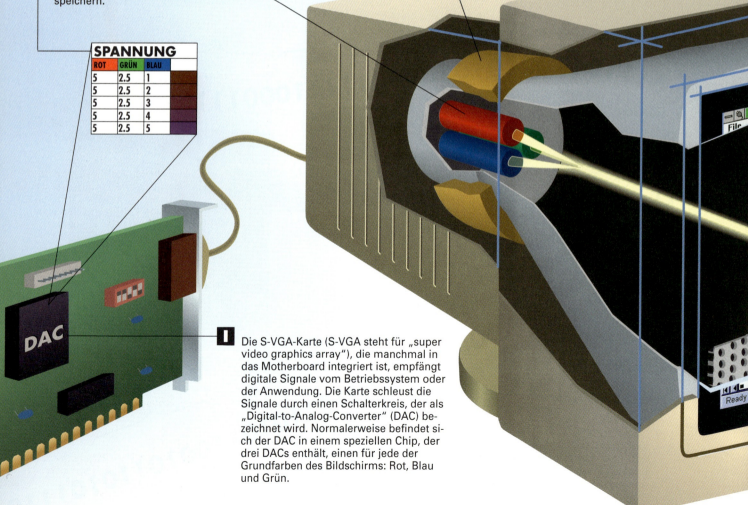

1 Die S-VGA-Karte (S-VGA steht für „super video graphics array"), die manchmal in das Motherboard integriert ist, empfängt digitale Signale vom Betriebssystem oder der Anwendung. Die Karte schleust die Signale durch einen Schalterkreis, der als „Digital-to-Analog-Converter" (DAC) bezeichnet wird. Normalerweise befindet sich der DAC in einem speziellen Chip, der drei DACs enthält, einen für jede der Grundfarben des Bildschirms: Rot, Blau und Grün.

KAPITEL 16: SO FUNKTIONIERT EIN BILDSCHIRM 109

5 Der Strahl geht durch Löcher in einer Metallplatte, die als „Lochmaske" bezeichnet wird. Der Zweck der Maske besteht darin, die Elektronenstrahlen auf ihre Ziele auf der Innenseite der Bildröhre zu bündeln. Der Lochabstand der Bildröhre ist das Maß, wie dicht die Löcher nebeneinander sind. Je enger die Löcher beieinander liegen, desto geringer ist der Lochabstand. Dies sorgt für ein schärferes Bild. Mit Ausnahme der Trinitron-Bildröhre von Sony, die von vielen Herstellern verwendet wird, sind die Löcher in der Schattenmaske in Form von Dreiecken angeordnet. Die Löcher der Trinitron-Röhre sind als parallele Streifen angeordnet.

6 Die Elektronen treffen auf den Phosphor, der die Innenseite des Bildschirms bedeckt. Phosphor ist ein Material, das glüht, wenn es von Elektronen getroffen wird. Es werden drei verschiedene Phosphorarten verwendet, jeweils eine für die Farben Rot, Blau und Grün. Je stärker der Elektronenstrahl ist, der auf das Phosphor trifft, desto mehr Licht sendet dieses aus. Wenn jeder rote, grüne und blaue Punkt einer Anordnung von gleich intensiven Elektronenstrahlen getroffen wird, ist das Ergebnis ein weißer Lichtpunkt. Um Farben zu erzeugen, wird die Intensität der Elektronenstrahlen variiert. Nachdem ein Strahl den Phosphorpunkt verläßt, glüht das Phosphor noch kurz nach, ein Zustand der als „Nachleuchten" bezeichnet wird. Damit ein Bild stabil bleibt, muß das Phosphor durch wiederholte Elektronenstrahlen reaktiviert werden.

7 Nachdem die Strahlen eine horizontale Linie auf dem Bildschirm erzeugt haben, werden die Elektronenstrahlen ausgeschaltet, während die Elektronenkanone den Weg der Strahlen auf die linke Seite des Bildschirms direkt unter der vorher erzeugten Linie richten. Dieser Vorgang wird als „Rasterscannen" bezeichnet.

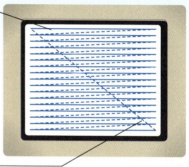

8 Der magnetische Ablenkungspol ändert ständig die Winkel, um die die Elektronenstrahlen abgelenkt werden, so daß sie die gesamte Bildschirmoberfläche überstreichen – von der linken oberen Ecke bis zur rechten unteren Ecke. Die gesamte Fläche, die die Elektronenstrahlen zur Anzeige überstreichen, wird als „Feld" bezeichnet. Nachdem ein Feld erzeugt wurde, kehren die Strahlen zur linken oberen Ecke zurück, um ein neues Feld zu beginnen. Die Anzeige wird in der Regel 60 bis 90 Mal pro Sekunde erneuert.

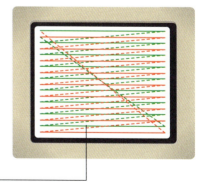

9 Manche Bildschirmkarten erzeugen nur jede zweite Linie auf jedem Feld. Dieser Vorgang wird als „Zeilensprung" (im Englischen „Interlacing") bezeichnet. Die Zeilensprünge ermöglichen es der Karte, mit billigeren Komponenten eine höhere Auflösung zu erreichen – das heißt mehr Linien zu erzeugen. Aber das Verblassen des Phosphors zwischen dem Bildaufbau kann sichtbar sein, was zum Bildschirmflimmern führt.

Farb-LCD-Anzeige

2 Ein Polarisationsfilter, der sich vor der Lichtplatte befindet, läßt nur diejenigen Lichtstrahlen durch, deren Wellen sich in etwa horizontal oder vertikal zu ihm bewegen. Die Tatsache, daß der Filter nicht genau arbeitet, erlaubt es dem Bildschirm, verschiedene Farbtöne zu erzeugen.

1 Licht, das von einer fluoreszierenden Platte hinter dem Bildschirm eines tragbaren Computers ausgesendet wird, verteilt sich wellenförmig in alle Richtungen.

3 In einer Schicht von Flüssigkristallzellen verteilt die Grafikkarte, die in den portablen PC eingebaut ist, die elektrische Ladung auf einige Zellen, andere Zellen werden nicht geladen. Die langen stabförmigen Moleküle, aus denen das Flüssigkristallmaterial besteht, reagieren in den Zellen, in die Strom geleitet wird, indem sie eine Spirale bilden. Je größer die Ladung ist, desto mehr drehen sich die Moleküle zu einer Spirale ein. Bei der höchsten Ladung sind die Moleküle am einen Ende der Zelle um 90 Grad zu der Ausrichtung der Moleküle am anderen Ende der Zelle gedreht.

ANMERKUNG Das Modell, das Sie hier sehen, zeigt nur eine Möglichkeit, wie Flüssigkristalle und Polarisationsfilter Licht manipulieren können. Manche LCD-Anzeigen verwenden zwei Polarisationsfilter mit der gleichen Anordnung, so daß das Licht, das durch eine geladene Zelle fließt, herausgefiltert wird, weil die Wellen gedreht wurden. Es gibt außerdem zwei verschiedene Methoden, Flüssigkristallzellen zu laden. Anzeigen mit einer sogenannten „Passivmatrix" verwenden lediglich einige wenige Elektroden, die in Form von Streifen entlang der Flüssigkristallschicht angeordnet sind. Sie müssen durch ein genaues Timing dafür sorgen, daß jeweils die richtigen Zellen geladen werden. Die Ladungen von Zellen mit einer passiven Matrix lassen schnell wieder nach, wodurch die Farben oft blaß aussehen. Anzeigen mit einer „Aktivmatrix", die auch als Beispiel für die Abbildung verwendet wurden, besitzen für jede Zelle einen eigenen Transistor. Die einzelnen Transistoren sorgen für eine genauere und stärkere Ladung und können Farben erzeugen, die lebendiger sind.

KAPITEL 16: SO FUNKTIONIERT EIN BILDSCHIRM

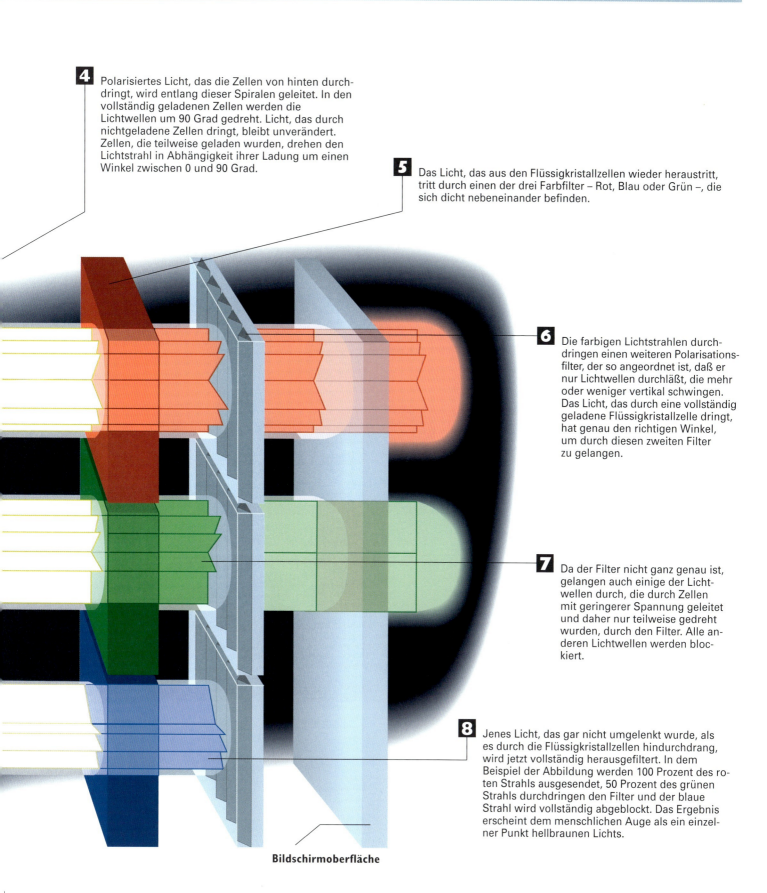

4 Polarisiertes Licht, das die Zellen von hinten durchdringt, wird entlang dieser Spiralen geleitet. In den vollständig geladenen Zellen werden die Lichtwellen um 90 Grad gedreht. Licht, das durch nichtgeladene Zellen dringt, bleibt unverändert. Zellen, die teilweise geladen wurden, drehen den Lichtstrahl in Abhängigkeit ihrer Ladung um einen Winkel zwischen 0 und 90 Grad.

5 Das Licht, das aus den Flüssigkristallzellen wieder heraustritt, tritt durch einen der drei Farbfilter – Rot, Blau oder Grün –, die sich dicht nebeneinander befinden.

6 Die farbigen Lichtstrahlen durchdringen einen weiteren Polarisationsfilter, der so angeordnet ist, daß er nur Lichtwellen durchläßt, die mehr oder weniger vertikal schwingen. Das Licht, das durch eine vollständig geladene Flüssigkristallzelle dringt, hat genau den richtigen Winkel, um durch diesen zweiten Filter zu gelangen.

7 Da der Filter nicht ganz genau ist, gelangen auch einige der Lichtwellen durch, die durch Zellen mit geringerer Spannung geleitet und daher nur teilweise gedreht wurden, durch den Filter. Alle anderen Lichtwellen werden blockiert.

8 Jenes Licht, das gar nicht umgelenkt wurde, als es durch die Flüssigkristallzellen hindurchdrang, wird jetzt vollständig herausgefiltert. In dem Beispiel der Abbildung werden 100 Prozent des roten Strahls ausgesendet, 50 Prozent des grünen Strahls durchdringen den Filter und der blaue Strahl wird vollständig abgeblockt. Das Ergebnis erscheint dem menschlichen Auge als ein einzelner Punkt hellbraunen Lichts.

Bildschirmoberfläche

KAPITEL 17 So funktioniert eine Maus

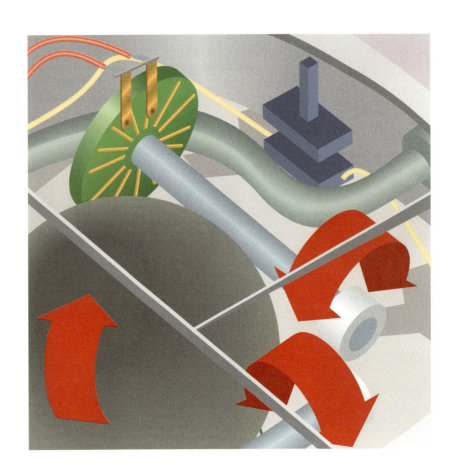

EINE Tastatur hat nichts Natürliches oder Intuitives. Kein Kind wird mit dem Wissen geboren, wie man tippt, und selbst wenn diese Fertigkeit erworben wird, ergibt sie keinen Sinn – niemand hat eine vernünftige Erklärung dafür, weshalb die alphanumerischen Tasten so angeordnet sind, wie sie angeordnet sind.

Für viele Anwender ist die Tastatur eine Barriere, die sie daran hindert, zu lernen, mit dem PC umzugehen. Und selbst für eine erfahrene Datentypistin ist das Eintippen von Buchstabenkombinationen, z.B. zum Speichern einer Datei, nicht intuitiv. Ingenieure – ich wette, daß keiner von ihnen Maschinenschreiben beherrschte – entwickelten im Palo Alto Research Center (PARC) von Xerox ein Konzept, das zuerst von Douglas C. Engelbert vom Stanford Research Center erforscht wurde. Das Konzept war die Entwicklung eines Zeigegeräts, das der Anwender mit seiner Hand bewegen kann und eine korrespondierende Bewegung auf dem Bildschirm erzeugt. Wegen seiner Größe und seines schwanzartigen Kabels wurde das Gerät als Maus bezeichnet. Bei Apple wurde die Maus zu einem Standardzubehör des Macintosh-Computers und mit der Verbreitung von Windows gehört auch die Maus bei PCs zur Standardausrüstung.

Die Maus ist nicht das einzige Zeigegerät, das erfunden wurde. Der Joystick, der für Spiele verwendet wird, erfüllt den gleichen Zweck, liegt aber bei der normalen Arbeit nicht so gut in der Hand. Digitalisierungstabletts werden von Architekten und Ingenieuren eingesetzt, die die Bewegungen eines Stiftes auf den Bildschirm übersetzen müssen. Touch Screens (Bildschirme zum Anfassen), die Sie entweder mit dem Finger oder einem speziellen Stift (Lichtstift genannt) bedienen, um die Anwendungen zu steuern, sind über einen längeren Zeitraum zu ermüdend. Die erfolgreichsten Innovationen im Bereich der Zeigegeräte sind die „Radiergummi"-Zeigegeräte (die so heißen, weil sie wie der Radiergummi eines Bleistiftes aussehen, der zwischen der G- und der H-Taste steckt), Touchpads (eine weniger präzise Variante des grafischen Tabletts) und Trackbälle. Diese werden alle in Laptops eingesetzt, wo kein Platz für eine herkömmliche Maus ist.

Die Maus und ihre Verwandten können die Tastatur nicht ersetzen, aber sie können sie ergänzen. Indem sie Aufgaben übernimmt, wie zum Beispiel auf Objekte auf dem Bildschirm zu deuten und diese zu bewegen, hat sie neue Möglichkeiten geschaffen. Möglichkeiten, für die die Pfeiltasten (Cursortasten) nicht geeignet sind. Bis wir zu dem Punkt gelangen, wo wir einfach nur noch zu unserem Computer sprechen, wird die Maus ein wesentlicher Bestandteil des PC bleiben.

Die mechanische Maus ist zum beliebtesten Zeigegerät für die neuesten Betriebssystemumgebungen geworden – grafische Umgebungen, wie sie von Windows, MacOS und OS/2 repräsentiert werden. Mit der Maus können Sie Ihren PC steuern, indem Sie auf Bilder klicken, anstatt Befehle einzugeben. Hier wird erklärt, wie die Maus die Bewegungen Ihrer Hand in Aktionen übersetzt, die am Bildschirm sichtbar sind.

Die mechanische Maus

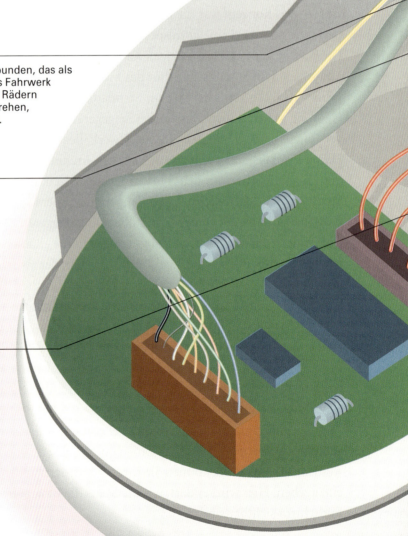

4 An den Rändern jedes Encoders befinden sich winzige Metallkontakte. Zwei Paare der Kontaktstäbe erstrecken sich vom Gehäuse der Maus bis zu den Kontaktpunkten der Encoder, wenn sie vorbeikommen. Jedes Mal, wenn ein Kontaktstab einen Punkt berührt, wird ein elektrisches Signal erzeugt. Anhand der Anzahl der Signale läßt sich feststellen, wieviele Punkte von den Kontaktstäben berührt wurden – je mehr Signale, desto weiter wurde die Maus bewegt. Die Richtung, in die die Rollen und damit die Maus bewegt wurden, ergibt sich aus dem Verhältnis der Zahl der Signale von den vertikalen zur Zahl der Signale der horizontalen Rollen.

3 Jede Rolle ist mit einem Rädchen verbunden, das als „Encoder" bezeichnet wird, so wie das Fahrwerk eines Autos durch die Achsen mit den Rädern verbunden ist. Wenn sich die Rollen drehen, werden die Encoder ebenfalls gedreht.

2 Durch die Drehbewegung der Kugel werden zwei Rollen berührt und gedreht, die in einem 90-Grad-Winkel zueinander stehen. Eine Rolle reagiert auf Vor- und Zurück-Bewegungen, die vertikalen Bewegungen auf dem Bildschirm entsprechen. Die andere Rolle reagiert auf Seitwärtsbewegungen, die Seitwärtsbewegungen auf dem Bildschirm entsprechen.

1 Wenn Sie eine mechanische Maus bewegen, indem Sie sie über einen ebenen Untergrund ziehen, wird eine Kugel, die aus Gummi oder aus mit Gummi beschichtetem Metall besteht und auf der Unterseite der Maus etwas herausragt, in die Bewegungsrichtung gedreht.

KAPITEL 17: SO FUNKTIONIERT EINE MAUS 115

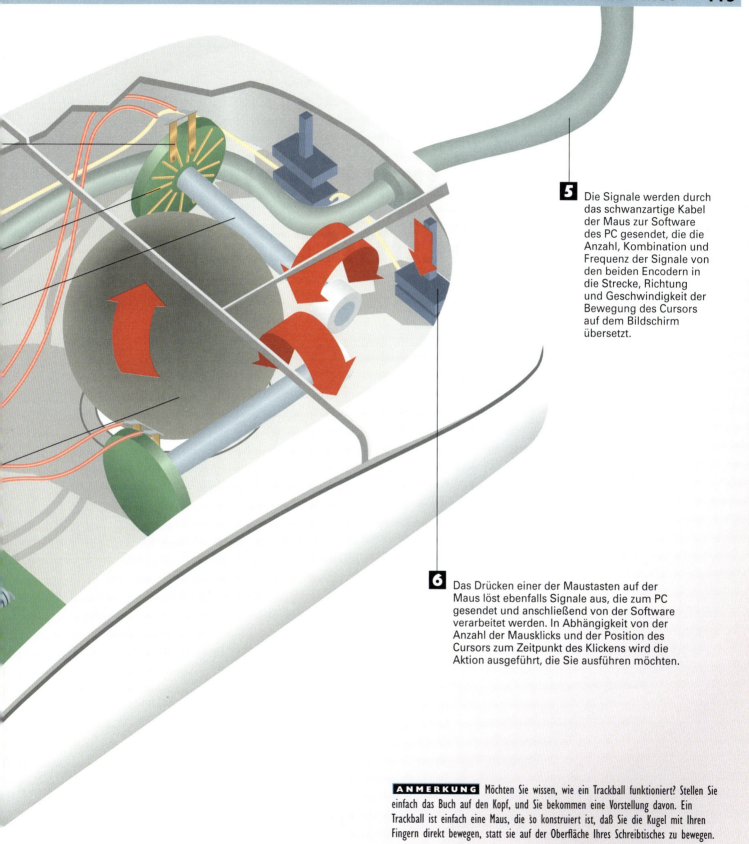

5 Die Signale werden durch das schwanzartige Kabel der Maus zur Software des PC gesendet, die die Anzahl, Kombination und Frequenz der Signale von den beiden Encodern in die Strecke, Richtung und Geschwindigkeit der Bewegung des Cursors auf dem Bildschirm übersetzt.

6 Das Drücken einer der Maustasten auf der Maus löst ebenfalls Signale aus, die zum PC gesendet und anschließend von der Software verarbeitet werden. In Abhängigkeit von der Anzahl der Mausklicks und der Position des Cursors zum Zeitpunkt des Klickens wird die Aktion ausgeführt, die Sie ausführen möchten.

ANMERKUNG Möchten Sie wissen, wie ein Trackball funktioniert? Stellen Sie einfach das Buch auf den Kopf, und Sie bekommen eine Vorstellung davon. Ein Trackball ist einfach eine Maus, die so konstruiert ist, daß Sie die Kugel mit Ihren Fingern direkt bewegen, statt sie auf der Oberfläche Ihres Schreibtisches zu bewegen.

TEIL 4 EINGABE- UND AUSGABEGERÄTE

KAPITEL 18
So funktionieren Schnittstellen

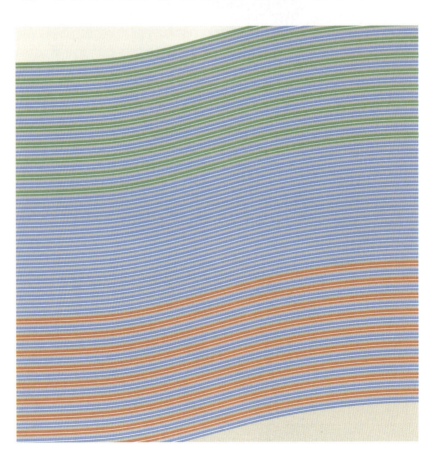

OHNE die seriellen und parallelen Schnittstellen eines Computers – das ist die Sammlung seltsam geformter Stecker, die hinten aus Ihrem PC herausschauen und aus Erweiterungskarten, Laufwerken, Druckern, Scannern, Joysticks und allen anderen Peripheriegeräten, die Sie an Ihren Computer anschließen, hervorsprießen – würde die meiste Arbeit, die mit Hilfe eines PCs erledigt wird, nie jemand anderen erreichen, als die Person, die vor dem Bildschirm sitzt. Tatsächlich würden ohne bestimmte Schnittstellen die Berechnungen Ihres Prozessors nicht einmal Sie selbst erreichen.

Seit es die parallele Schnittstelle gibt (sie wird auch als „Centronics Schnittstelle" bezeichnet), wird sie als Synonym für die Druckerschnittstelle gesehen. Auch wenn die serielle Schnittstelle dafür verwendet werden kann, Daten vom PC zu einigen Druckermodellen zu schicken, ist die parallele Schnittstelle schneller. Während eine serielle Schnittstelle die Daten Bit für Bit über ein einzelnes Kabel in eine Richtung sendet, kann eine parallele Schnittstelle mehrere Datenbits gleichzeitig über acht parallele Leitungen schicken. Während bei einer seriellen Verbindung gleichzeitig nur ein Bit gesendet werden kann, läßt sich über die parallele Verbindung ein ganzes Byte übertragen. Oder ein anderer Vergleich: In der Zeit, in der eine serielle Verbindung den Buchstaben „A" senden kann, kann eine parallele Verbindung das Wort „Antworte" übertragen.

Die serielle Schnittstelle nimmt unter den Komponenten des Computers eine Schlüsselposition ein. Es handelt sich dabei um ein einfaches Konzept: eine Leitung, um Daten zu verschicken, eine Leitung, um Daten zu empfangen und einige weitere Leitungen, um das Senden und Empfangen der Daten über die beiden anderen Leitungen zu steuern. Aufgrund des einfachen Konzepts ist die serielle Schnittstelle schon immer dazu genutzt worden, mit jedem erdenklichen Gerät zu kommunizieren, angefangen von gängigen Modems und Druckern über Plotter bis hin zu Einbruchssicherungen. Obwohl die serielle Schnittstelle verglichen mit der parallelen langsam ist, ist sie doch für Mäuse akzeptabel, weil diese so wenige Daten übertragen, daß die Geschwindigkeit keine Rolle spielt. Auch für Modems ist sie bestens geeignet, weil die meisten Telefonleitungen sowieso nur ein Signal pro Zeiteinheit übertragen können.

Die serielle Schnittstelle wird oft als RS-232-Schnittstelle bezeichnet, das ist die Bezeichnung der Electronics Industries Association für einen Standard, wie verschiedene Verbindungen in einer seriellen Schnittstelle verwendet werden sollen. Das Problem ist allerdings, daß dieser Standard durch Hersteller von Peripheriegeräten und selbst von Computerherstellern außer acht gelassen wird. Die Tatsache, daß sowohl 9-Pin- als auch 25-Pin-Verbindungen als serielle Schnittstellen angeboten werden, zeigt, wie weit wir noch davon entfernt sind, festzulegen, was eine RS-232-Schnittstelle ist.

Einer der Nachteile bei seriellen und parallelen Schnittstellen ist, daß Sie nur je zwei haben können. Diese Limitation ist in das BIOS des Computers eingebaut, und das läßt sich nicht so einfach nach Gutdünken verändern. Die neueste Lösung für dieses Problem ist der Universal Serial Bus (USB), mit dem man Dutzende von Geräten von einer Schnittstelle aus aneinanderreihen kann.

TEIL 4 EINGABE- UND AUSGABEGERÄTE

Die parallele Schnittstelle

1 Ein Signal vom Peripheriegerät (in der Regel ein Drucker) teilt über die als „Auswahlleitung" bezeichnete Leitung 13 dem Computer mit, daß es bereit ist und Daten empfangen kann.

2 Die Daten werden durch die Leitungen 2 bis 9 geschickt, wobei eine 1 hohe Spannung, genauer gesagt ungefähr 5 Volt, repräsentiert und eine 0 niedrige Spannung nahe 0 Volt.

3 Nachdem die Spannung in allen Datenleitungen aufgebaut wurde, sendet die Leitung 1 eine Millisekunde lang ein Benachrichtigungssignal zum Drucker, das ihm mitteilt, daß er die Spannungen der Datenleitungen lesen soll.

Computer

10 Ein Signal auf Leitung 17 vom PC teilt dem Drucker mit, daß er keine Daten annehmen soll. Diese Leitung wird nur von denjenigen Druckern verwendet, die vom PC ein- und ausgeschaltet werden können. Die Leitungen 18 bis 25 sind Erdungen.

9 Ein Signal mit niedriger oder keiner Spannung vom PC, das über die Leitung 14 übertragen wird, teilt dem Drucker mit, daß er das Papier um eine Zeile weiterschieben soll, wenn er einen Wagenrücklaufcode empfängt. Ein Signal mit hoher Spannung teilt dem Drucker mit, daß er das Papier nur dann um eine Zeile weiterschieben soll, wenn er das Signal für einen Zeilenvorschubcode vom PC erhält.

KAPITEL 18: SO FUNKTIONIEREN SCHNITTSTELLEN

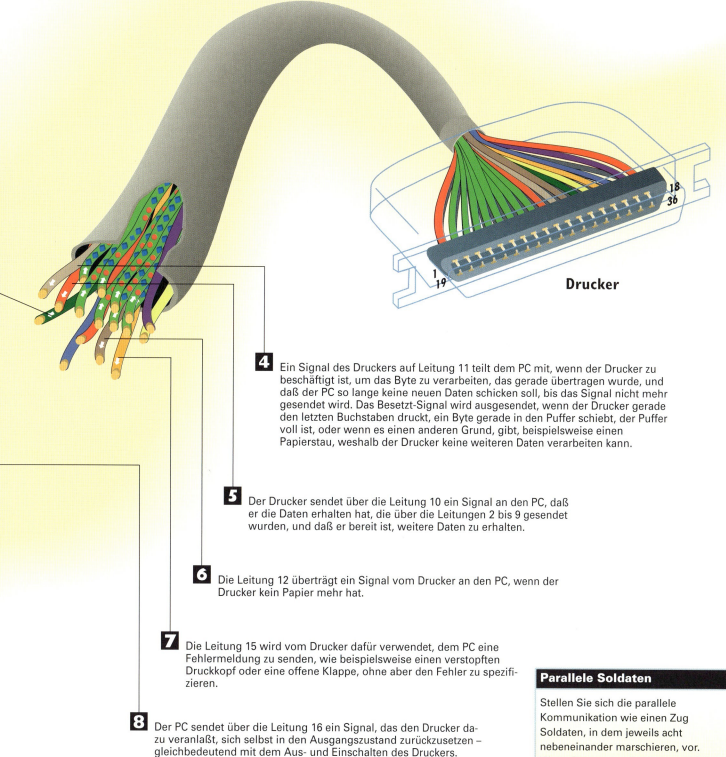

4 Ein Signal des Druckers auf Leitung 11 teilt dem PC mit, wenn der Drucker zu beschäftigt ist, um das Byte zu verarbeiten, das gerade übertragen wurde, und daß der PC so lange keine neuen Daten schicken soll, bis das Signal nicht mehr gesendet wird. Das Besetzt-Signal wird ausgesendet, wenn der Drucker gerade den letzten Buchstaben druckt, ein Byte gerade in den Puffer schiebt, der Puffer voll ist, oder wenn es einen anderen Grund, gibt, beispielsweise einen Papierstau, weshalb der Drucker keine weiteren Daten verarbeiten kann.

5 Der Drucker sendet über die Leitung 10 ein Signal an den PC, daß er die Daten erhalten hat, die über die Leitungen 2 bis 9 gesendet wurden, und daß er bereit ist, weitere Daten zu erhalten.

6 Die Leitung 12 überträgt ein Signal vom Drucker an den PC, wenn der Drucker kein Papier mehr hat.

7 Die Leitung 15 wird vom Drucker dafür verwendet, dem PC eine Fehlermeldung zu senden, wie beispielsweise einen verstopften Druckkopf oder eine offene Klappe, ohne aber den Fehler zu spezifizieren.

8 Der PC sendet über die Leitung 16 ein Signal, das den Drucker dazu veranlaßt, sich selbst in den Ausgangszustand zurückzusetzen – gleichbedeutend mit dem Aus- und Einschalten des Druckers.

Parallele Soldaten

Stellen Sie sich die parallele Kommunikation wie einen Zug Soldaten, in dem jeweils acht nebeneinander marschieren, vor. Wenn Sie vor den Soldaten auf den Boden eine Linie zeichnen, wird diese von acht Soldaten gleichzeitig überschritten, gefolgt von den acht Soldaten hinter ihnen.

Die serielle Schnittstelle

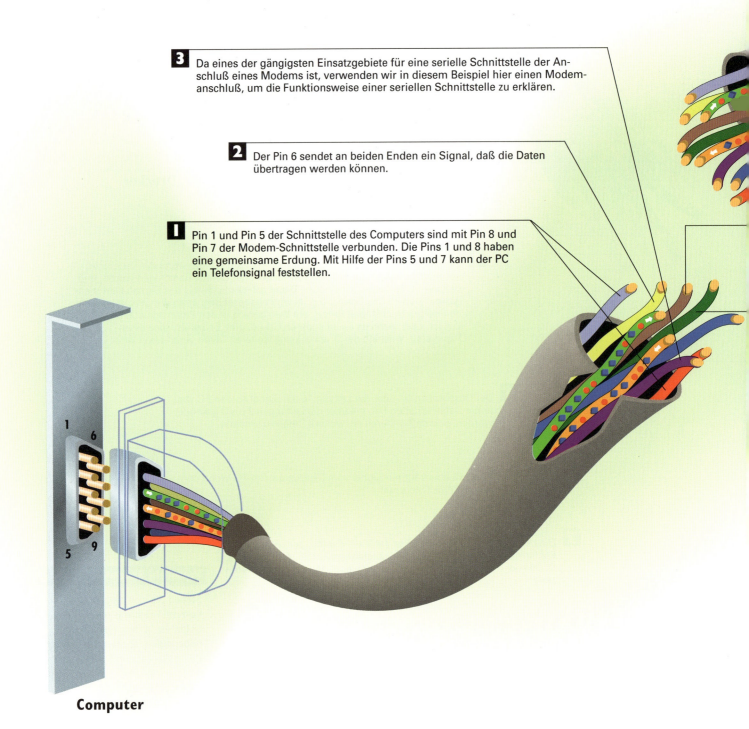

3 Da eines der gängigsten Einsatzgebiete für eine serielle Schnittstelle der Anschluß eines Modems ist, verwenden wir in diesem Beispiel hier einen Modemanschluß, um die Funktionsweise einer seriellen Schnittstelle zu erklären.

2 Der Pin 6 sendet an beiden Enden ein Signal, daß die Daten übertragen werden können.

1 Pin 1 und Pin 5 der Schnittstelle des Computers sind mit Pin 8 und Pin 7 der Modem-Schnittstelle verbunden. Die Pins 1 und 8 haben eine gemeinsame Erdung. Mit Hilfe der Pins 5 und 7 kann der PC ein Telefonsignal feststellen.

Computer

KAPITEL 18: SO FUNKTIONIEREN SCHNITTSTELLEN 121

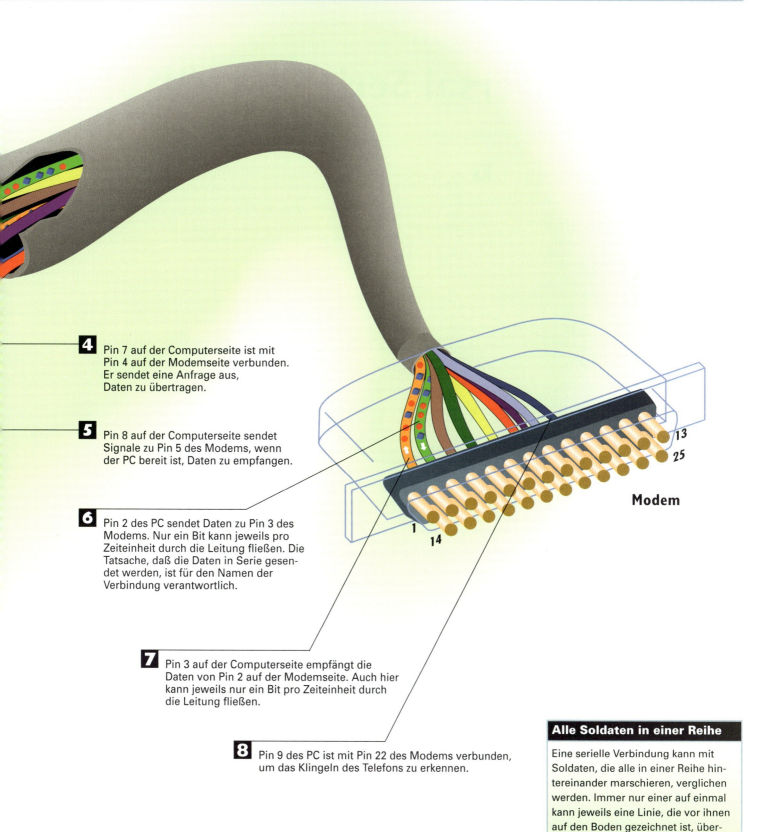

4 Pin 7 auf der Computerseite ist mit Pin 4 auf der Modemseite verbunden. Er sendet eine Anfrage aus, Daten zu übertragen.

5 Pin 8 auf der Computerseite sendet Signale zu Pin 5 des Modems, wenn der PC bereit ist, Daten zu empfangen.

6 Pin 2 des PC sendet Daten zu Pin 3 des Modems. Nur ein Bit kann jeweils pro Zeiteinheit durch die Leitung fließen. Die Tatsache, daß die Daten in Serie gesendet werden, ist für den Namen der Verbindung verantwortlich.

7 Pin 3 auf der Computerseite empfängt die Daten von Pin 2 auf der Modemseite. Auch hier kann jeweils nur ein Bit pro Zeiteinheit durch die Leitung fließen.

8 Pin 9 des PC ist mit Pin 22 des Modems verbunden, um das Klingeln des Telefons zu erkennen.

Alle Soldaten in einer Reihe

Eine serielle Verbindung kann mit Soldaten, die alle in einer Reihe hintereinander marschieren, verglichen werden. Immer nur einer auf einmal kann jeweils eine Linie, die vor ihnen auf den Boden gezeichnet ist, überschreiten.

Der Universal Serial Bus (USB)

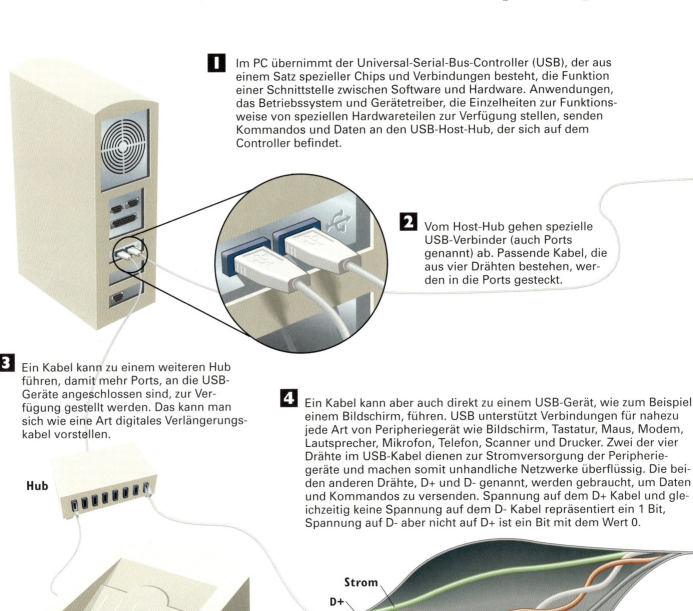

1 Im PC übernimmt der Universal-Serial-Bus-Controller (USB), der aus einem Satz spezieller Chips und Verbindungen besteht, die Funktion einer Schnittstelle zwischen Software und Hardware. Anwendungen, das Betriebssystem und Gerätetreiber, die Einzelheiten zur Funktionsweise von speziellen Hardwareteilen zur Verfügung stellen, senden Kommandos und Daten an den USB-Host-Hub, der sich auf dem Controller befindet.

2 Vom Host-Hub gehen spezielle USB-Verbinder (auch Ports genannt) ab. Passende Kabel, die aus vier Drähten bestehen, werden in die Ports gesteckt.

3 Ein Kabel kann zu einem weiteren Hub führen, damit mehr Ports, an die USB-Geräte angeschlossen sind, zur Verfügung gestellt werden. Das kann man sich wie eine Art digitales Verlängerungskabel vorstellen.

4 Ein Kabel kann aber auch direkt zu einem USB-Gerät, wie zum Beispiel einem Bildschirm, führen. USB unterstützt Verbindungen für nahezu jede Art von Peripheriegerät wie Bildschirm, Tastatur, Maus, Modem, Lautsprecher, Mikrofon, Telefon, Scanner und Drucker. Zwei der vier Drähte im USB-Kabel dienen zur Stromversorgung der Peripheriegeräte und machen somit unhandliche Netzwerke überflüssig. Die beiden anderen Drähte, D+ und D- genannt, werden gebraucht, um Daten und Kommandos zu versenden. Spannung auf dem D+ Kabel und gleichzeitig keine Spannung auf dem D- Kabel repräsentiert ein 1 Bit, Spannung auf D- aber nicht auf D+ ist ein Bit mit dem Wert 0.

KAPITEL 18: SO FUNKTIONIEREN SCHNITTSTELLEN   123

6 Diese Geräte können auch wieder Ports für weitere USB-Hardware zur Verfügung stellen. Die Maus und ein Griffel könnten in die Tastatur eingesteckt werden, die an den Monitor angeschlossen ist, der wiederum mit dem Host-Hub verbunden ist. Durch dieses System der verzweigten Verbindungen können bis zu 127 Geräte von einem USB gesteuert werden.

5 Jedes USB-Gerät kann auch gleichzeitig ein Hub sein, so daß beispielsweise ein Bildschirm Ports zu Verfügung stellen kann, in die man Multimedia-Lautsprecher, Mikrofon und die Tastatur einstecken kann.

7 Wenn ein neues USB-Gerät in einen Port gestöpselt wird, verursacht es automatisch eine Spannungsänderung an einem der zwei Drähte. Wenn Spannung an D+ angelegt wird, bedeutet das, daß das externe Gerät high-speed-fähig ist, das heißt, daß es 12 Mbit pro Sekunde senden kann. Bildschirme, Scanner, Drucker und andere Geräte, die viele Daten versenden, sind High-Speed-Geräte. Spannung an D- bedeutet, daß das Gerät mit einer Transferrate von 1,5 Mbit pro Sekunde auskommt. Das ist beispielsweise bei einer Maus oder der Tastatur der Fall. (Zum Vergleich: eine herkömmliche serielle Schnittstelle sendet nur ungefähr 100 Kbit pro Sekunde, eine parallele Schnittstelle etwa 2,5 Mbit pro Sekunde.)

8 Der USB-Host-Controller, der mit einer ähnlichen Plug&Play-Methode arbeitet, die die automatische Konfiguration von internen PC-Komponenten vornimmt, läßt das neue Gerät sich selbst identifizieren, findet heraus, was es benötigt, um Daten zu senden und zu empfangen, und teilt ihm eine ID-Nummer zu.

*ISDN Modem
High-Speed
ID: Gerät Nr. 10*

9 Nun, da das neue Gerät ein offizielles Mitglied im Bus ist, nimmt es seinen Platz ein, und der Host-Controller spricht alle Geräte an: Er läßt sie Kommandos ausführen, fragt, ob das Gerät bereit ist, Daten zu empfangen oder zu senden und teilt jedem Gerät einen Teil der Bandbreite (das ist die gesamte Datenübertragungskapazität) des Busses zu. Der Controller schickt millionenmal in der Sekunde Anfragen und Kommandos Downstream an alle Peripheriegeräte im USB. Jede der Nachrichten des Hosts beginnt mit einer Zeichenfolge (auch Token genannt), die das angesprochene Gerät identifiziert. Die Nachricht ergeht an alle Geräte im Bus, aber die Geräte, die nicht mit der Tokenadresse übereinstimmen, ignorieren sie einfach. Geräte senden Daten nur dann Upstream an den Host, nachdem sie von ihm die Erlaubnis dafür erhalten haben.

10 Der USB kann mit drei Arten von Datentransfer arbeiten und teilt Bandbreitenprioritäten in der folgenden Reihenfolge zu:

12

Höchste Priorität: Isochrone oder Echtzeitübertragung, bei der der Datenfluß nicht unterbrochen werden darf, wie z.B. bei Video oder Sound.

Zweithöchste Priorität: Interrupt-Übertragungen, die nur dann zustande kommen, wenn ein Gerät wie Tastatur oder Joystick ein Interruptsignal erzeugt, um die Aufmerksamkeit des Prozessors zu erlangen.

Niedrigste Priorität: Massentransfer von Drucker- oder Scannerdaten oder einer digitalen Kamera erfolgt dann, wenn dafür Zeit übrig ist. Typischerweise sind sehr viele Daten zu versenden, aber es ist nicht besonders dringend, diese sehr schnell zuzustellen.

IDE-Verbindungen

1 Ursprünglich konnten PCs nur mit wenigen Festplattentypen umgehen. Erst waren es nur 14 verschiedene, später dann 3 weil die Informationen, wie jede Festplatte zu steuern war, in das CMOS des PC eingetragen war. Wenn ein Laufwerk installiert wurde, mußte dessen „Geographie", d.h. die Anzahl von Spuren, Sektoren und Platten, mit einer der Konfigurationen, die im CMOS gespeichert waren, übereinstimmen. Das BIOS verwendete die CMOS-Informationen für die Planung des Datentransfers zwischen dem Prozessor und dem Laufwerk und um die Bewegung des Schreib-/Lesekopfes zu steuern. Die Laufwerk-Controller-Karte gab die Signale an die Laufwerke weiter und kümmerte sich um den Transfer der Daten zwischen dem Prozessor und dem Laufwerk.

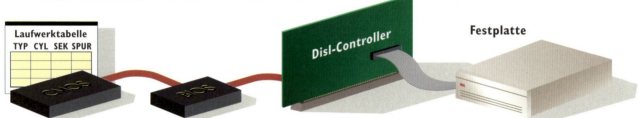

2 IDE („integrated device electronics") wurde entwickelt, damit man bei neuen Festplatten diese Beschränkungen nicht mehr berücksichtigen mußte. Heute sind praktisch alle PCs mit IDE- oder EIDE- (enhanced oder erweitertes IDE) Controllern, ausgestattet. Controller und Hauptplatine sind so miteinander verbunden, daß der Computer sie als fiktiven ISA-Erweiterungssteckplatz Nummer 9 wahrnimmt.

3 Ein Flachbandkabel mit vierzig Drähten führt vom IDE-Stecker zu zwei weiteren Steckern, die je mit einer Festplatte verbunden werden können. Ein PC mit zwei IDE-Steckern auf der Hauptplatine kann vier Festplatten haben. EIDE, das zur Standardausrüstung neuerer PCs gehört, kann auch Disketten-, CD-ROM- und Bandlaufwerke kontrollieren. Diese müssen jedoch IDE-kompatibel und interne Laufwerke sein. Jedes Gerätepaar an einem Kabel muß so konfiguriert sein, daß eines der Master und das andere der Slave ist.

4 Das Betriebssystem teilt einem der IDE-Geräte einen entsprechenden Befehl zu, genauso als ob es eines der Laufwerke wäre, die der PC aus der CMOS-Tabelle kennt. Der IDE-Stecker macht nicht viel mehr als einfach nur die Signale, von denen das Betriebssystem denkt, daß es sie an den Laufwerkscontroller geschickt hat, weiterzuleiten.

5 Kommandos und Daten, die bitweise nacheinander gesendet werden, gelangen durch das Kabel sowohl zum Master- als auch zum Slave-Gerät.

6 Bestimmte Steuersignale teilen dem Master und dem Slave mit, für wen die Kommandos und Daten bestimmt sind.

7 Das ausgewählte Gerät übersetzt nun die Kommandos, die für das einfache CMOS-Gerät bestimmt waren, so, daß sie mit der eigentlichen Festplattenkonfiguration funktionieren. Das Laufwerk kontrolliert jede Ein- und Ausgabe und die Stellung des Lese-Schreib-Kopfes, d.h. die Sachen, für die zuvor die Controller-Karte zuständig war.

So funktioniert SCSI

1 Eine SCSI-Verbindung (SCSI ist die Abkürzung für „small computer system interface", d.h. Schnittstelle für Kleinrechnersysteme) ist die schnellste und vielseitigste Methode für einen PC, um mit vielen verschiedenen Peripheriegeräten wie Festplatten, CD-ROM-Laufwerke, Scannern, Druckern usw. zu kommunizieren. An einen SCSI-Controller können bis zu sieben Geräte in einer Reihenschaltung (Daisy Chain genannt) angeschlossen werden. Manche SCSI-Versionen können auch 15 Geräte von einer SCSI-Host-Karte aus kontrollieren. Der Einfachheit halber betrachten wir hier aber nur die Version für sieben Peripheriegeräte.

2 Jedes Gerät in der Reihenschaltung, die SCSI-Bus genannt wird, hat eine eindeutige ID-Nummer von 0 bis 7. Wenn ein neues Gerät angeschlossen wird, können Sie ihm die ID-Nummer entweder durch manuelle oder softwaregesteuerte Betätigung eines Schalters zuteilen.

3 Das letzte Gerät in der Daisy Chain muß einen Terminator auf dem unbenutzten Stecker haben. Der Terminator erdet die Drähte im Kabel, um ungewollte elektromagnetische Felder zu dämpfen, durch die die Signale und Daten im Bus gestört werden könnten.

4 Die Signale vom Controller passieren ein Gerät nach dem anderen entlang dem SCSI-Bus, der aus fünfzig Drähten oder Leitungen besteht. Einige wenige der Leitungen werden vom SCSI benutzt, um Informationen und Kontrollsignale zu versenden. Die verbleibenden Drähte, in der Grafik blau dargestellt, gehören zu je einem der aktiven Drähte und sind auf komplizierte Weise in äußere Kabel verpackt, um die arbeitenden Drähte vor elektrischen Störungen zu schützen. (Zur Vereinfachung werden hier die Kabel nebeneinanderliegend dargestellt, was normalerweise nur bei einem Flachband-SCSI-Kabel innerhalb eines PC der Fall ist.) Alle Geräte teilen sich dieselben Datenleitungen, die im Beispiel grün sind, und Kontrollleitungen (rot). Es können aber immer nur zwei Geräte gleichzeitig miteinander kommunizieren. Die meisten SCSI-Arten benutzen acht Leitungen und können Daten mit einer Geschwindigkeit von 10 bis 20 Mbyte pro Sekunde versenden. Wide SCSI benutzt einen 16 Bit breiten Bus, der bis zu 40 Mbyte pro Sekunde übertragen kann. Zum Vergleich: IDE-Laufwerk-Controller können Daten im Idealfall mit 5,5 Mbyte pro Sekunde übertragen.

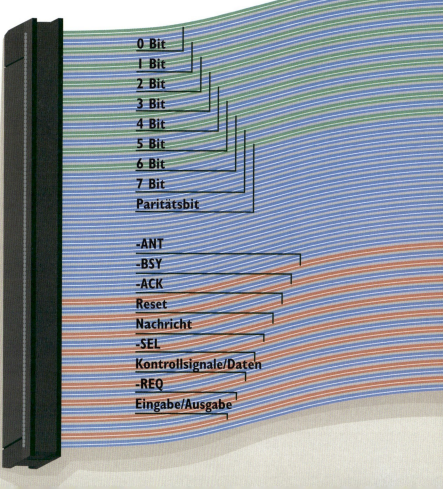

(Fortsetzung auf nächster Seite)

So funktioniert SCSI
(Fortsetzung)

5 Wenn der SCSI-Controller ein Peripheriegerät betreibt, wird der Controller zum Initiator und die anderen Geräte zu Zielen (Targets). Manchmal eröffnet auch ein Peripheriegerät die Kommunikation. Dann wird das Laufwerk zum Initiator und der Controller ist das Target. Um Kontrolle im Bus zu übernehmen, wartet der Controller auf eine Pause im Nachrichtenverkehr und sendet einen Stromstoß in die 36. Leitung, die auch „Besetzt-Leitung", abgekürzt mit -BSY (für englisch „busy"), genannt wird. Gleichzeitig wird an die Leitung, die für das 7. Datenbit zuständig ist, Strom angelegt. Dadurch weiß der Bus, daß das Gerät mit der Nummer 7 (das ist die SCSI-Karte) Kontrolle über den Bus möchte.

7 In der Auswahlphase teilt der Controller nun mit, mit welchem Gerät er kommunizieren will. Dazu schaltet er die Leitung 32, die „Achtung-Leitung", abgekürzt mit -ANT (für englisch „attention"), ein. Gleichzeitig legt er Strom an die Leitung, die der ID des Gerätes entspricht. Der Controller will z.B. mit dem CD-ROM-Laufwerk, das die ID 5 hat, arbeiten. Da alle übrigen Leitungen Erdungen sind, entspricht die Leitung Nummer 12 der ID 5.

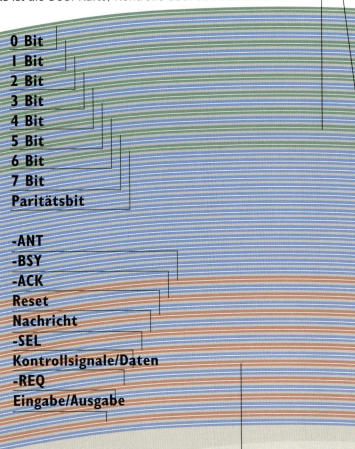

0 Bit
1 Bit
2 Bit
3 Bit
4 Bit
5 Bit
6 Bit
7 Bit
Paritätsbit

-ANT
-BSY
-ACK
Reset
Nachricht
-SEL
Kontrollsignale/Daten
-REQ
Eingabe/Ausgabe

6 Wenn ein zweites Gerät zur gleichen Zeit die Kontrolle übernehmen will, geht der Bus in eine Arbitrationsphase über, in der die beiden Geräte um die Kontrolle konkurrieren und überprüfen, welches die höhere ID-Nummer hat. Nach 2,4 Mikrosekunden (das sind 2 Millionstel einer Sekunde) behauptet das Gerät mit der höheren ID seine Vorherrschaft, indem es Strom an die Leitung 44, die „Auswahlleitung", abgekürzt mit -SEL (für englisch „select"), legt. Der SCSI-Controller hat normalerweise immer die ID 7, um sicherzustellen, daß er immer der Boß ist.

KAPITEL 18: SO FUNKTIONIEREN SCHNITTSTELLEN

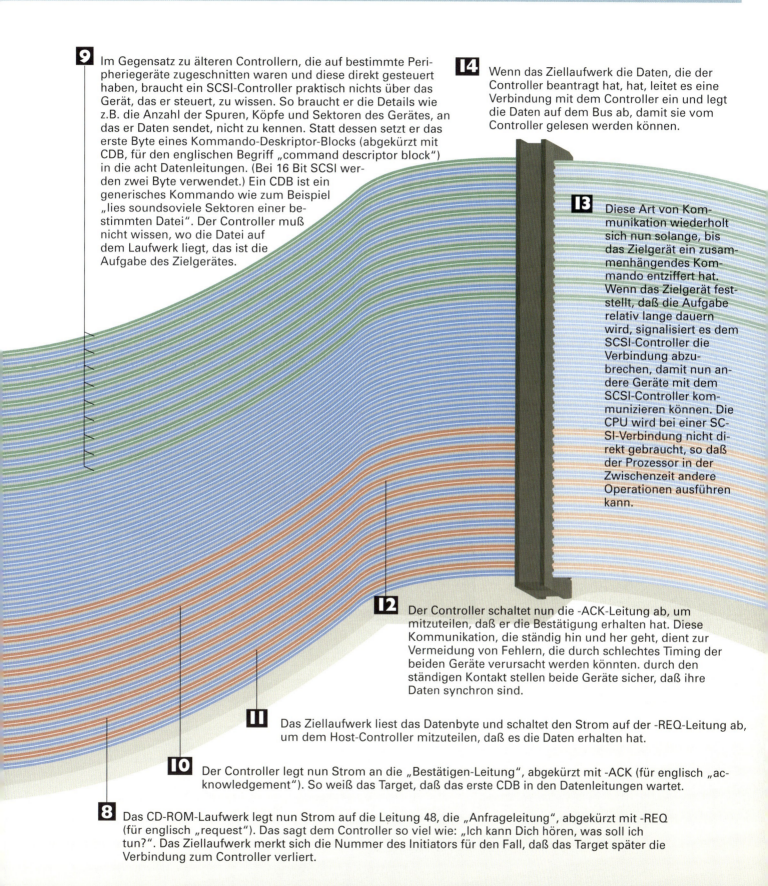

9 Im Gegensatz zu älteren Controllern, die auf bestimmte Peripheriegeräte zugeschnitten waren und diese direkt gesteuert haben, braucht ein SCSI-Controller praktisch nichts über das Gerät, das er steuert, zu wissen. So braucht er die Details wie z.B. die Anzahl der Spuren, Köpfe und Sektoren des Gerätes, an das er Daten sendet, nicht zu kennen. Statt dessen setzt er das erste Byte eines Kommando-Deskriptor-Blocks (abgekürzt mit CDB, für den englischen Begriff „command descriptor block") in die acht Datenleitungen. (Bei 16 Bit SCSI werden zwei Byte verwendet.) Ein CDB ist ein generisches Kommando wie zum Beispiel „lies soundsoviele Sektoren einer bestimmten Datei". Der Controller muß nicht wissen, wo die Datei auf dem Laufwerk liegt, das ist die Aufgabe des Zielgerätes.

14 Wenn das Ziellaufwerk die Daten, die der Controller beantragt hat, hat, leitet es eine Verbindung mit dem Controller ein und legt die Daten auf dem Bus ab, damit sie vom Controller gelesen werden können.

13 Diese Art von Kommunikation wiederholt sich nun solange, bis das Zielgerät ein zusammenhängendes Kommando entziffert hat. Wenn das Zielgerät feststellt, daß die Aufgabe relativ lange dauern wird, signalisiert es dem SCSI-Controller die Verbindung abzubrechen, damit nun andere Geräte mit dem SCSI-Controller kommunizieren können. Die CPU wird bei einer SCSI-Verbindung nicht direkt gebraucht, so daß der Prozessor in der Zwischenzeit andere Operationen ausführen kann.

12 Der Controller schaltet nun die -ACK-Leitung ab, um mitzuteilen, daß er die Bestätigung erhalten hat. Diese Kommunikation, die ständig hin und her geht, dient zur Vermeidung von Fehlern, die durch schlechtes Timing der beiden Geräte verursacht werden könnten. durch den ständigen Kontakt stellen beide Geräte sicher, daß ihre Daten synchron sind.

11 Das Ziellaufwerk liest das Datenbyte und schaltet den Strom auf der -REQ-Leitung ab, um dem Host-Controller mitzuteilen, daß es die Daten erhalten hat.

10 Der Controller legt nun Strom an die „Bestätigen-Leitung", abgekürzt mit -ACK (für englisch „acknowledgement"). So weiß das Target, daß das erste CDB in den Datenleitungen wartet.

8 Das CD-ROM-Laufwerk legt nun Strom auf die Leitung 48, die „Anfrageleitung", abgekürzt mit -REQ (für englisch „request"). Das sagt dem Controller so viel wie: „Ich kann Dich hören, was soll ich tun?". Das Ziellaufwerk merkt sich die Nummer des Initiators für den Fall, daß das Target später die Verbindung zum Controller verliert.

128 TEIL 4 EINGABE- UND AUSGABEGERÄTE

KAPITEL 19
So funktioniert ein Modem

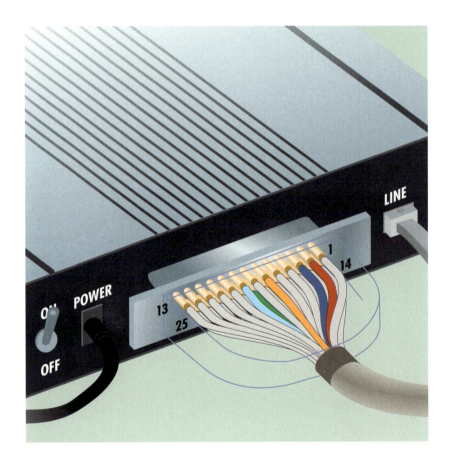

IHR PC ist ein digitales Gerät. Er erfüllt die meisten Aufgaben dadurch, daß er eine Reihe von elektronischen Schaltern ein- und ausschaltet. Eine binäre 0 – hier als Kugel dargestellt – repräsentiert einen Schalter, der ausgeschaltet ist, eine binäre 1 – hier ein Würfel – repräsentiert einen Schalter, der eingeschaltet ist. Eine andere Möglichkeit als Ein oder Aus gibt es nicht. Eine Darstellung des digitalen Code sieht folgendermaßen aus:

Das Telefonsystem ist ein analoges System, das dafür entwickelt wurde – zu einer Zeit, als es noch keine digitale Elektronik gab –, die verschiedenen Tonlagen der menschlichen Stimme zu übermitteln. Diese Töne werden elektronisch als analoges Signal in Form von fortlaufend fließendem elektrischem Strom übermittelt, der seine Frequenz und Stärke leicht verändert. Mit einem Oszilloskop kann er als Wellenlinie dargestellt werden, so wie die folgende:

Ein Modem ist die Brücke zwischen analogen und digitalen Signalen. Es verwandelt digitale Daten in analoge Signale, indem es die Frequenz einer elektrischen Welle verändert bzw. erzeugt – ein Vorgang, der dem von UKW-Radiosendern ähnlich ist. Im Modem auf der Empfängerseite einer Telefonverbindung läuft genau der umgekehrte Vorgang ab: Es entschlüsselt die analogen Signale in digitalen Code. Der Name „Modem" setzt sich aus den beiden Begriffen „MOdulate" (umwandeln) und „DEModulate" (entschlüsseln) zusammen.

Es gibt eine Art von Modem, die eigentlich gar keines ist: das ISDN-Modem. ISDN steht für „integrated services digital network", das heißt ein digitales Kommunikationsnetzwerk, das aus vorhandenen Telefondiensten entwickelt wurde. Die korrekte Bezeichnung lautet Terminaladapter, da ISDN spezielle elektrische Leitungen der Telekom oder einer anderen Telefongesellschaft, über die Stimme und Daten als digitale und nicht analoge Signale versendet werden, ausnutzt. Die Übertragung der Daten über ISDN wird meistens mit Hilfe einer ISDN-Steckkarte im PC durchgeführt. Aufgrund von sinkenden Preisen und der schnelleren Übertragungsmöglichkeiten im Vergleich zu Modems gewinnt ISDN mehr und mehr an Bedeutung (z.B. für den Zugang zum Internet).

Modemverbindungen benötigen drei der am wenigsten standardisierten Komponenten von PCs – serielle Schnittstellen, Modembefehle und Kommunikationssoftware (vergleiche Kapitel 18 „So funktionieren Schnittstellen"): Die Unterschiede machen es unmöglich, allgemeingültig die Funktionsweise eines Modems zu beschreiben. Die hier erläuterten Operationen beschreiben die gängige Software, die den Hayes-AT-Befehlssatz und eine serielle Schnittstelle mit 25 Pins verwenden.

130 TEIL 4 EINGABE- UND AUSGABEGERÄTE

Das Modem

1 Ihre Kommunikationssoftware baut eine Spannung an Pin 20 auf, mit dem das Modem verbunden ist. Die Spannung wird als „Data Terminal Ready"-Signal oder einfacher als DTR-Signal bezeichnet. Es teilt dem Modem mit, daß der PC angeschaltet und bereit ist, Daten zu übertragen. Gleichzeitig stellt der PC an Pin 6 eine Spannung fest, die vom Modem aufgebaut wird – das „Data Set Ready"- oder kurz DSR-Signal – und dem PC mitteilt, daß das Modem bereit ist, Daten zu empfangen bzw. Anweisungen entgegenzunehmen. Beide Signale müssen vorhanden sein, bevor irgend etwas anderes passieren kann.

2 Die Kommunikationssoftware schickt einen Befehl über die Leitung 2, die Datenübertragungsleitung, zum Modem und verwendet dabei eine Standardbefehlssprache, die nach den Hayes-Modems benannt wurde, bei denen sie erstmalig verwendet wurde. Der Befehl weist das Modem an, abzuheben – das heißt eine Verbindung mit einer Telefonleitung herzustellen. Die Software schickt einen anderen Hayes-Befehl hinterher, der das Modem veranlaßt, die Töne und Impulse zu erzeugen, die benötigt werden, um eine bestimmte Telefonnummer zu wählen. Das Modem bestätigt den Befehl über die Leitung 3 zum PC, der Datenempfangsleitung.

3 Wenn das Modem am anderen Ende der Leitung, das sogenannte „Remote-Modem", antwortet, sendet Ihr lokales Modem einen Begrüßungston aus, der dem anderen Modem mitteilt, daß es von einem Modem angerufen wird. Das andere Modem antwortet mit einem höheren Ton (Sie können die beiden Töne normalerweise hören, wenn Ihr Modem mit einem Lautsprecher ausgestattet ist).

4 Nachdem die Kommunikation aufgebaut ist, sendet Ihr Modem dem PC ein „Carrier Detect"– oder CD-Signal via Leitung 8. Dieses Signal teilt der Kommunikationssoftware mit, daß das Modem ein Trägersignal empfängt. Dabei handelt es sich um einen anhaltenden Ton einer bestimmten Frequenz, der später erzeugt wird, um die Daten zu übertragen.

KAPITEL 19: SO FUNKTIONIERT EIN MODEM

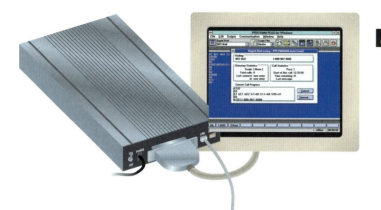

5 Die beiden Modems tauschen Informationen darüber aus, wie sie sich gegenseitig die Daten schicken, ein Vorgang der als „Handshaking" (Händeschütteln) bezeichnet wird. Die beiden Modems müssen sich über die Übertragungsgeschwindigkeit einig werden, die Anzahl der Bits, die ein Datenpaket bilden – beispielsweise ein einzelner Buchstabe –, wie viele Bits den Anfang und das Ende eines Pakets signalisieren, ob die Modems ein Paritätsbit zur Fehlerüberprüfung verwenden und ob sie im Halbduplex- oder im Vollduplexmodus arbeiten. Wenn das lokale und das entfernte Modem nicht über die gleichen Einstellungen verfügen, senden sie entweder Daten, die keinen Sinn ergeben, oder sie können überhaupt nicht miteinander kommunizieren.

```
 00      01      11      01
```
Frequenz 1   Frequenz 2   Frequenz 3   Frequenz 2

Übertragungsgeschwindigkeit: Auch wenn die Übertragungsgeschwindigkeit oft in „Baud" angegeben wird – die Anzahl der Frequenzänderungen während einer Sekunde –, ist dieses Maß veraltet, und die Angabe in Bit pro Sekunde ist heute eher richtig. Die Übertragungsrate von 300 Bit pro Sekunde bei älteren Modems wurde dadurch erreicht, daß eine bestimmte Frequenz verwendet wurde, um die Nullen zu übertragen, und eine andere für die Einsen. Das analoge Signal der Telefonleitungen ist allerdings nicht in der Lage, die Frequenz mehr als 600mal pro Sekunde zu ändern. Diese Einschränkung wirkt sich stark auf die Übertragungsrate aus. Sie hat verschiedene Schemata hervorgebracht, um die Übertragungsrate zu erhöhen, mit der Daten versendet werden können.

Die Gruppencodierung erlaubt es, verschiedene Frequenzen für jeweils mehr als ein Bit zu verwenden. Für Übertragungen von 1.200 Bit pro Sekunde werden die Signale beispielsweise mit 600 Baud versandt, aber es werden vier verschiedene Frequenzen verwendet, um die vier verschiedenen binären Datenpaare zu repräsentieren: 0 und 0, 1 und 0, 0 und 1 sowie 1 und 1. Ein ähnliches Schema kombiniert mehr Frequenzen mit mehr binären Kombinationen, um 2.400 Bits pro Sekunde zu erreichen. Um höhere Übertragungsraten zu erreichen, müssen beide Modems über die gleiche Methode zur Datenkomprimierung verfügen, indem sie für Datenmuster von Nullen und Einsen, die sich ständig wiederholen, kürzere Codes verwenden, die für diese Muster stehen.

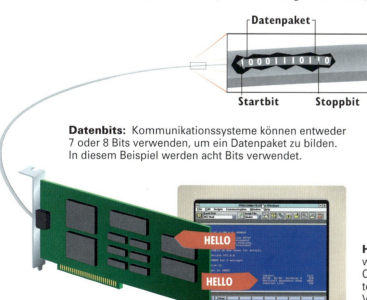

Start-/Stoppbits: Jedes Datenpaket verwendet ein einzelnes Bit, um den Anfang eines Buchstabens zu markieren, und ein oder zwei Bits markieren das Ende eines Buchstabens. Das Beispiel verwendet ein Stoppbit.

Datenbits: Kommunikationssysteme können entweder 7 oder 8 Bits verwenden, um ein Datenpaket zu bilden. In diesem Beispiel werden acht Bits verwendet.

Paritätsbits: Als Form der Fehlerkorrektur können sich die beiden Systeme darauf verständigen, die gerade Parität, eine ungerade Parität oder keine Parität zu verwenden. Wenn sie sich auf gerade oder ungerade Parität einigen, fügen beide Systeme jeweils ein Bit an die Datenbits an, das als Paritätsbit bezeichnet wird. Es kann sich dabei um ein 0-Bit oder ein 1-Bit handeln, je nachdem, welches benötigt wird, um aus der Summe entweder eine gerade oder eine ungerade Zahl zu errechnen, je nachdem, worauf sich die beiden Systeme geeinigt haben. Die Paritätsbits werden dafür verwendet, um Fehler herauszufinden.

Halbduplex/Vollduplex: Die beiden Systeme müssen sich einigen, welches der beiden dafür verantwortlich ist, Text auf dem lokalen Computer anzuzeigen. Ein System muß im Halbduplexmodus arbeiten, das andere im Vollduplexmodus. Das System, das im Vollduplexmodus arbeitet, ist dafür zuständig, Text auf beiden Systemen anzuzeigen und jeden Text, der vom Halbduplexsystem gesendet wird, wiederzugeben. Wenn die beiden Systeme nicht auf eine bestimmte Duplexeinstellung abgestimmt sind, erscheint entweder gar kein Text auf dem lokalen System oder jeder Buchstabe erscheint zweimal.

132 TEIL 4 EINGABE- UND AUSGABEGERÄTE

Das Modem
(Fortsetzung)

6 Wenn die Kommunikationssoftware Daten übertragen möchte, baut es zunächst eine Spannung an der Leitung 4 der seriellen Schnittstelle auf. Dieses „Request to Send"-Signal (Anfrage zum Senden) oder RTS-Signal fragt das Modem, ob es bereit ist, Daten vom PC zu empfangen. Wenn das Modem Daten aus der Telefonleitung empfängt, die es an den PC weitergeben möchte, während der PC mit etwas anderem beschäftigt ist, zum Beispiel dem Abspeichern von vorher übertragenen Daten, wird der PC das RTS-Signal zurückweisen, um dem Modem mitzuteilen, daß es keine weiteren Daten senden soll, bis der PC seine Arbeit getan hat und das RTS-Signal wieder annimmt.

7 Wenn das Modem nicht damit beschäftigt ist, andere Daten zu verarbeiten, sendet es ein „Clear to Send"(Bereit zum Senden)- oder CTS-Signal an den PC über die Leitung 5 der seriellen Schnittstelle, und der PC antwortet darauf, indem er die Daten über die Leitung 2 sendet, die übertragen werden sollen. Das Modem sendet die Daten, die es von dem entfernten System erhalten hat, über die Leitung 3 zu Ihrem PC. Wenn das Modem die Daten nicht so schnell übertragen kann, wie der PC sie zu ihm sendet, wird das Modem das CTS-Signal nicht mehr aussenden, um dem PC mitzuteilen, daß er so lange keine Daten mehr senden soll, bis das Modem das Signal wieder aussendet.

8 Am anderen Ende der Telefonleitung hört das Modem die ankommenden Daten als Folge von Tönen mit verschiedenen Frequenzen. Es übersetzt diese Töne zurück in digitale Signale und sendet sie zum angeschlossenen Computer. Beide Computer können gleichzeitig Signale versenden, weil die Modems aufgrund eines Standardtonsystems zwischen ankommenden und ausgesendeten Signalen unterscheiden können.

9 Wenn Sie Ihre Kommunikationssoftware anweisen, eine Kommunikationssitzung zu beenden, sendet die Software einen weiteren Hayes-Befehl an das Modem, der es dazu veranlaßt, die Telefonverbindung zu beenden. Wenn die Verbindung vom entfernten System abgebrochen wird, sendet Ihr Modem das CD-Signal nicht mehr zu Ihrem PC und teilt der Software dadurch mit, daß die Kommunikation unterbrochen ist.

KAPITEL 19: SO FUNKTIONIERT EIN MODEM

Die Kontrolleuchten Ihres Modems

Die Kontrolleuchten, die sich an Ihrem externen Modem befinden, geben Ihnen Aufschluß darüber, was während einer Kommunikationssitzung geschieht. Die genaue Position der Leuchten und deren Reihenfolge sind von Modem zu Modem verschieden. Aber sie verfügen in der Regel über eine Beschriftung, die aus einer Abkürzung aus zwei Buchstaben besteht. Hier erfahren Sie, was die gängigsten bedeuten.

HS Die „High Speed"-Diode (hohe Geschwindigkeit) zeigt an, daß das Modem mit seiner höchstmöglichen Übertragungsgeschwindigkeit arbeitet.

AA Die „Auto Answer"-Diode (automatische Antwort) zeigt an, daß Ihr Modem alle ankommenden Anrufe automatisch beantworten wird. Dieses Feature macht einen Zugang zu Ihrem System möglich, ohne daß sich jemand darum kümmern muß.

CD Die „Carrier Detect"-Diode (Trägererkennung) schaltet sich immer dann ein, wenn das Modem ein Trägersignal empfängt, wenn es also eine Verbindung zu einem entfernten Computer erfolgreich aufgebaut hat. Die Anzeige sollte nur dann ausgehen, wenn einer der Computer auflegt und das Trägersignal nicht mehr übertragen wird.

OH Die „Off-Hook"-Diode (Abheben) leuchtet auf, wenn Ihr Modem eine Telefonleitung benutzt. Dieser Vorgang entspricht dem Abnehmen des Telefonhörers.

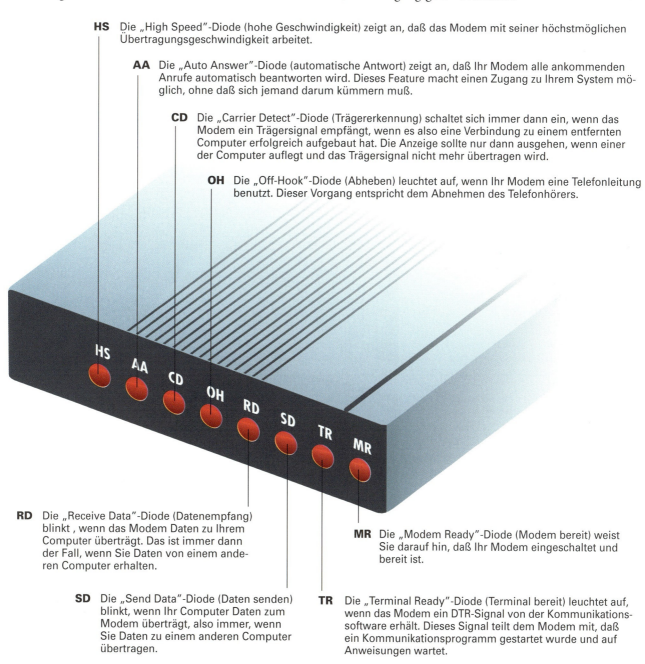

RD Die „Receive Data"-Diode (Datenempfang) blinkt, wenn das Modem Daten zu Ihrem Computer überträgt. Das ist immer dann der Fall, wenn Sie Daten von einem anderen Computer erhalten.

SD Die „Send Data"-Diode (Daten senden) blinkt, wenn Ihr Computer Daten zum Modem überträgt, also immer, wenn Sie Daten zu einem anderen Computer übertragen.

MR Die „Modem Ready"-Diode (Modem bereit) weist Sie darauf hin, daß Ihr Modem eingeschaltet und bereit ist.

TR Die „Terminal Ready"-Diode (Terminal bereit) leuchtet auf, wenn das Modem ein DTR-Signal von der Kommunikationssoftware erhält. Dieses Signal teilt dem Modem mit, daß ein Kommunikationsprogramm gestartet wurde und auf Anweisungen wartet.

134 TEIL 4 EINGABE- UND AUSGABEGERÄTE

KAPITEL 20
So funktioniert eine PC Card (PCMCIA)

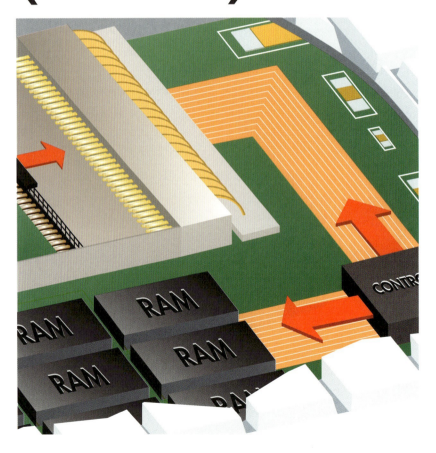

KAUM größer als eine Kreditkarte ist die PC Card, das Wunderkind der Miniaturisierung von Mikrocomputern. Auf diesen Karten kann sich alles befinden, vom Modem über die Netzwerkkarte bis hin zur Festplatte. Sie befinden sich alle in einer winzigen Verpackung und eignen sich dafür, mit einem portablen PC zusammenzuarbeiten, wodurch die Vielseitigkeit des portablen PC erhöht wird, ohne sein Gewicht um mehr als ein paar Gramm zu vergrößern. Stecken Sie eine Karte in ein Notebook, verfügt es „plötzlich" über ein eingebautes Modem. Tauschen Sie sie durch eine andere Karte aus, verfügt es über eine SCSI-Verbindung für eine Festplatte oder ein CD-ROM-Laufwerk.

Natürlich ist der gängigste Platz eines Steckplatzes für eine PC Card der tragbare Computer. Aber sie kommen nicht nur in kleinen PCs vor. Ein Steckplatz für eine PC Card in Ihrem Notebook und Ihrem Desktop-PC bedeutet, daß Sie dieselbe Karte für beide Geräte verwenden können. Der Vorteil: Wenn Sie auf Reisen gehen, können Sie die Festplatten-PC Card aus Ihrem Desktop-PC in Ihr Notebook übernehmen. So können Sie Ihre gesamte Arbeit mit auf Reisen nehmen, ohne Unmengen von Disketten kopieren zu müssen oder die Rechner mit einem Datenübertragungskabel über ihre parallelen Schnittstellen miteinander verbinden zu müssen.

Ursprünglich wurden PC Cards als PCMCIA-Karten bezeichnet, einem der schwierigeren Ausdrücke unter den Computerbegriffen. PCMCIA ist die Abkürzung für „Personal Computer Memory Card Interface Association", aber es gab noch eine Variante dazu: „People Can't Master Computer Industry Acronyms", was soviel heißt wie „Die Leute können sich die Abkürzungen der Computerindustrie nicht merken". Es ist eine Schande, daß diese Komponente mit diesem Namen ins Leben gerufen wurde, und zugegebenermaßen ist „PC Card" auch nicht viel besser, weil es sich nach Erweiterungskarte anhört.

Aber lassen wir die Namensdiskussion beiseite, PC Cards sind eine tolle Erfindung, weil eines der wichtigsten Ziele der Computerentwicklung darin besteht, die Teile so klein und leicht zu machen, daß sie dem Vergleich mit dem Armbandradio von Dick Tracy standhalten. Die „digitale Signalverarbeitung" – die ein einziges Gerät auf verschiedene Arten kommunizieren läßt – macht es in der Zukunft vielleicht möglich, daß eine einzige Karte die Aufgaben von verschiedenen Geräten übernehmen kann. Wir sind noch ein ganzes Stück von diesen Wundern entfernt, aber das Wichtigste, was Sie sich auch jetzt schon merken sollten, ist, daß Sie beim Kauf eines tragbaren Computers darauf achten sollten, daß er über mindestens einen Steckplatz für eine PC Card verfügt, zwei sind besser. Es gibt verschiedene Arten von Steckplätzen. In manche lassen sich etwas dickere Karten einstecken. Bevor Sie ein Notebook kaufen, in das sich PC Cards einstecken lassen, sollten Sie herausfinden, welche Karten es für den Steckplatz gibt.

PC Cards

1 Die am häufigsten gefertigten PC Cards sind RAM-Karten. In diesem Fall ist die Karte dafür gedacht, als Laufwerk zu dienen, so wie es in der Abbildung zu sehen ist. Manche PC Cards enthalten eine richtige, sich drehende Festplatte. Alternativ dazu kann sie auch als Modem, Netzwerkkarte, SCSI-Karte oder als anderes Peripheriegerät ausgeführt sein.

2 Im „nichtflüchtigen Speicher" – dessen Inhalt nicht verloren geht, wenn das Gerät abgeschaltet wird – speichert die PC Card die Informationen über die eigene Konfiguration, damit keine Jumper oder DIP-Schalter betätigt werden müssen, um sie in Betrieb zu nehmen. Diese Informationen legen den Zugang des Notebooks zur Karte fest. Die Informationen werden mit dem Gerätetreiber abgestimmt, der während des Bootvorgangs auf dem Notebook abläuft, damit der tragbare PC überhaupt auf die Karte zugreifen kann. Ein Gerätetreiber ist eine Softwareergänzung zum Betriebssystem, die DOS oder Windows mitteilt, wie es mit der entsprechenden Hardware kommunizieren kann.

3 Eine in die Karte eingebaute Batterie sorgt dafür, daß die im Arbeitsspeicher abgelegten Daten erhalten bleiben. Zusätzlich wird die PC Card mit Strom versorgt, damit sie überhaupt funktioniert.

4 Speicher und Input/Output-Speicherregister – die digitale Tafel der Karte, auf der sie die Daten festhält, mit denen sie arbeitet – sind einzeln mit Adressen im Speicherfenster verbunden, das das Notebook verwendet. Eine Speicheradresse enthält die Information für den PC, wo bestimmte Daten oder bestimmter Code im Arbeitsspeicher gespeichert oder ausgelesen werden kann.

Karten über Karten

Theoretisch können Geräte, die den Standard der PC Cards unterstützen, bis zu 255 Steckplätze besitzen, wovon jeder mit bis zu 16 Kartensockeln verbunden sein kann. Das bedeutet theoretisch, daß ein einziges System mit bis zu 4.080 PC Cards verbunden sein kann.

KAPITEL 20: SO FUNKTIONIERT EINE PC-KARTE (PCMCIA) 137

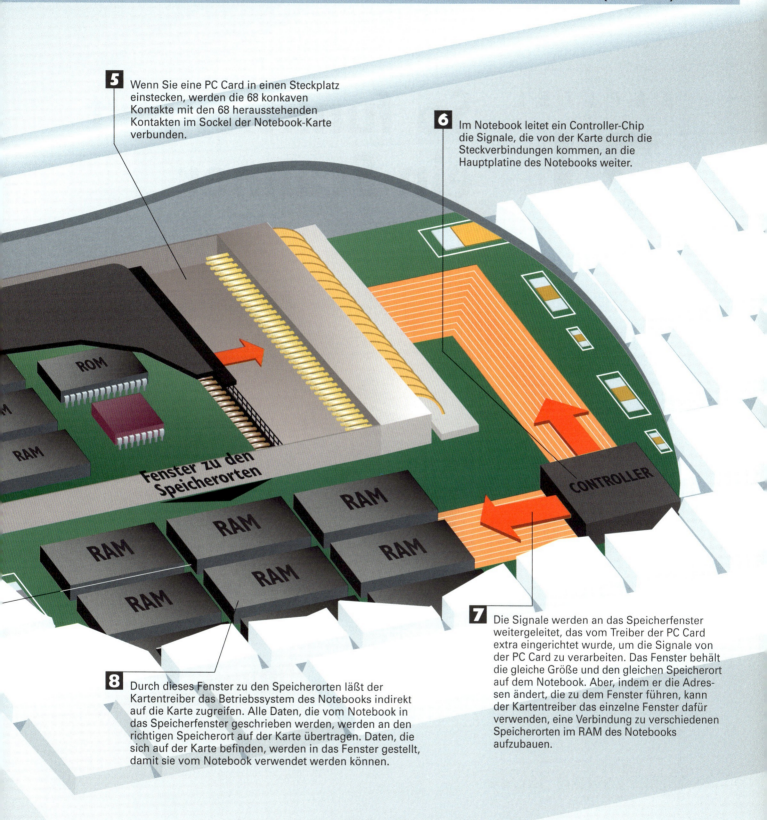

5 Wenn Sie eine PC Card in einen Steckplatz einstecken, werden die 68 konkaven Kontakte mit den 68 herausstehenden Kontakten im Sockel der Notebook-Karte verbunden.

6 Im Notebook leitet ein Controller-Chip die Signale, die von der Karte durch die Steckverbindungen kommen, an die Hauptplatine des Notebooks weiter.

7 Die Signale werden an das Speicherfenster weitergeleitet, das vom Treiber der PC Card extra eingerichtet wurde, um die Signale von der PC Card zu verarbeiten. Das Fenster behält die gleiche Größe und den gleichen Speicherort auf dem Notebook. Aber, indem er die Adressen ändert, die zu dem Fenster führen, kann der Kartentreiber das einzelne Fenster dafür verwenden, eine Verbindung zu verschiedenen Speicherorten im RAM des Notebooks aufzubauen.

8 Durch dieses Fenster zu den Speicherorten läßt der Kartentreiber das Betriebssystem des Notebooks indirekt auf die Karte zugreifen. Alle Daten, die vom Notebook in das Speicherfenster geschrieben werden, werden an den richtigen Speicherort auf der Karte übertragen. Daten, die sich auf der Karte befinden, werden in das Fenster gestellt, damit sie vom Notebook verwendet werden können.

KAPITEL 21 So funktioniert ein Scanner

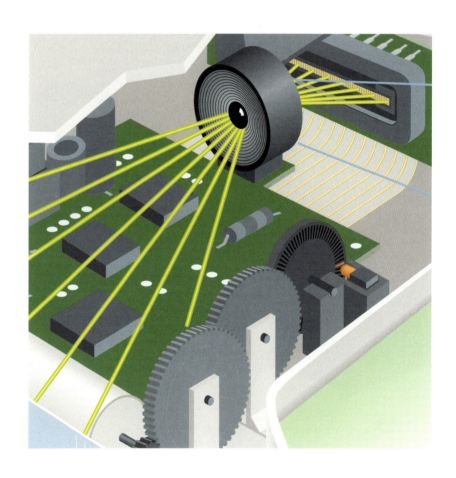

SCANNER sind die Augen Ihres Computers. Sie ermöglichen es einem PC, eine Zeichnung oder ein Foto in Code umzuwandeln, den ein Grafik- oder DTP-Programm verwenden kann, um das Bild auf dem Monitor darzustellen oder über einen Drucker zu reproduzieren. Ein Scanner kann auch dazu verwendet werden, gedruckten Text in den Computer einzulesen, um ihn mit Hilfe von OCR-Software (OCR steht für "Optical Character Recognition", was optische Buchstabenerkennung bedeutet) bearbeiten zu können.

Die drei Grundtypen von Scannern, die es gibt, unterscheiden sich in der Hauptsache darin, wie sich die Seite, die das Bild enthält, und der Scankopf, der das Bild einliest, zueinander bewegen. In einem Scanner mit Papiereinzug bewegen mechanische Rollen das Papier am Scankopf vorbei. In einem Flachbettscanner wird die Seite auf ein Glasfenster gelegt, während der Scankopf sich entlang der Seite bewegt, ähnlich einem Kopiergerät. Handscanner werden in die Hand genommen, und der Scankopf wird von Hand über das Papier bewegt.

Jede Methode hat Vor- und Nachteile. Der Flachbettscanner benötigt eine Reihe von Spiegeln, um das Bild, das von dem sich bewegenden Scankopf aufgenommen wird, auf die Linse fokussieren zu können, die das Bild an eine Reihe von Sensoren weitergibt. Da kein Spiegel perfekt ist, wird das Bild mit jeder Reflexion etwas schlechter. Aber der Vorteil eines Flachbettscanners besteht darin, daß er größere oder dickere Dokumente, wie beispielsweise Bücher, scannen kann. Der Scanner mit Papiereinzug kann das Bild gerader scannen, aber er kann nur einzelne Blätter der richtigen Größe verarbeiten.

Ein Handscanner ist ein Kompromiß. Er kann Seiten eines Buches scannen, aber der Scankopf ist meist nicht so breit wie der eines Flachbettscanners oder eines Scanners mit Papiereinzug. Die Software von Handscannern kann in der Regel zwei halbe gescannte Seiten zu einer Seite zusammenfügen. Der Handscanner, bei dem Sie eine ruhige Hand haben müssen, um die Bilder richtig wiedergeben zu können, ist im allgemeinen billiger, weil er keinen Mechanismus benötigt, um den Scankopf oder das Papier zu bewegen.

Die Fähigkeiten eines Scanners bestehen darin, daß er eine unbegrenzte Anzahl von analogen Spannungswerten in digitale Werte umwandeln kann. Manche Scanner können nur zwischen Schwarz und Weiß unterscheiden, was ihren Einsatz auf das Scannen von Text oder Strichzeichnungen beschränkt. Die besseren Modelle können verschiedene Grautöne unterscheiden. Farbscanner verwenden rote, blaue und grüne Filter, um die Farben des reflektierenden Lichts festzustellen.

Unabhängig davon, ob ein Scanner Graustufen unterscheiden kann und wie der Scankopf und das Papier sich bewegen, sind alle Vorgänge in den verschiedenen Scannern einfach und ähnlich. Wir werden uns mit zwei Modellen beschäftigen, die repräsentativ für die Technologien sind, die angewendet werden – einem Flachbettscanner und einem Handscanner, der Graustufen unterscheiden kann. Wir beschäftigen uns auch mit einem der wichtigsten Gründe, warum man Texte einscannt: Die so entstandenen Bilder lassen sich nun mittels einer OCR-Software in einen editierbaren Text konvertieren.

140 TEIL 4 EINGABE- UND AUSGABEGERÄTE

Flachbettscanner

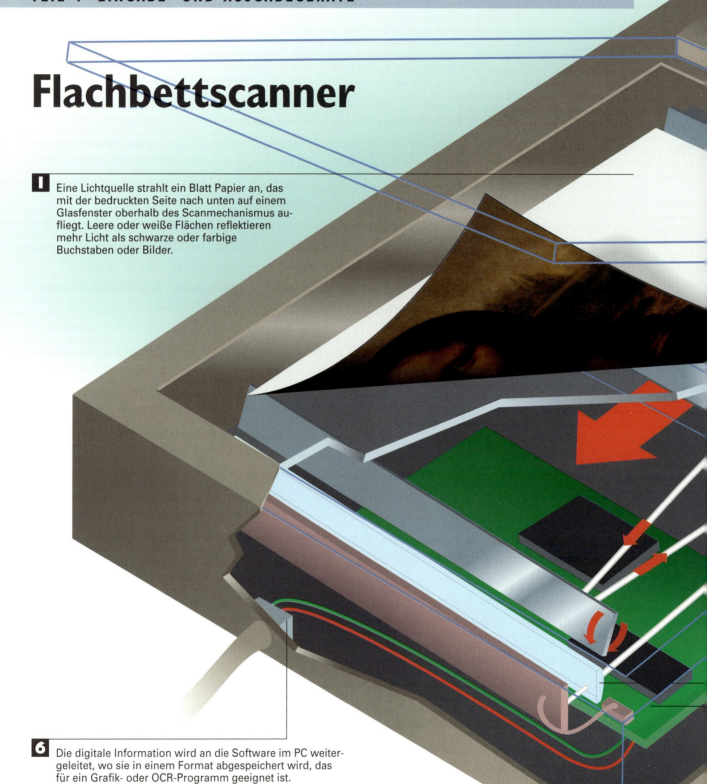

1 Eine Lichtquelle strahlt ein Blatt Papier an, das mit der bedruckten Seite nach unten auf einem Glasfenster oberhalb des Scanmechanismus aufliegt. Leere oder weiße Flächen reflektieren mehr Licht als schwarze oder farbige Buchstaben oder Bilder.

6 Die digitale Information wird an die Software im PC weitergeleitet, wo sie in einem Format abgespeichert wird, das für ein Grafik- oder OCR-Programm geeignet ist.

KAPITEL 21: SO FUNKTIONIERT EIN SCANNER 141

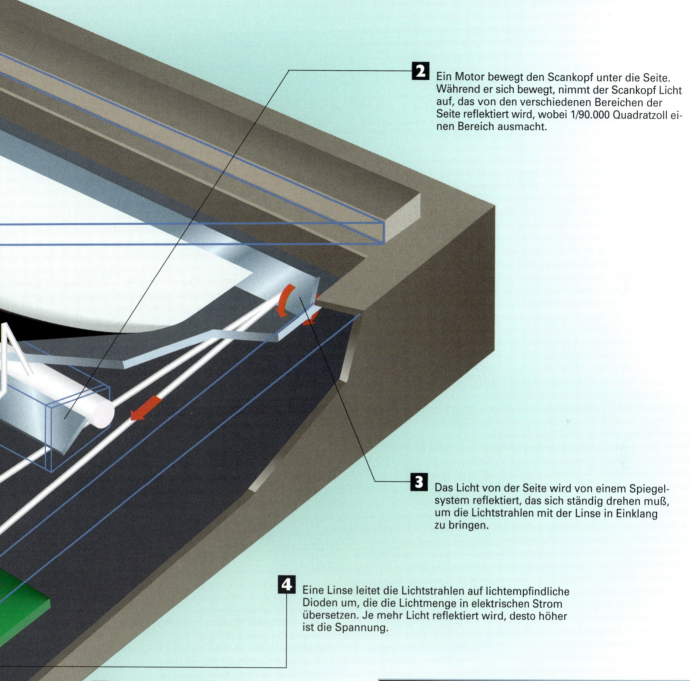

2 Ein Motor bewegt den Scankopf unter die Seite. Während er sich bewegt, nimmt der Scankopf Licht auf, das von den verschiedenen Bereichen der Seite reflektiert wird, wobei 1/90.000 Quadratzoll einen Bereich ausmacht.

3 Das Licht von der Seite wird von einem Spiegelsystem reflektiert, das sich ständig drehen muß, um die Lichtstrahlen mit der Linse in Einklang zu bringen.

4 Eine Linse leitet die Lichtstrahlen auf lichtempfindliche Dioden um, die die Lichtmenge in elektrischen Strom übersetzen. Je mehr Licht reflektiert wird, desto höher ist die Spannung.

5 Ein Analog-zu-Digital-Wandler speichert jede analoge Spannung als digitales Pixel, das einen schwarzen oder einen weißen Bereich entlang einer Linie repräsentiert, die aus 300 bis 1200 Pixel pro Zoll besteht. Technisch ausgereiftere Scanner können die Spannungen in Graustufen umsetzen. Die Scanköpfe von Farbscannern scannen das Bild dreimal hintereinander und filtern das Licht durch einen roten, grünen und blauen Filter, bevor es das Bild trifft.

Papiereinzug

Das Papier liegt während des Scanvorgangs nicht immer bewegungslos auf dem Scanner. Neuere Scanner ziehen Papier ein und bewegen es an einem feststehenden Scankopf vorbei. Bei einem Transportmechanismus mit Rollen wird das Papier zwischen zwei Gummirollen eingezogen, so wie auch in einem Faxgerät. Bei einem Mechanismus mit Riemenantrieb übernehmen zwei entgegengesetzte Gurte dieselbe Aufgabe. Es gibt Trommeltransporter, die das Papier über eine sich drehende Rolle führen. Bei einem Vakuumtransporter werden Vakuumröhren verwendet, die das Papier gegen einen Riemen drücken, während dieser am Scankopf vorbeigezogen wird.

Handscanner

2 Die Linse fokussiert eine einzelne Linie des Bildes auf ein CCD-Zeile (CCD = ladungsgekoppeltes Bauelement – im Englischen charge coupled device), wobei es sich um eine Komponente handelt, die geringe Ladungsänderungen feststellen kann. Sie enthält eine Reihe von Lichtdetektoren. Wenn das Licht diese Detektoren anstrahlt, übersetzt jeder von ihnen die Lichtmenge in einen bestimmten Spannungszustand, der Weiß, Schwarz, Grau oder einer Farbe entspricht.

1 Wenn Sie den Scanknopf eines typischen Handscanners drücken, beleuchten Leuchtdioden (LEDs) das Bild unter dem Scanner. Ein invertierter, gewinkelter Spiegel direkt über dem Scannerfenster reflektiert das Bild auf eine Linse im hinteren Teil des Scanners.

6 Wenn sich die Scheibe dreht, fällt Licht durch die Schlitze und wird von einem Fotomikrosensor auf der anderen Seite der Scheibe aufgenommen. Das Licht, das den Sensor trifft, schaltet einen Schalter um, der ein Signal zum Wandler sendet. Das Signal veranlaßt ihn, die Linie aus Bits, die von dem Wandler erzeugt wurde, an den PC weiterzugeben. Der Wandler löscht daraufhin die Daten und ist bereit, neue Spannungen von der nächsten Linie des Bildes aufzunehmen.

KAPITEL 21: SO FUNKTIONIERT EIN SCANNER 143

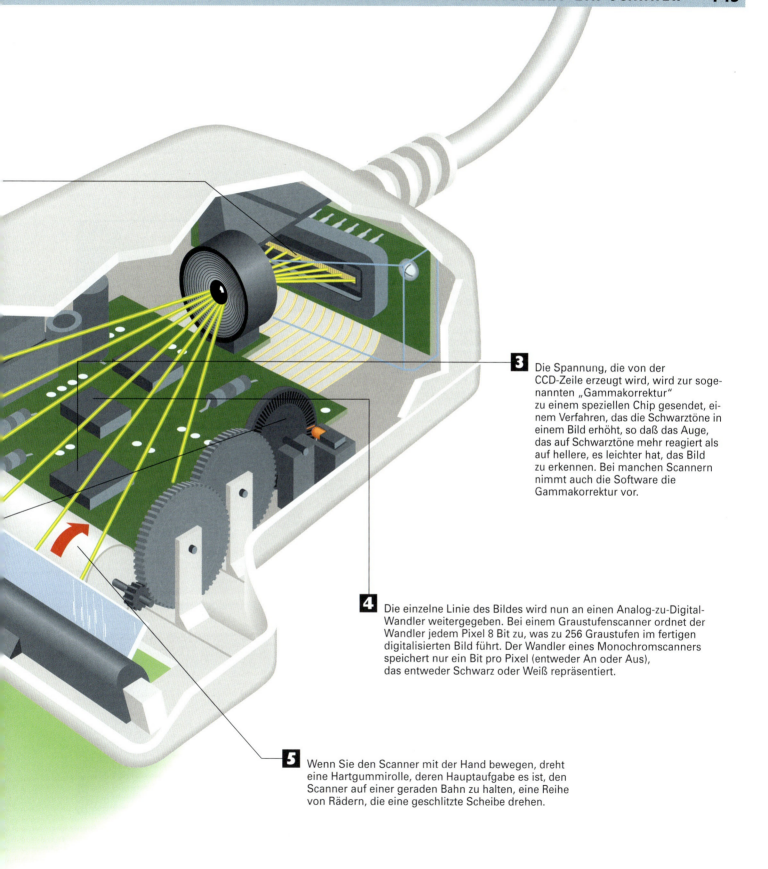

3 Die Spannung, die von der CCD-Zeile erzeugt wird, wird zur sogenannten „Gammakorrektur" zu einem speziellen Chip gesendet, einem Verfahren, das die Schwarztöne in einem Bild erhöht, so daß das Auge, das auf Schwarztöne mehr reagiert als auf hellere, es leichter hat, das Bild zu erkennen. Bei manchen Scannern nimmt auch die Software die Gammakorrektur vor.

4 Die einzelne Linie des Bildes wird nun an einen Analog-zu-Digital-Wandler weitergegeben. Bei einem Graustufenscanner ordnet der Wandler jedem Pixel 8 Bit zu, was zu 256 Graustufen im fertigen digitalisierten Bild führt. Der Wandler eines Monochromscanners speichert nur ein Bit pro Pixel (entweder An oder Aus), das entweder Schwarz oder Weiß repräsentiert.

5 Wenn Sie den Scanner mit der Hand bewegen, dreht eine Hartgummirolle, deren Hauptaufgabe es ist, den Scanner auf einer geraden Bahn zu halten, eine Reihe von Rädern, die eine geschlitzte Scheibe drehen.

Optische Zeichenerkennung

1 Wenn ein Scanner das Bild eines Textes einliest, wandelt er die dunklen Elemente einer Seite, d.h. Text und Grafiken, in ein Bitmap um. Ein Bitmap ist eine Matrix, bei der Pixel, die entweder an (schwarz) oder aus (weiß) sind, in einem Quadrat angeordnet sind. Da die Pixel größer als die Details in den meisten Texten sind, degeneriert dieser Prozeß die geraden Kanten von Buchstaben, so wie auch ein Faxgerät die Buchstaben unscharf macht. Die meisten Probleme bei OCR-Systemen (OCR ist die Abkürzung für „optical character-recognition", also optische Zeichenerkennung) werden durch dieses Verschlechtern des Buchstabenbildes verursacht.

2 Die OCR-Software liest das vom Scanner erstellte Bitmap ein und macht die Bereiche von ein- und ausgeschalteten Pixeln auf der Seite aus. Das heißt, eigentlich erstellt sie einen Plan der weißen Zwischenräume. So kann die Software Absätze, Spalten, Überschriften und Bilder im Text voneinander trennen. Der weiße Zwischenraum zwischen den Zeilen in den einzelnen Textblöcken definiert die Grundlinie jeder Zeile. Das ist für die Erkennung der einzelnen Buchstaben im Text wichtig.

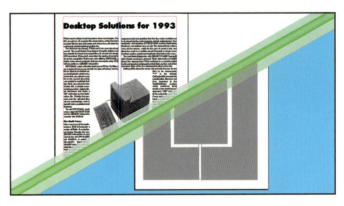

3 Im ersten Durchgang der Bild-zu-Text-Konvertierung versucht die Software jeden Buchstaben mit einer Zeichenschablone, die sie im Speicher hat, abzugleichen. Diese Schablonen enthalten ganze Schriftsätze, einschließlich Zahlen, Satz- und Sonderzeichen. Es gibt Schablonen für viele gebräuchliche Schriftarten wie 12-Punkt Courier oder dem IBM-Schreibmaschinen-Satz. Da bei dieser Technik die Übereinstimmung der Zeichen sehr genau sein muß, müssen auch die Zeichenattribute wie fett oder kursiv identisch sein, um es als passendes Zeichen zu qualifizieren. Scans von schlechter Qualität führen bei dieser Matrix-Überprüfung leicht zu Problemen.

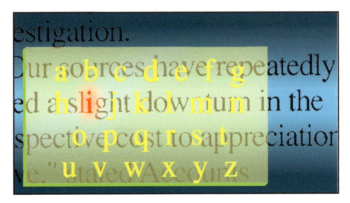

4 Die Zeichen, die nicht erkannt wurden, laufen durch einen genaueren und zeitintensiveren Prozeß, der Charakteristika-Extraktion genannt wird. Die Software berechnet die x-Höhe eines Textes – das ist die Höhe des kleinen x in dieser Schriftart. Anschließend wird die Kombination von geraden Linien, Bögen und Bäuchen (das sind hohle Schleifen wie in o oder b) in den Buchstaben analysiert. Das OCR-Programm weiß beispielsweise, daß ein Zeichen mit einer gebogenen Unterlänge unterhalb der Grundlinie höchstwahrscheinlich ein kleines g ist. Die Erkennungsgeschwindigkeit steigert sich mit der Zeit, da das Programm jeden neuen Buchstaben in das aktive Alphabet aufnimmt.

5 Weil auch nach beiden Durchläufen noch nicht alle Buchstaben entziffert werden, versuchen OCR-Programme auf zwei unterschiedliche Arten mit den verbleibenden Hieroglyphen umzugehen. Einige OCR-Programme versehen einfach unerkannte Buchstaben mit einem kennzeichnenden Zeichen wie zum Beispiel ~, # oder @ und beenden sich. Sie müssen nun mit der Suchfunktion eines Textverarbeitungsprogramms diese Kennzeichnungen finden und das Wort manuell korrigieren. Einige OCR-Programme vergrößern auch das Bitmap auf dem Bildschirm und Sie müssen den passenden Buchstaben für das Platzhalterzeichen mit Ihrer Tastatur eingeben.

6 Wieder andere Programme rufen eine spezielle Rechtschreibprüfung auf und suchen nach offensichtlichen Fehlern. Für Wörter mit Platzhaltern für unerkannte Buchstaben wird nach möglichen Alternativen gesucht. Für OCR-Programme sehen sich die Zahl 1 und der Buchstabe l beispielsweise sehr ähnlich, genauso wie 5 und S oder cl und d. Das Wort „downturn" könnte zum Beispiel als "clownturn" gelesen werden. Ein Rechtschreibprogramm erkennt einige Fehler, die typisch für OCR sind, und kann sie korrigieren.

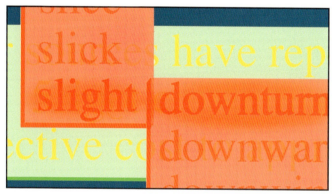

7 Bei den meisten OCR-Programmen können Sie das konvertierte Dokument als ASCII-Datei oder in einem Dateiformat, das von gebräuchlichen Textverarbeitungs- oder Tabellenkalkulationsprogrammen unterstützt wird, abspeichern.

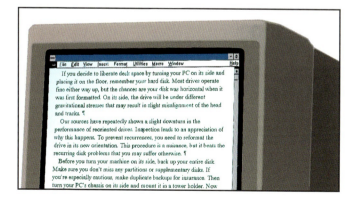

Kapitel 22
So funktioniert die High-Tech-Ein- und -Ausgabe

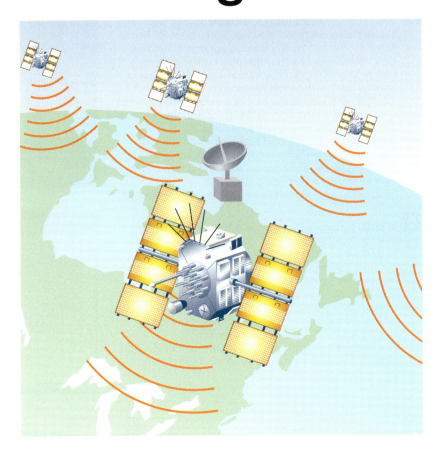

COMPUTER sind überall. Sie dringen in Bereiche unseres Lebens ein, wie wir es uns noch vor wenigen Jahren nicht hätten vorstellen können. Dieser Fortschritt ist größtenteils den neuen Technologien der Datenweiterleitung sowie den erweiterten Speicherkapazitäten und den Möglichkeiten der Datenweiterverarbeitung zu verdanken.

Die Digitalfotografie ist gerade im Kommen. Die Preise für Digitalkameras bester Qualität liegen im Bereich zwischen teuer und unerschwinglich. Aber an dieser Technologie ist nichts Mystisches und bei erweiterten Funktionsmerkmalen und niedrigeren Preisen wird die Digitalkamera den konventionellen Fotoapparat eines Tages ersetzen. Es ist zu erwarten, daß mehrere Facetten unseres Alltags – Computer, Fernsehen, Kommunikation und Nachrichten – eines Tages konvergieren und von einem einzigen Gerät bedient werden. Wenn es einmal soweit ist, werden wir unsere Familienfotos ohne zu zögern in einem computerkonvergierten Fernseher ansehen und nicht in einem Fotoalbum.

„Spracherkennung" wird wahrscheinlich zur ultimativen Methode, um Informationen, Text und Befehle in einen Computer einzugeben. Weil aber manches besser unausgesprochen bleibt, verwenden Sie hierfür die Funktion der „Gestikerkennung" – die Fähigkeit des Computers mit einem Spezialschreibstift, einem Stylus, oder auch mit der Fingerspitze erzeugte Zeichen und Zeichnungen zu erkennen.

Und inzwischen ist eine weitere Entwicklung Realität: Die „Fingerabdruckerkennung". Es gibt zwei Arten der Fingerabdruckerkennung: Systeme, die den Fingerabdruck einer bekannten Person mit dem gespeicherten Fingerabdruck vergleichen; ein nützlicher Vorgang, um zu garantieren, daß nur bestimmte Personen Zugang zu vertraulichen Daten oder Zugriff auf Computer, die vor der Manipulation durch Unbekannte geschützt sein sollen, haben. Die andere Art der Fingerabdruckerkennung wird von der Kriminalpolizei verwendet; sie dient dazu, den Fingerabdruck einer nicht identifizierten Person mit Millionen von computergespeicherten Einträgen zu vergleichen.

Dieses Kapitel zeigt einen Querschnitt dieser High-Tech-Methode, die Datentypen verwenden, die bis vor wenigen Jahren nur hochleistungsfähigen Computern zugänglich, und allen anderen ein Buch mit sieben Siegeln waren.

So funktionieren Organizer

1 Es gibt zwei Arten von „Organizern" – diese Bezeichnung ersetzt die frühere Bezeichnung „PDA" (Personal Digital Assistant) und beschreibt Computer, die so klein sind, daß sie in einer Hemdtasche Platz finden. Sie benötigen keine Tastatur und werden in der Regel verwendet, um Termine zu verfolgen, Kontaktlisten zu verwalten, und um sich auf die Schnelle Notizen zu machen. Der erste Typ ist der 3Com's PalmPilot. Er kann mit einem Windows-Computer kommunizieren und Daten ein- bzw. auslagern. Der zweite Typ ist dem PalmPilot ähnlich, führt jedoch Windows CE aus, eine spezielle Variante von Windows.

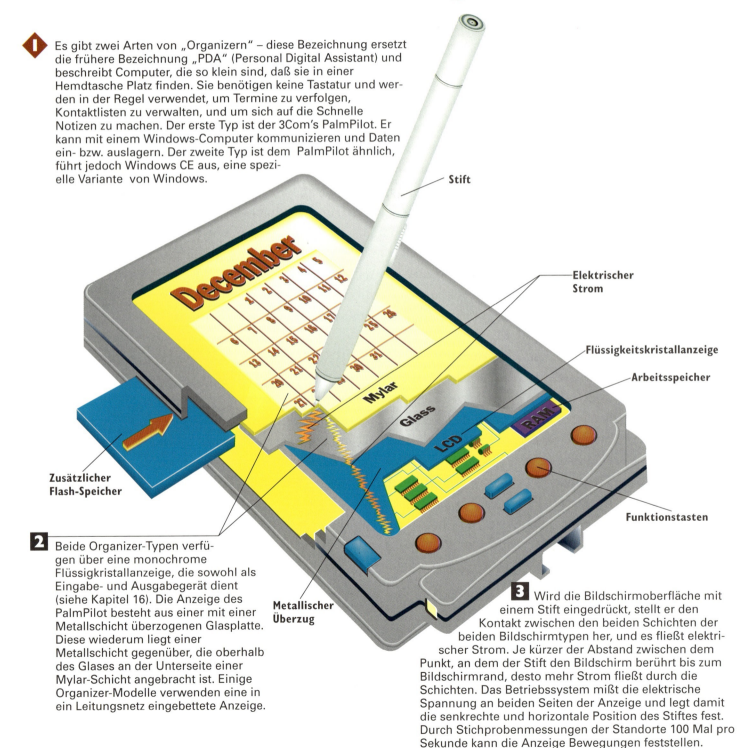

Stift

Elektrischer Strom

Flüssigkeitskristallanzeige

Arbeitsspeicher

Funktionstasten

Zusätzlicher Flash-Speicher

Metallischer Überzug

2 Beide Organizer-Typen verfügen über eine monochrome Flüssigkristallanzeige, die sowohl als Eingabe- und Ausgabegerät dient (siehe Kapitel 16). Die Anzeige des PalmPilot besteht aus einer mit einer Metallschicht überzogenen Glasplatte. Diese wiederum liegt einer Metallschicht gegenüber, die oberhalb des Glases an der Unterseite einer Mylar-Schicht angebracht ist. Einige Organizer-Modelle verwenden eine in ein Leitungsnetz eingebettete Anzeige.

3 Wird die Bildschirmoberfläche mit einem Stift eingedrückt, stellt er den Kontakt zwischen den beiden Schichten der beiden Bildschirmtypen her, und es fließt elektrischer Strom. Je kürzer der Abstand zwischen dem Punkt, an dem der Stift den Bildschirm berührt bis zum Bildschirmrand, desto mehr Strom fließt durch die Schichten. Das Betriebssystem mißt die elektrische Spannung an beiden Seiten der Anzeige und legt damit die senkrechte und horizontale Position des Stiftes fest. Durch Stichprobenmessungen der Standorte 100 Mal pro Sekunde kann die Anzeige Bewegungen feststellen.

KAPITEL 22   SO FUNKTIONIERT DIE HIGH-TECH-EIN- UND AUSGABE   149

4 Nachdem der Computer die Position des Stiftes abgelesen hat, leitet er ein Signal an den Bildschirm weiter. Diesen Vorgang bezeichnet man als „showing ink". Während sich der Schreibstift bewegt, berechnet der Computer ständig seinen Standort und leitet Anweisungen für die Aktivierung anderer Pixel weiter. Der Computer unterscheidet zwischen den Pixeln, die dem Standort des Stiftes entsprechen (der sogenannten "Eingabefläche") und den Pixeln, die von der Anwendung aktiviert werden (der sogenannten „Ausgabefläche"). Das Betriebssystem verfolgt, auf welcher der beiden logischen Flächen die Pixel verwendet werden. So kann der Benutzer einen ungefähren Kreis auf die Eingabefläche zeichnen und die Anwendung reagiert, indem Sie die Eingabe löscht und auf die Ausgabefläche einen perfekt runden Kreis zeichnet.

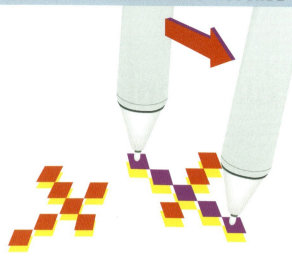

5 Bevor das Betriebssystem den Strich des Stiftes interpretiert, stellt es fest, welche Anwendung (wie zum Beispiel der Kalender oder das Notepad) aktiv ist und an welcher Stelle der Strich ausgeführt wird. Eine Bewegung in einem für Handschrifterkennung vorgesehenen Bereich könnte beispielsweise ein „T" darstellen. Aber in einem anderen Bildschirmbereich wird die gleiche Bewegung zum Markieren von Text verwendet, der gelöscht werden soll.

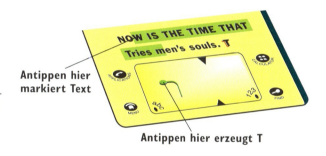

6 Befindet sich der Stift in einem für Handschriftekennung vorgesehenen Bereich, vergleicht das Betriebssystem den Strich mit einer Datenbank von Formen, die dem Alphabet, Zahlen und der Interpunktion entsprechen. PalmPilot verwendet den Zeichensatz Graffiti. Windows CE-Organizer verwenden den Zeichensatz Jot. Beide Zeichensätze wurden so entwickelt, daß sie einfacher und leichter zu erkennen sind als normale Handschrift, gleichzeitig aber den tatsächlichen Zeichen ähnlich genug sind, um die Schrift leicht einprägsam zu gestalten.

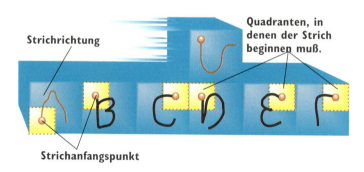

7 Graffiti- und Jot-Zeichenformen basieren auf tausenden Handschriftmustern, und die Ergebnisse sind bewußt „unscharf". Die tatsächlichen Striche können vom Ideal abweichen und in einem bestimmten Rahmen dennoch erkannt werden. Findet die Erkennungssoftware ein passendes Gegenstück in ihrer Datenbank, aktiviert es die Pixel, und eine Normalformversion dieses Zeichens wird auf der LCD-Bildschirmausgabefläche angezeigt.

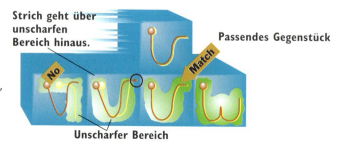

So funktioniert Fingerabdruckerkennung

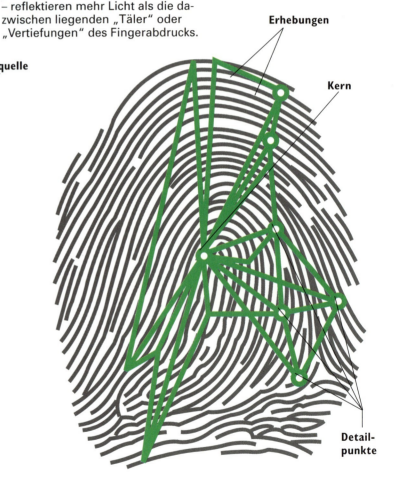

1 Ein Spezialscanner erzeugt ein Digitalbild eines Fingerabdrucks, indem die Fingerspitze mit Licht bestrahlt wird. Die „Hügel" oder „Erhebungen"– die erhöhten Bereiche – reflektieren mehr Licht als die dazwischen liegenden „Täler" oder „Vertiefungen" des Fingerabdrucks.

Lichtquelle

Feld der Lichtmeßdioden

Erhebungen

Kern

Detailpunkte

2 Fingerabdruck-identifizierungssoftware (FID) analysiert die Erhebungen, indem sie nach zwei spezifischen Merkmalstypen sucht. Das sind zum einen der „Kern" oder Mittelpunkt des Abdrucks, und zum anderen die kleinen „Details"– die Punkte, an denen die Erhebungen enden oder sich teilen.

3 FID-Software berechnet die Abstände und Winkel zwischen den Detailpunkten. Auch wenn der Finger nicht ganz in der Mitte liegt oder sich während des Scanvorgangs dreht, ändern sich die Verhältnisse zwischen den hier grün dargestellten Detailpunkten kaum und wegen ihrer Komplexität sind sie einzigartig. Die Erhebungen und Detailpunkte werden für zwei mögliche Identifizierungsmethoden verwendet: Für die „Eins-zu-Eins"-Methode und die „Eins-zu-Viele"-Methode.

KAPITEL 22 SO FUNKTIONIERT DIE HIGH-TECH-EIN- UND AUSGABE 151

4 Eine Eins-zu-Eins-Suche wird angewendet in einem „Identitätsüberprüfungsverfahren" („Identity Verification System" oder „IVS") für Sicherheitszwecke. Das IVS weiß im Vorfeld, welche Person der Fingerabdruckbesitzer behauptet zu sein und vergleicht lediglich die Detailpunkt-Muster des frisch gescannten Fingerabdrucks mit einem bekannten und in der Computer-Datenbank gespeicherten Fingerabdruckeintrag. Das Betriebssystem verfolgt, auf welcher der beiden logischen Flächen die Pixel verwendet werden. So kann der Benutzer einen ungefähren Kreis auf die Eingabefläche zeichnen und die Anwendung reagiert, indem Sie die Eingabe löscht und auf die Ausgabefläche einen perfekten runden Kreis zeichnet.

Eins (bekannt) **Eins (bekannt)**

5 Da aufgrund einer Schnittwunde oder Abweichungen anderer Ursache mitunter nicht alle Detailpunkte erfaßt werden können, kann die Software als bestmögliche Option die Wahrscheinlichkeit prüfen, daß der Abruck einem anderen Abdruck entspricht. Stimmt ein bekannter Abdruck in einem vertretbaren Rahmen mit einem anderen Fingerabdruck überein, so erlaubt die Software Zugriff auf den jeweiligen Gegenstand, wie zum Beispiel den Computer oder die verschlossene Tür, die er überwacht.

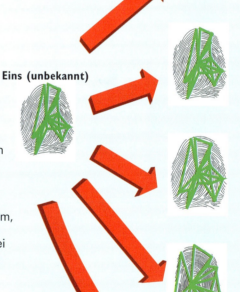

Viele (bekannt)

6 Bestes Beispiel einer Eins-zu-Viele-Suche, das Automatische Fingerabdruckidentifizierungssystem („Automated Fingerprint Identification System" oder AIFS), wird von der Kriminalpolizei verwendet. Man bezeichnet es auch als „kalte Suche"; dieses System wird meistens verwendet, um den Fingerabdruck einer unbekannten Person, zum Beispiel ein am Tatort vorgefundener Fingerabdruck, mit einer Datenbank bekannter Personen und Fingerabdrücke zu vergleichen, um festzustellen, ob die betreffende Person bereits in der Datenbank aufgenommen ist.

Eins (unbekannt)

7 Um die Anzahl der Fingerabdrücke, mit denen der unbekannte Fingerabdruck verglichen werden soll, einzugrenzen, zählt FID zunächst die Erhebungen in einer Richtung vom Kern bis zum Fingerabdruckrand. Die Erhebungen sind zwar schnell gezählt, jedoch ist diese Methode nicht allzu zuverlässig. Die Anzahl der Erhebungen an einem Finger kann von Abdruck zu Abdruck leicht variieren, je nachdem, wie stark der Finger gegen den Scanner gepreßt wurde. Auch variiert die Anzahl der Erhebungen bei allen Fingern nicht allzu sehr– sie liegt in der Regel zwischen 10 und 20 Erhebungen. Aber das Auszählen der Erhebungen kann zumindest offensichtlich ungleiche Gegenstücke ausschließen.

8 Auf der Grundlage des Ergebnisses der Anzahl Erhebungen untersucht FID dann die in Frage kommenden Gegenstücke und sucht nach weiteren Ähnlichkeiten im Muster der Detailpunkte. Weil die Wissenschaft nicht perfekt ist und der gleiche Fingerabdruck von Abdruck zu Abdruck variieren kann, erhält man bei der „Eins-zu-Viele-Suche" meist eine Liste mit Fingerabdrücken von Kandidaten, die dem unbekannten Fingerabdruck sehr ähnlich sind. Die Endauswahl wird vom Menschen getroffen.

unbekannt **Kandidaten**

So funktioniert eine Digitalkamera

2 Anstatt das Bild auf einen Fotofilm zu fokussieren, wird es auf einen Chip gespeichert. Die Vorderseite des Chips ist mit einem Transistorenbereich ausgestattet, wobei die Transistoren je nach Intensität des auf sie fallenden Lichts elektrischen Strom erzeugen. Sie erzeugen die Pixel des Bildes. Auf einen Computerbildschirm oder in einem Scanner oder einer Digitalkamera ist ein Pixel die minimalste, visuelle Einzelinformation, die eine Komponente anzeigen oder erfassen kann. Das Pixel kann aus nur einem Transistor für Schwarzweiß-Fotografie oder mehreren Transistoren für Farbfotografie bestehen. Je mehr Pixel ein Bild enthält, desto besser ist die Auflösung.

1 Das Licht fällt durch die Linse einer Digitalkamera wie bei einer Filmkamera.

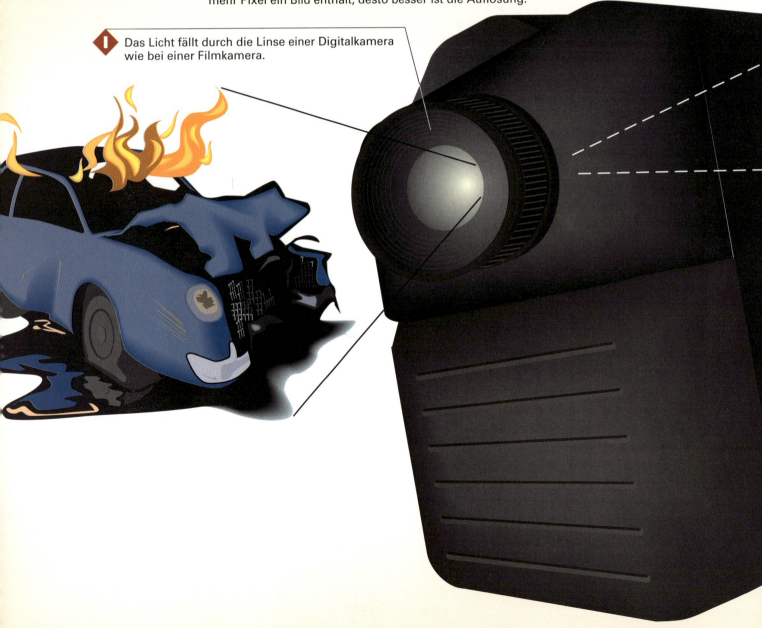

KAPITEL 22 SO FUNKTIONIERT DIE HIGH-TECH-EIN- UND AUSGABE 153

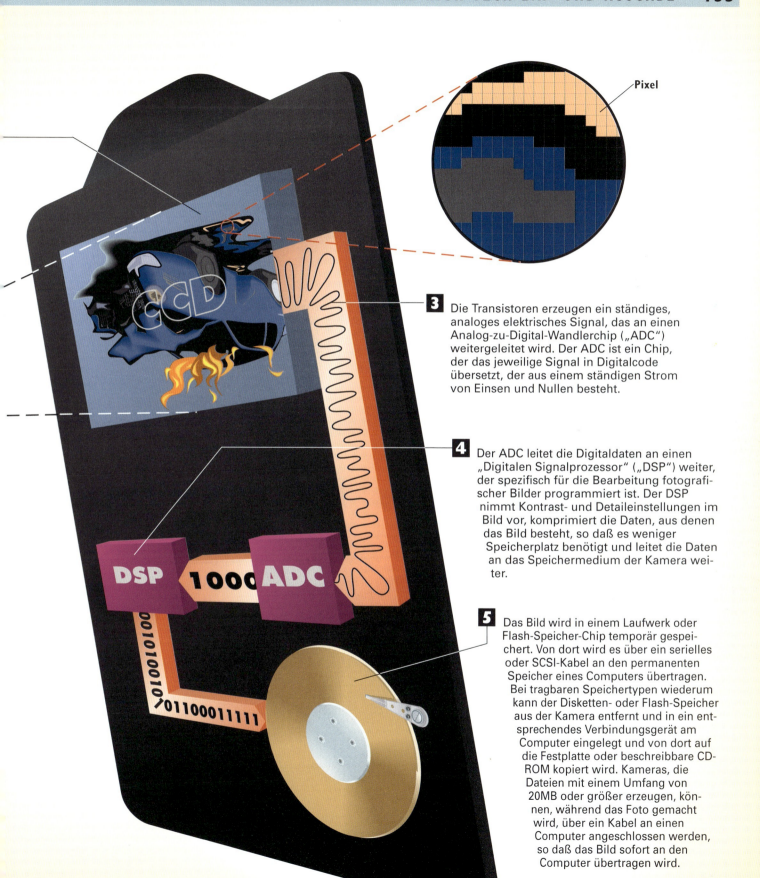

Pixel

3 Die Transistoren erzeugen ein ständiges, analoges elektrisches Signal, das an einen Analog-zu-Digital-Wandlerchip („ADC") weitergeleitet wird. Der ADC ist ein Chip, der das jeweilige Signal in Digitalcode übersetzt, der aus einem ständigen Strom von Einsen und Nullen besteht.

4 Der ADC leitet die Digitaldaten an einen „Digitalen Signalprozessor" („DSP") weiter, der spezifisch für die Bearbeitung fotografischer Bilder programmiert ist. Der DSP nimmt Kontrast- und Detaileinstellungen im Bild vor, komprimiert die Daten, aus denen das Bild besteht, so daß es weniger Speicherplatz benötigt und leitet die Daten an das Speichermedium der Kamera weiter.

5 Das Bild wird in einem Laufwerk oder Flash-Speicher-Chip temporär gespeichert. Von dort wird es über ein serielles oder SCSI-Kabel an den permanenten Speicher eines Computers übertragen. Bei tragbaren Speichertypen wiederum kann der Disketten- oder Flash-Speicher aus der Kamera entfernt und in ein entsprechendes Verbindungsgerät am Computer eingelegt und von dort auf die Festplatte oder beschreibbare CD-ROM kopiert wird. Kameras, die Dateien mit einem Umfang von 20MB oder größer erzeugen, können, während das Foto gemacht wird, über ein Kabel an einen Computer angeschlossen werden, so daß das Bild sofort an den Computer übertragen wird.

TEIL 5

WIE HARDWARE UND WINDOWS ZUSAMMEN-ARBEITEN

Kapitel 23: So steuert Windows die Hardware
158

Kapitel 24: So funktionieren BIOS und Treiber
162

Kapitel 25: So verwendet Windows Speicher
166

COMPUTER

sind leistungsstarke elektronische Arbeitspferde, aber sie sind auch sehr dumm. Von der Welt draußen wissen sie wenig. Von sich aus ist Ihr Computer nicht in der Lage, Grafiken auf den Bildschirm zu projizieren, Dokumente zu drucken, und er weiß auch nichts mit den Zeichen anzufangen, die Sie ihm über die Tastatur einhämmern.

Dafür gibt es gute Gründe. Um eine Hardware-Komponente zu erzeugen, die automatisch mit jeder anderen Hardware-Komponente zusammenarbeiten kann, müßte diese nicht nur mit anderen bereits existierenden, sondern auch mit zukünftigen Hardware-Komponenten kommunizieren können und über die hierfür nötigen Informationen verfügen. Das ist ein Ding der Unmöglichkeit.

Hier spielt die Software eine wichtige Rolle. Sicherlich kennen Sie bereits Software in der Form von Anwendungen, Tools und Spielen, die Sie auf Ihrem Computer ausführen. Darüber hinaus gibt es jedoch auch eine spezielle Software, die dem PC mitteilt, wie er sein erstaunliches Leistungsvermögen nutzen, neue und wechselnde Zusatzgeräte verwenden und die Millionen elektrischer Signale, die von einer Vielzahl unterschiedlicher Quellen an ihn herangetragen werden, verstehen kann.

Betrachtet man den PC als Körper und die Software als Gehirn, fehlt nur noch ein Element. Der spezifische Chip „BIOS" gilt als die Seele des Computers. Die im Speicher dieses Chips enthaltenen Anweisungen zum Erstellen eines „Basis-Ein-Ausgabe-Systems" machen aus Ihrem PC einen IBM-, Gateway-, Dell-, Compaq-, Hewlett-Packard- oder Packard Bell-Computer. BIOS wird oft als „Firmware" bezeichnet, um seinen Status zwischen Hardware und Software zu verdeutlichen, und bildet die Brücke zwischen den übrigen Hardware-Komponenten und dem Betriebssystem. Das BIOS definiert die Bedeutung der elektrischen Signale, die der Computer empfängt. In gleicher Weise übersetzt es die nicht weniger rätselhaften Signale des Computers in Anweisungen für Software- und andere an den PC angeschlossene Hardware-Komponenten.

Heute sind die Beziehungen zwischen Hardware, Software und Firmware standardisiert und bereinigt, und Kompatibilität steht außer Frage. Das BIOS und das Betriebssystem bilden jedoch noch immer die zentrale Verbindungsstelle zwischen Hard- und Software.

Schlüsselwörter

Bit, 16-Bit, 32-Bit: Ein Bit ist die kleinste Informationseinheit, mit der ein Computer arbeitet – entweder die Binärzahl 0 oder 1. 16-Bit- und 32-Bit-Prozessoren stehen für Prozessoren, die Binärzahlen bis zu einer Länge von 16 Bit bzw. 32 Bit handhaben können. Je mehr Bits ein Prozessor verwendet, desto schneller ist er.
DMA (Direkter Zugang zum Speicher): Dieser Systemrückgriff reserviert einen bestimmten Speicherabschnitt ausschließlich für eine Komponente, ohne daß der Zugriff über den Prozessor laufen muß.
Treiber, Gerätetreiber: Code für bestimmte Peripheriegeräte wie Grafikkarte oder Drucker, der Befehle der Software in für das Peripheriegerät erkennbare Signale übersetzt.
Erweiterungskarten: Leiterplatten für spezifische Funktionen wie Sound oder Video, die in die Hauptplatine (Motherboard) des Computers eingesteckt werden.
Interrupt-Controller: Ein Mikrochip, der der CPU mitteilt, daß eine Hardware-Komponente ein Signal in Form einer Zahl gesendet hat. Die Hardware-Komponente zeigt damit an, daß sie vom Prozessor einen bestimmten Dienst anfordert.
Interrupt (IRQ): oder Interrupt-Anforderung: Signal eines Peripheriegeräts, das vom Prozessor einen bestimmten Dienst anfordert.
Speicher: Ort, an dem ein Computer Software und die von der Software zu bearbeitenden Daten speichert. Verweist in der Regel auf den Arbeitsspeicher (RAM), kann aber auch für Datenspeicher in Festplatten und anderen Geräten verwendet werden.
Unterer Speicherbereich: Arbeitsspeicher-Bereich mit Speicheradressen zwischen 0 und 640 Kbyte.
Oberer Speicherbereich: Arbeitsspeicher-Bereich mit Speicheradressen zwischen 640 Kbyte und 1 Mbyte.
Virtueller Speicher: Festplattenbereich, der laut den Anweisungen des Betriebssystems an den Prozessor als Arbeitsspeicher gehandhabt werden soll.
Speicheradresse: Die spezifische Lokalisierung im Arbeitsspeicher oder im virtuellen Speicher, die den Beginn eines Codeabschnitts oder Datenabschnitts markiert.
Motherboard: Die Hauptplatine eines PCs, in die der Prozessor und die Erweiterungskarten eingefügt werden.
Peripheriegerät: Beliebige interne oder externe Komponenten, die dem Grunddesign des Computers weitere Hardware-Leistungmerkmale wie zum Beispiel Maus, Laufwerke, Drucker hinzufügt.
Plug&Play: Ein Hardware- und Softwaredesign für das automatische Konfigurieren von System-Ressourceneinstellungen.
Prozessor: Der Haupt-Mikrochip in einem PC. Er führt die Anweisungen der Software aus, indem er nach Bedarf andere Komponenten wie den Arbeitsspeicher oder Laufwerke verwendet.

TEIL 5 WIE HARDWARE UND WINDOWS ZUSAMMENARBEITEN

Kapitel 23
So steuert Windows die Hardware

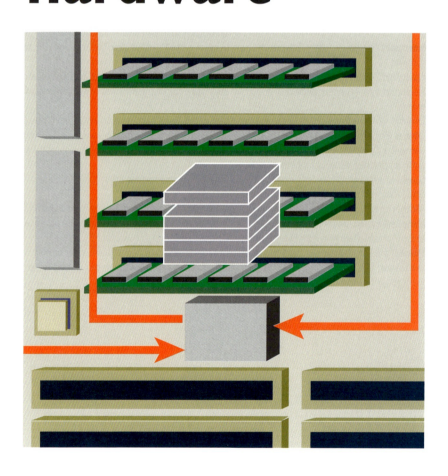

BETRIEBSSYTEME

wurden ursprünglich entwickelt, um eine der komplexesten Ein- /Ausgabe-Operationen, nämlich die Kommunikation mit einer Vielfalt von Laufwerken, zu handhaben. Das bezeugen auch die Namen der ersten Betriebssysteme, in denen häufig die Abkürzung DOS für „Disk Operating System" (Datenträgerbetriebssystem) enthalten war. Schließlich wurde das Betriebssystem zu einer allumfassenden Brücke zwischen Computer und darauf ausgeführter Software.

Ohne ein Betriebssystem wie z.B. Windows 98 müßte jeder Programmierer für sein Programm die Bildschirmanzeige von Text oder Grafiken, das Weiterleiten von Daten an den Drucker, das Lesen oder Schreiben von Dateien in Laufwerken und die Implementierung anderer Funktionen für die Verbindung zwischen Software und Hardware von Grund auf neu aufbauen und entwickeln. Ein Betriebssystem ist jedoch mehr als nur eine Annehmlichkeit für Programmierer.

Ein Betriebssystem bietet eine gemeinsame Plattform für sämtliche Software, die Sie verwenden. Ohne Betriebssystem können mitunter Dateien, die von zwei verschiedenen Programmen erstellt wurden, nicht im gleichen Laufwerk gespeichert werden, weil jede ein anderes Speicherformat hat. Ein Betriebssystem gibt Ihnen auch das Werkzeug an die Hand, um sämtliche Aufgaben, die Sie außerhalb eines Anwendungsprogramms durchführen wollen – wie das Löschen und Kopieren von Dateien im bzw. auf das Laufwerk, das Ausführen von Druckaufträgen und das Ausführen einer Befehlesammlung in einer Batch-Datei – , zu erledigen.

Das Betriebssystem funktioniert nicht als eigenständige Komponente. Es ist nicht nur auf die Zusammenarbeit mit anderen Programmen, sondern auch auf ein reibungsloses Zusammenspiel mit dem BIOS angewiesen. Das BIOS – oder Basis-Ein-Ausgabe-System – besteht aus Chips, die Code enthalten und sich im PC befinden. Es agiert als Vermittler zwischen der Hardware, dem Prozessor und dem Betriebssystem. Gerätetreiber sind wie ein Spezial-BIOS. Treiber übersetzen Befehle des Betriebssystems und des BIOS in Anweisungen für eine bestimmte Hardware-Komponente, wie z.B. einen Drucker, Scanner, oder ein CD-ROM-Laufwerk. Nachdem Teile des Betriebssystems von der Festplatte geladen werden, werden sie dem BIOS hinzugefügt. Dazu kommen dann die Gerätetreiber und alle gemeinsam führen dann die Hardware-Routinefunktionen aus. Das Betriebssystem besteht in der Tat aus all diesen drei Komponenten. Es wäre zu vereinfachend, sich das Betriebssystem so vorzustellen, als ob es nur aus den Dateien Ihrer Windows-CD-ROM bestünde.

Gemeinsam führen das BIOS, die Gerätetreiber und Windows so viele Funktionen aus, daß es ein Ding der Unmöglichkeit ist, ihre Komplexität in einigen bebilderten Seiten darzustellen. Dieses Kapitel beschreibt, wie das Betriebssystem mit dem BIOS zusammenarbeitet, um eine einfache Aufgabe durchzuführen.

TEIL 5 WIE HARDWARE UND WINDOWS ZUSAMMENARBEITEN

Der Prozessor und Interrupts

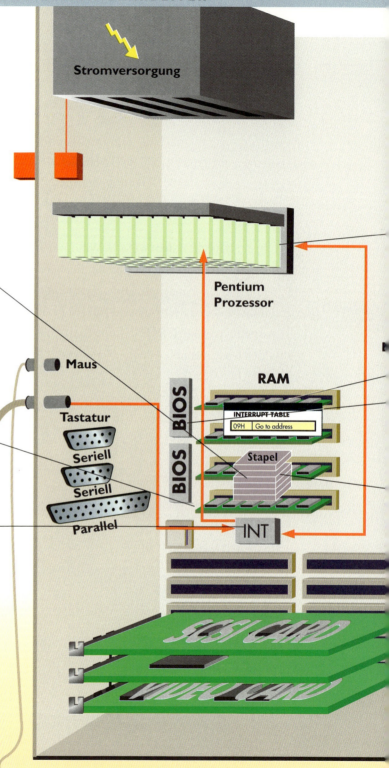

4 Um verfolgen zu können, womit der Prozessor beschäftigt war, bevor er unterbrochen wurde, legt der Prozessor die Adresse der gegenwärtigen Anwendungsoperation an einen speziellen Standort im Arbeitsspeicher, dem sogenannten Stapel ab.

3 Der Interrupt-Controller teilt dem Prozessor mit, daß ein Interrupt aufgetreten ist und fordert den Prozessor auf, sich unmittelbar

2 Ein spezieller Chip, der sogenannte „Interrupt-Controller" empfängt das Interrupt-Signal.

1 Verschiedene Hardware-Ereignisse – wie beispielsweise die Tastatureingabe, der Mausklick, das Einströmen von Daten über einen seriellen oder parallelen Port oder Software-Ereignisse, auf die der Prozessor unmittelbar reagieren muß – erzeugen einen speziellen Signaltyp, den sogenannten „Interrupt" (Unterbrechung). Wie der Name schon sagt, hält der Interrupt den aktuellen Vorgang des Betriebssystems vorübergehend an, damit es die vom Signal angeforderte Aufgabe erledigen kann.

KAPITEL 23 SO STEUERT WINDOWS DIE HARDWARE 161

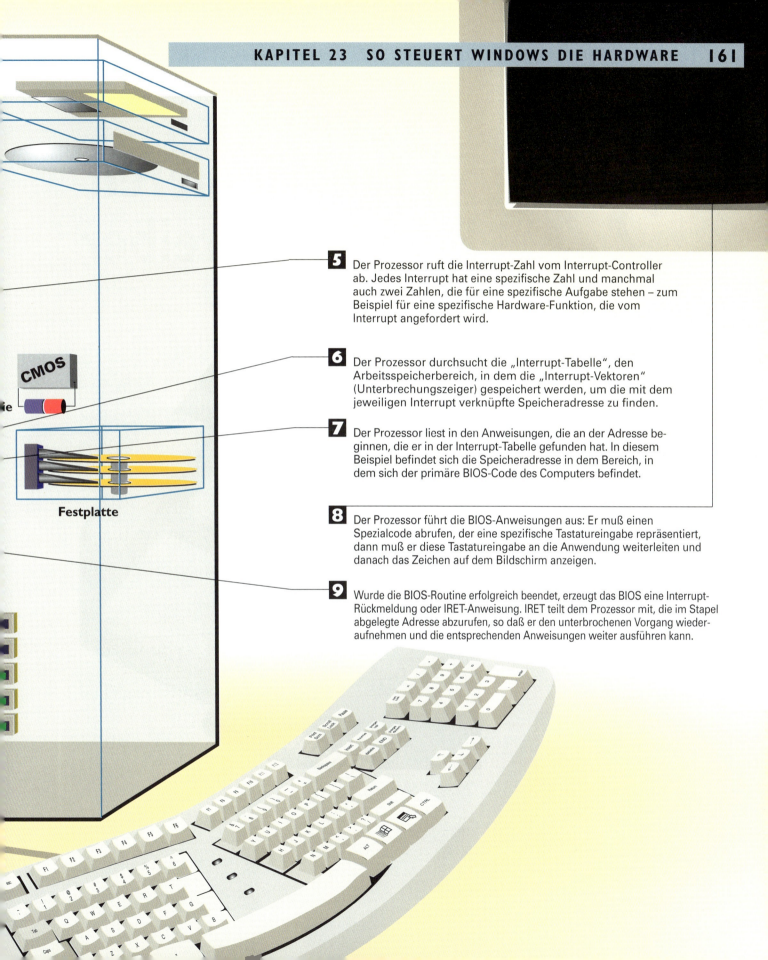

5 Der Prozessor ruft die Interrupt-Zahl vom Interrupt-Controller ab. Jedes Interrupt hat eine spezifische Zahl und manchmal auch zwei Zahlen, die für eine spezifische Aufgabe stehen – zum Beispiel für eine spezifische Hardware-Funktion, die vom Interrupt angefordert wird.

6 Der Prozessor durchsucht die „Interrupt-Tabelle", den Arbeitsspeicherbereich, in dem die „Interrupt-Vektoren" (Unterbrechungszeiger) gespeichert werden, um die mit dem jeweiligen Interrupt verknüpfte Speicheradresse zu finden.

7 Der Prozessor liest in den Anweisungen, die an der Adresse beginnen, die er in der Interrupt-Tabelle gefunden hat. In diesem Beispiel befindet sich die Speicheradresse in dem Bereich, in dem sich der primäre BIOS-Code des Computers befindet.

8 Der Prozessor führt die BIOS-Anweisungen aus: Er muß einen Spezialcode abrufen, der eine spezifische Tastatureingabe repräsentiert, dann muß er diese Tastatureingabe an die Anwendung weiterleiten und danach das Zeichen auf dem Bildschirm anzeigen.

9 Wurde die BIOS-Routine erfolgreich beendet, erzeugt das BIOS eine Interrupt-Rückmeldung oder IRET-Anweisung. IRET teilt dem Prozessor mit, die im Stapel abgelegte Adresse abzurufen, so daß er den unterbrochenen Vorgang wiederaufnehmen und die entsprechenden Anweisungen weiter ausführen kann.

Kapitel 24
So funktionieren BIOS und Treiber

STELLEN Sie sich einmal vor, Sie setzen sich in den Fahrersitz eines Autos und stellen plötzlich fest, daß das Lenkrad durch einen Flugzeugsteuerknüppel ersetzt wurde. Zum Glück werden Sie nie mit einer solchen Situation konfrontiert werden. Auch wenn es Unterschiede im Fahrzeugmechanismus geben kann, müssen Sie nur wissen, wie man das Lenkrad dreht und das Gas- bzw. Bremspedal betätigt. Eine Zwischenschicht – Hebel, Getriebe und Hydraulikanlagen – trennen Sie von den Teilen, die die wirkliche Arbeit vollbringen. Diese Mechanismen übersetzen Ihre Aktionen in Bewegungen des Fahrzeugs.

Vergleichbar dazu verfügt auch Ihr Computer über eine Schicht, die Sie und Ihre Anwendungssoftware von den eigentlichen Hardware-Vorgängen abschottet. Es gibt drei Schichten: Das Betriebssystem; eine noch tiefer sitzende Schicht zwischen dem Betriebssystem und der Hardware, das sogenannte „BIOS" oder „Basis-Ein-Ausgabe-System" und die Gerätetreiber, die dem BIOS das Wissen zum Steuern der Peripheriegeräte liefern.

Betriebssystem, BIOS, Treiber und Hardware bieten gute Vergleichsmöglichkeiten mit dem Körper des Menschen. Das Betriebssystem ist das Gehirn – genauer gesagt das Großhirn. Es steuert die willkürlichen, „bewußten" Aktionen des Hardware-Körpers. Das BIOS ist das verlängerte Rückenmark, das die unwillkürlichen Körperfunktionen steuert, so daß das Großhirn sich darüber keine Gedanken zu machen braucht. Die Gerätetreiber lassen sich mit einem künstlichen Bein vergleichen. Weder das Großhirn noch das Markhirn können das künstliche Bein genau steuern, dafür verfügt es selbst über Wissen, wie es auf bestimmte Signale des Gehirns zu reagieren hat. Das Gehirn sendet Nervenimpulse mit der Mitteilung „nach oben bewegen" aus, und die Prothese übersetzt diese Impulse dann in elektrische Spannung und motorische Bewegung, die nötig sind, um das künstliche Bein hochzuheben. Das BIOS und die Treiber ermöglichen, daß Anwendungen und verschiedene Betriebssysteme jeweils die gleichen Ergebnisse erzielen, unabhängig davon, auf welchem IBM-kompatiblen Computertyp sie ausgeführt werden und unabhängig von den verwendeten Peripheriegeräten.

Das BIOS leistet die Schwerstarbeit beim Weiterleiten und Erkennen der richtigen elektrischen Signale, die mit verschiedenen Hardware-Komponenten verknüpft sind. Ein Anwendungsprogramm muß nicht wissen, wie ein bestimmter Treiber funktioniert, sondern es muß nur wissen, wie es über das Betriebssystem mit dem BIOS kommunizieren kann.

Der Arbeitsbereich des BIOS ist der in einem oder mehreren ROM-Chips lokalisierte Code. Diese Chips befinden sich in der Regel in der Hauptplatine oder „Motherboard". Diese Computerkomponente wird normalerweise nie ausgetauscht.

Außer einer kurzen Botschaft, die beim Booten und Laden des BIOS-Codes auf Ihrem Bildschirm angezeigt wird, kommen Sie kaum in Kontakt mit den BIOS-Codes oder Treibern und ihren Aktivitäten, und genau so sollte es sein. Ein gutes BIOS ist ein lebenswichtiger, aber stiller Partner.

So funktionieren BIOS und Treiber

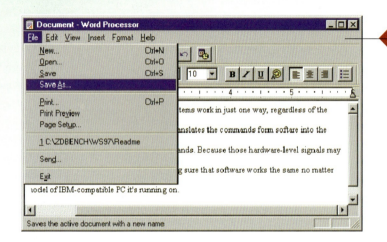

1 Wählen Sie beispielsweise den Befehl, daß Ihr Textverarbeitungsprogramm ein Dokument speichern soll, ist es nicht notwendig, daß die Anwendung weiß, wie die Festplatte zu steuern ist. Statt dessen leitet das Textverarbeitungsprogramm den Befehl und die abzuspeichernden Daten an Windows weiter.

4 Handelt es sich um eine Festplatte, für die das BIOS eine speziell zugeschnittene, im Vorfeld zusammengestellte Anweisungssammlung unterhält, sendet das BIOS selbst die Anweisungen und Daten an den Festplatten-Controller. Auf IDE-Festplatten (IDE steht für den englischen Begriff „Integrated Drive Electronics" und bedeutet „integrierte Festplattenelektronik") ist der Controller in die Festplatte eingebaut. Sind Befehle nicht im permanenten BIOS-Speicher enthalten, ruft der Controller die Anweisungen von Gerätetreibern ab, die speziell für Festplatten dieser Marke, Größe und dieses Designs geschrieben wurden.

IDE Festplattencontroller

5 Der Festplatten-Controller übersetzt die Anweisungen des BIOS bzw. der Treiber in elektrische Signale, die die Lese-Schreib-Köpfe an die richtigen Stellen auf der Festplatte bewegen und die magnetischen Signale erzeugen, um die Dokumentdaten auf der Plattenoberfläche zu speichern.

KAPITEL 24 SO FUNKTIONIEREN BIOS UND TREIBER

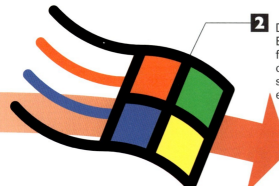

2 Das Betriebssystem prüft und stellt sicher, daß der Befehl zum Speichern der Daten problemlos ausgeführt werden kann. Zum Beispiel sorgt es dafür, daß der Dateiname gültig ist, und daß Sie nicht versuchen, auf eine schreibgeschützte Datei zu speichern.

3 Ist alles in Ordnung, prüft das Betriebssystem, ob für den Speichervorgang ein „Gerätetreiber" benötigt wird. Der Gerätetreiber besteht aus einem Codeblock für die Steuerung eines spezifischen Hardware-Peripheriegeräts und dient als Erweiterung des BIOS. Einige Treiber werden beim Booten des Computers oder beim Hochfahren von Windows geladen. Befindet sich der Speichervorgangsbefehl des Treibers noch nicht im Arbeitsspeicher, kopiert Windows den Befehl vom Treiber in den Speicher. Dann wendet er sich der eigentlichen Aufgabe zu und speichert das Dokument auf das BIOS und den Treiber.

Schatten-BIOS

Die BIOS-Informationen eines Computers werden in der Regel in EPROM-Chips (EPROM steht für den englischen Begriff „erasable, programmable, read-only memory" und bedeutet „löschbarer und programmierbarer Festspeicher"), in denen die Daten gespeichert bleiben, auch wenn der Computer abgeschaltet wird. Es dauert länger, EPROM-Code-Daten abzurufen als Daten des Arbeitsspeichers. Aus diesem Grund erstellen die meisten neuen Computer einen Schatten des BIOS-Codes – das heißt, der BIOS-Code wird von EPROM in den Arbeitsspeicher kopiert und anschließend werden die entsprechenden Mikroschaltkreis-Umleitungssignale erzeugt. Wenn der Computer auf den BIOS-Code zugreift, wird er dann zum Arbeitsspeicher und nicht zum EPROM weitergeleitet.

Kapitel 25: So verwendet Windows Speicher

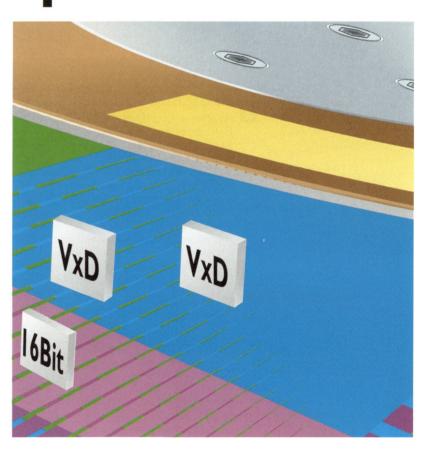

DER SPEICHER ist der Schauplatz des Prozessors. Er ist der Ort, an dem der Prozessor die Anweisungen und Daten erhält, die er für seinen Job benötigt. Windows hat die Aufgabe, diesen Schauplatz möglichst effizient zu organisieren, damit der Prozessor bei Bedarf auf alles, was er braucht, zugreifen kann. Zu den größten Verbesserungen von Windows 95/98/Me und Windows NT/2000 gegenüber Windows 3.1 und DOS gehören die Art der Speicherorganisation und Speicherverwaltung.

Die Intel-Prozessoren 80386, 80486 und die Pentium-Mikroprozessoren sind 32-Bit-Prozessoren. Das heißt, sie können Binärzahlen bis zur Größe 11111111111111111111111111111111 bearbeiten, das entspricht der Dezimalzahl 4,294,967,296 oder 4GB (Gigabyte). Diese Zahl bildet die obere Grenze des Speicherumfangs, den der Prozessor – und somit auch Windows – adressieren kann.

Der Hauptteil des adressierbaren Speichers ist in den physischen RAM-Chips Ihres Computer-Arbeitsspeichers lokalisiert. Windows kann jedoch auch „virtuellen Speicher" verwenden – Festplattenplatz, der als Erweiterung des Arbeitsspeichers fungiert. Die Speicherverwaltungsmerkmale von Windows verwenden realen und virtuellen Speicher, so daß Sie mehrere Anwendungen gleichzeitig öffnen können, auch wenn nicht genügend physischer Speicher vorhanden ist, um sie alle zu öffnen. Mit der verbesserten Speicherverwaltung von Windows 95/98/Me können Sie eine größere Anzahl an Anwendungen ausführen als unter Windows 3.1, bevor Sie die Meldung erhalten, daß nicht genügend Speicher verfügbar ist.

Windows 95/98/Me verwenden ein „flaches Speicherschema", mit dem der vollständige Speicherbereich, den ein 32-Bit-Prozessor verwenden kann, direkt adressiert werden kann.

Auch ordnet Windows jeder Anwendung einen Speicherbereich zu. Führen Sie unter Windows 95 mehrere Windows 3.1 (16-Bit)-Anwendungen aus, müssen sich die Anwendungen wie unter Windows 3.1 ein Speichersegment gemeinsam teilen. Verhalten sich die Anwendungen nicht kooperativ, können Arbeitsspeicherkonflikte entstehen und einen Computerabsturz verursachen. Neuere 32-Bit-Anwendungen werden in einem eigenen geschützten Speicherblock ausgeführt. Somit werden Speicherkonflikte vermieden, und die Zahl der Computerabstürze reduziert. Im Gegensatz zu Windows 95 und 98 kommt es bei Windows NT/2000 kaum zu Abstürzen, weil jede Aufgabe in einem eigenen geschützten Speicherbereich ausgeführt wird.

Um mit der Windows 3.1-Software kompatibel zu bleiben, enthält Windows 95/98 auch 16-Bit-Code, der sowohl 16-Bit- als auch neueren 32-Bit-Anwendungen zugänglich sein muß. Das ist der Fenstercode, der den Anwendungen die Fensterverwaltung und Grafikdienste bietet.

So verwendet Windows Speicher

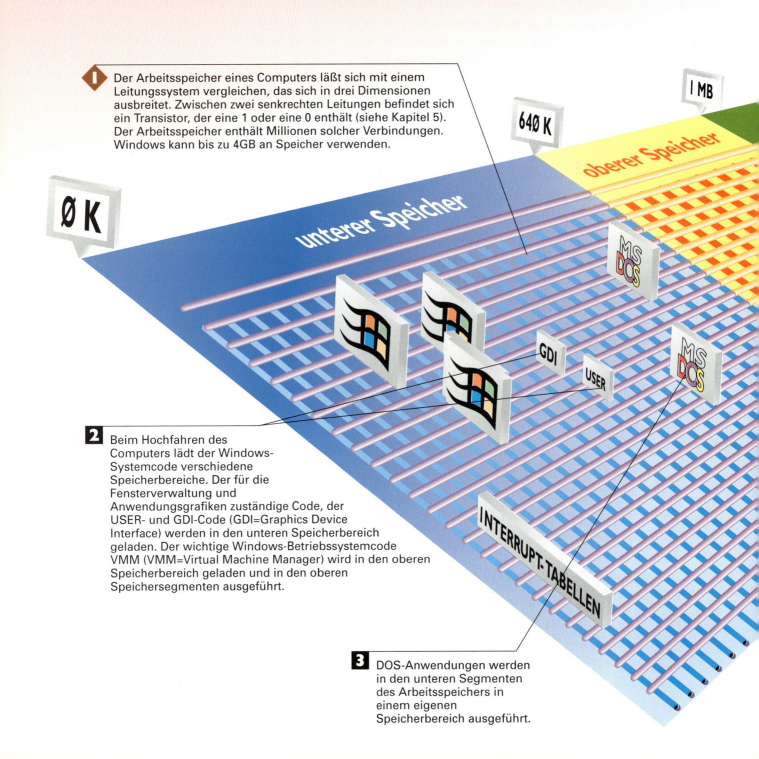

1 Der Arbeitsspeicher eines Computers läßt sich mit einem Leitungssystem vergleichen, das sich in drei Dimensionen ausbreitet. Zwischen zwei senkrechten Leitungen befindet sich ein Transistor, der eine 1 oder eine 0 enthält (siehe Kapitel 5). Der Arbeitsspeicher enthält Millionen solcher Verbindungen. Windows kann bis zu 4GB an Speicher verwenden.

2 Beim Hochfahren des Computers lädt der Windows-Systemcode verschiedene Speicherbereiche. Der für die Fensterverwaltung und Anwendungsgrafiken zuständige Code, der USER- und GDI-Code (GDI=Graphics Device Interface) werden in den unteren Speicherbereich geladen. Der wichtige Windows-Betriebssystemcode VMM (VMM=Virtual Machine Manager) wird in den oberen Speicherbereich geladen und in den oberen Speichersegmenten ausgeführt.

3 DOS-Anwendungen werden in den unteren Segmenten des Arbeitsspeichers in einem eigenen Speicherbereich ausgeführt.

KAPITEL 25 SO VERWENDET WINDOWS SPEICHER

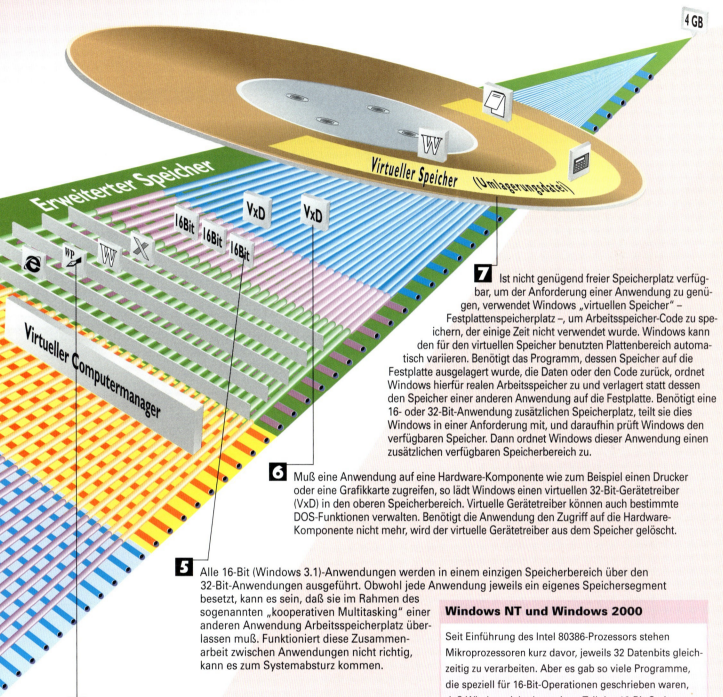

7 Ist nicht genügend freier Speicherplatz verfügbar, um der Anforderung einer Anwendung zu genügen, verwendet Windows „virtuellen Speicher" – Festplattenspeicherplatz –, um Arbeitsspeicher-Code zu speichern, der einige Zeit nicht verwendet wurde. Windows kann den für den virtuellen Speicher benutzten Plattenbereich automatisch variieren. Benötigt das Programm, dessen Speicher auf die Festplatte ausgelagert wurde, die Daten oder den Code zurück, ordnet Windows hierfür realen Arbeitsspeicher zu und verlagert statt dessen den Speicher einer anderen Anwendung auf die Festplatte. Benötigt eine 16- oder 32-Bit-Anwendung zusätzlichen Speicherplatz, teilt sie dies Windows in einer Anforderung mit, und daraufhin prüft Windows den verfügbaren Speicher. Dann ordnet Windows dieser Anwendung einen zusätzlichen verfügbaren Speicherbereich zu.

6 Muß eine Anwendung auf eine Hardware-Komponente wie zum Beispiel einen Drucker oder eine Grafikkarte zugreifen, so lädt Windows einen virtuellen 32-Bit-Gerätetreiber (VxD) in den oberen Speicherbereich. Virtuelle Gerätetreiber können auch bestimmte DOS-Funktionen verwalten. Benötigt die Anwendung den Zugriff auf die Hardware-Komponente nicht mehr, wird der virtuelle Gerätetreiber aus dem Speicher gelöscht.

5 Alle 16-Bit (Windows 3.1)-Anwendungen werden in einem einzigen Speicherbereich über den 32-Bit-Anwendungen ausgeführt. Obwohl jede Anwendung jeweils ein eigenes Speichersegment besetzt, kann es sein, daß sie im Rahmen des sogenannten „kooperativen Multitasking" einer anderen Anwendung Arbeitsspeicherplatz überlassen muß. Funktioniert diese Zusammenarbeit zwischen Anwendungen nicht richtig, kann es zum Systemabsturz kommen.

Windows NT und Windows 2000

Seit Einführung des Intel 80386-Prozessors stehen Mikroprozessoren kurz davor, jeweils 32 Datenbits gleichzeitig zu verarbeiten. Aber es gab so viele Programme, die speziell für 16-Bit-Operationen geschrieben waren, daß Windows jahrelang einen Teil des 16-Bit-Codes beibehalten mußte, um mit älteren Anwendungen kompatibel zu bleiben. Windows NT und Windows 2000 enthalten ausschließlich 32-Bit-Code und haben daher viele Vorteile, was Geschwindigkeit, Zuverlässigkeit und Vielseitigkeit anbelangt. Sie eignen sich insbesondere für Netzwerke. Sie sind eingeschränkt in der Lage, 16-Bit-Windows-Programme auszuführen.

4 Jede 32-Bit-Windows-Anwendung hat einen eigenen geschützten Speicherplatz über dem Systemcode und dem DOS-Code. Jeder Anwendung ist ein eigener Speicherblock garantiert.

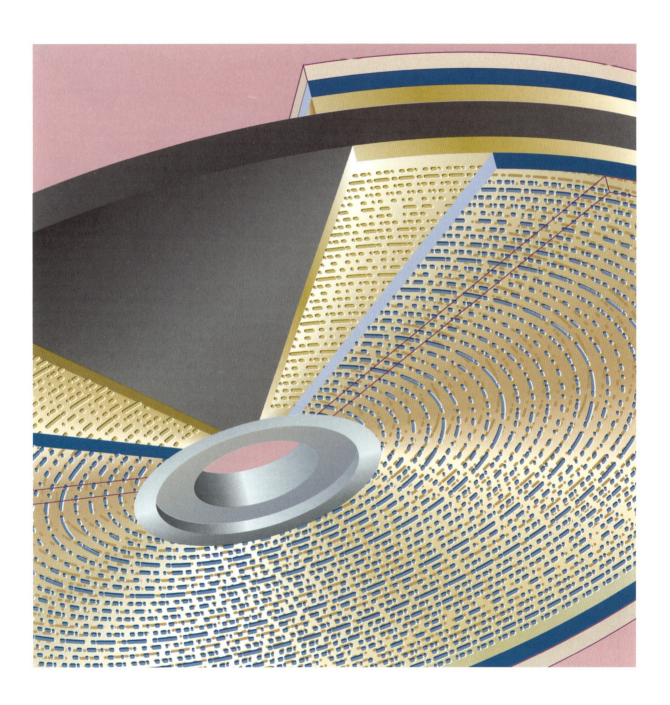

TEIL 6

MULTIMEDIA

Kapitel 26: So funktioniert ein CD-ROM-Laufwerk
174

Kapitel 27: So funktioniert Multimedia-Sound
184

Kapitel 28: So funktioniert Multimedia-Video
190

DER Original-IBM-PC war im Vergleich zu den heutigen PCs ein kleines, armes, introvertiertes Ding. Er konnte nicht sprechen, nicht singen oder Gitarre spielen. Er konnte nicht einmal Grafiken richtig anzeigen oder mehr als vier Farben gleichzeitig darstellen. Die Multimediarevolution verändert nicht nur die Art und Weise, wie wir unsere PCs verwenden, sondern auch die Art und Weise, wie wir mit Informationen umgehen. Während Informationen früher als Zahlenspalten und Textseiten definiert waren, kommunizieren wir heute mit unserem PC, indem wir unsere Stimme, unsere Ohren und unsere Augen einsetzen, nicht nur, um zu lesen, sondern auch um rein visuelle Dinge wahrzunehmen.

Was macht aus einem PC einen Multimedia-PC? Es ist einfach, Multimedia mit einem CD-ROM-Laufwerk gleichzusetzen, das Computer-Disks abspielt. Aber ein CD-ROM-Laufwerk alleine macht Multimedia noch nicht aus. Die ersten CDs bestanden aus Textsammlungen mit bestenfalls ein oder zwei mageren Grafiken. Sie waren bei weitem nicht das, was wir uns heute unter Multimedia vorstellen, weil sie weder über Ton noch über Videos verfügten. Zusätzlich zu einem CD-ROM-Laufwerk muß ein Multimedia-PC über eine Soundkarte, Lautsprecher und die Hard- und Software verfügen, um Videos und Animationen ablaufen zu lassen.

Der Multimedia-PC-Standard legt fest, wie schnell ein CD-ROM-Laufwerk die Daten zum Prozessor übertragen muß, welche Details in den Tönen möglich sein müssen, die von der Soundkarte aufgenommen und abgespielt werden, und wie hoch die Prozessorleistung sein muß, um Ton und Video zu verarbeiten. Heute erfüllt der MPC-Standard nur eine absolute Minimalanforderung für ein Multimedia-System. Es gibt schnellere CD-ROM-Laufwerke, Videokarten, die eine größere Bilddarstellung erlauben, 3D-Umgebungen und Soundsysteme, die realistischeren Sound aufnehmen und wiedergeben. Mit MPEG-Video erhalten Sie Videos und Animationen mit hoher Auflösung im Vollbildmodus. DVD-Laufwerke haben genug Speicherplatz für bisher ungehörte Sound- und Videoqualität.

Multimedia ist auch Teil des Internets geworden. Man findet kaum noch eine Webseite ohne animierte Icons oder Banner.

Schlüsselwörter

3D-Grafiken: Im Unterschied zu 3D-Filmen, vermitteln sie keine Tiefenwahrnehmung. Es handelt sich vielmehr um Computeranimation in Echtzeit, in der Sie den Standpunkt nach Belieben ändern können.
AVI-Dateien: Abkürzung für „Audio/Video Interleave", das heißt Audio/Video-Durchdringung, eins der gängigsten Dateiformate, die Video und Sound miteinander kombinieren.
Beschreibbare CD-ROM, CD-R: Ein optisches Laufwerk, das Musik- und Computerdaten speichern kann, die nicht mehr gelöscht oder geändert werden können, wenn sie einmal auf die Disk geschrieben sind.
Beschreibbare CD-ROM, CD-RW: ähnlich der CD-R, nur mit dem Unterschied, dass Daten jederzeit wieder gelöscht werden können.
DVD: Abkürzung für „Digital Versatile Disk", also „digitale vielseitig verwendbare Disk", die früher als digitale Videodisk bezeichnet wurde. Eine optischer Speichertyp, der zwei Schichten auf jeder Seite der Disk für das Speichern von Videodaten und anderen Daten verwendet.
Laser: Gerät, das einen kohärenten Lichtstrahl erzeugt. Der Lichtstrahl enthält einen oder mehrere sehr reine Farben, verläuft über eine lange Entfernung parallel und verbreitet sich nicht wie normales Licht.
MIDI: Abkürzung für „Musical Instrument Digital Interface" oder „Schnittstelle für Ton- und Musikein- und –ausgabe". MIDI ist ein Protokoll zur Aufnahme und Wiedergabe von Musik auf digitalen Synthesizern, die von den meisten Soundkarten unterstützt werden
MPC: Abkürzung für „Multimedia-PC". Die offizielle Definition eines PCs, der den von der MPC Standards Group festgelegten Minimalstandard erfüllt.
MPEG: Abkürzung für „Motion Picture Expert Group". MPEG ist eine spezifische Methode der Video- und Sound-Dekomprimierung für die Wiedergabe in Realzeit.
Optisches Laufwerk: Ein Speichergerät, das zum Lesen und Schreiben von Daten einen Laser verwendet.
Pit, Grube: Eine Einkerbung auf der Oberfläche einer optischen Disk. Eine Pit zerstreut Licht eines Laserstrahls, der auf die Disk gerichtet ist, so daß der Lesekopf des Laufwerks den Strahl nicht auffängt.
Virtuelle Realität: Die Simulation einer Real- oder Vorstellungswelt, die visuell in den drei Dimensionen Breite, Höhe und Tiefe erfahrbar ist und zu der auch andere Sinnerfahrungen wie Klang, Berührung und Reaktionen von „berührten" Objekten oder anderen Kräften gehören können.

KAPITEL 26
So funktioniert ein CD-ROM-Laufwerk

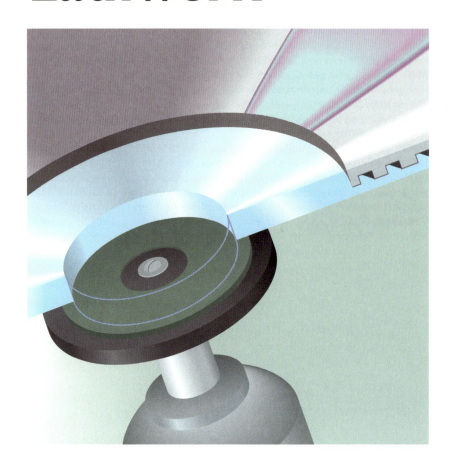

DIE CD-ROM- und DVD-Laufwerke eines Computers verwenden kleine, austauschbare Disks, die mit Kunststoff umhüllt sind und deren Daten mit Hilfe eines Laserstrahls gelesen werden könne, ähnlich den Musik-CDs. CD-ROMs und DVDs sind den Musik-CDs auch in der Hinsicht ähnlich, daß sie riesige Datenmengen speichern können. Diese große Datenmenge wird dadurch erreicht, daß man anstelle von schwerfälligen magnetischen Schreib-Leseköpfen Licht verwendet, um die Daten zu lesen, wodurch sich eine höhere Schreibdichte erzielen läßt. Und wie bei Musik-CD-Spielern gibt es Computer-CD-Laufwerke, die wie Jukeboxen funktionieren und automatisch bis zu 100 CDs wechseln können, wenn Sie verschiedene Daten anfordern.

Im Unterschied zur Audio-CD gibt es an einem CD-ROM- und DVD-Laufwerk fast keine Regler und LCD-Anzeigen, außer einem Knopf, um die CD einzulegen und wieder herauszuholen und einem Lämpchen, das anzeigt, wenn das Laufwerk eine CD liest. Das Laufwerk wird statt dessen von einer Software in Ihrem PC gesteuert, die Anweisungen an den Controller schickt, der entweder in das Motherboard integriert ist, oder aus einer eigenen Karte besteht, die in einen Erweiterungssteckplatz gesteckt wird. Zusammen steuern die Software und der Controller High-Tech-Komponenten, die konventionelle Laufwerke buchstäblich alt aussehen lassen.

Die gängigsten CD-ROMs und DVDs sind wie bei Audio-CDs diejenigen, die nur gelesen werden können. Ihr PC kann Ihre eigenen Daten oder Dateien nicht auf diese CDs schreiben, sondern lediglich die Informationen lesen, die in einer Fabrik einmal auf die CDs geschrieben wurden. Die riesige Kapazität und der Nur-Lese-Zugriff der meisten CD-ROMs machen die CD zum perfekten Medium zum Speichern von großen Datenmengen, die nicht aktualisiert werden müssen, und zur Weitergabe umfassender Programme. Clip Art, Fotografien, Enzyklopädien, Shakespeare's Gesammelte Werke und ganze Bücherregale an Referenzmaterial lassen sich in CD-ROMs problemlos aufspüren. Bei DVDs gestaltet sich das etwas schwieriger.

Mit ihrem Speicherumfang von mehr als 20 CDs bietet die DVD mehr Speicher als die meiste Software benötigt, und die meisten DVDs enthalten Kinohits mit Extraszenen, Untertiteln und Synchronisierung.

Anders als CD-ROM-Laufwerke gehört das DVD-Laufwerk noch nicht zu den Grundkomponenten. Aber alle beide eignen sich perfekt für Multimediasysteme mit Video- und Sounddateien, die die große Speicherkapazität dieser Technologien ausnutzen. Neuerdings gibt es auch immer mehr CD-ROM-Laufwerke, die CDs beschreiben können. Beschreibbare CD-ROM-Laufwerke, die Daten auf einen speziellen CD-Typ schreiben können, werden immer günstiger. Allerdings können Sie keine Daten in einen Bereich der beschreibbaren CD schreiben, der schon einmal beschrieben wurde. Sie können zwar Daten zu dem hinzufügen, was sich bereits auf der CD befindet, aber Sie können keine Daten löschen oder verändern. Allerdings werden inzwischen auch die Preise für Laufwerke für überschreibbare CDs erschwinglicher. Die eine oder andere Technologie wird über kurz oder lang das allgegenwärtige Diskettenlaufwerk ersetzen. Disketten, CDs und DVDs sind alle tragbar, kompakt und billig. Ihr Hauptunterschied betrifft die Speicherkapazität – die bescheidene Magnetdiskette kann unseren Speicherbedarf schon lange nicht mehr decken.

CD-ROM-Laufwerk

1 Ein Motor sorgt dafür, daß sich die Drehgeschwindigkeit der CD-ROM ständig der Position des Detektors anpaßt. Dadurch bewegt sich der Bereich direkt oberhalb des Detektors im Verhältnis zum Radius der Disk immer mit der gleichen Geschwindigkeit (vergleichen Sie die Anmerkungen unten).

2 Der Laser projiziert einen konzentrierten Lichtstahl, der dann von einer Fokussierungsspule gebündelt wird.

3 Der Laserstrahl durchdringt die Schutzschicht aus Kunststoff und trifft auf die reflektierende Schicht auf der Unterseite der Disk, die wie eine Aluminiumfolie aussieht.

4 Die Oberfläche der reflektierenden Schicht besteht aus Erhöhungen und Vertiefungen. Die Erhöhungen sind flache Bereiche der Oberfläche, die Vertiefungen sind winzige Einkerbungen in der reflektierenden Schicht. Diese beiden Oberflächen bilden die Gruppe von Einsen und Nullen, die die gespeicherten Daten darstellen.

Disk
Erhöhung
Vertiefung
Fokussierungsspule
Linse
Prisma
Lichtempfindliche Diode
Laserdiode

KAPITEL 26: SO FUNKTIONIERT EIN CD-ROM-LAUFWERK 177

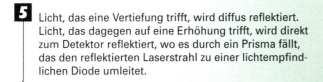

5 Licht, das eine Vertiefung trifft, wird diffus reflektiert. Licht, das dagegen auf eine Erhöhung trifft, wird direkt zum Detektor reflektiert, wo es durch ein Prisma fällt, das den reflektierten Laserstrahl zu einer lichtempfindlichen Diode umleitet.

6 Jeder Lichtstrahl, der die lichtempfindliche Diode trifft, erzeugt eine geringe elektrische Spannung. Diese Spannungen werden über eine Timerschaltung zusammengefaßt, um einen Strom von Einsen und Nullen zu erzeugen, den der Computer lesen kann.

DAS ALTE SCHEMA

Auf magnetischen Platten (wie zum Beispiel bei Festplatten) werden die Daten in konzentrischen Kreisen angeordnet, die als Spuren bezeichnet werden und die radial in Sektoren unterteilt werden. Die magnetischen Platten rotieren in einer konstanten Winkelgeschwindigkeit. Dies bedeutet, daß sich die Spuren, die sich näher am Mittelpunkt befinden, langsamer drehen als die Spuren am Rand. Weil sich die weiter außen liegenden Sektoren schneller am Lese-/Schreibkopf vorbeibewegen, müssen die Sektoren physikalisch größer sein, um die gleiche Datenmenge speichern zu können wie die innenliegenden Sektoren. Dieses Format verschwendet eine Menge Platz, aber optimiert die Geschwindigkeit, mit der Daten gelesen werden können.

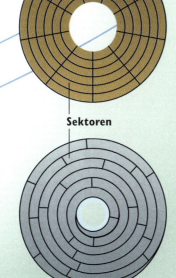

Sektoren

DAS NEUE SCHEMA

Normalerweise findet man auf CD-ROMs ein Schema, das sich von dem der magnetischen Platten unterscheidet, um die Bereiche festzulegen, auf denen die Daten abgelegt werden. Anstelle von mehreren Spuren, die sich auf konzentrischen Kreisen befinden, werden die Daten auf einer CD-ROM auf eine einzelne Spur geschrieben, die sich spiralförmig vom Zentrum der Disk bis zum Rand erstreckt. Diese Spur wird ebenfalls in Sektoren unterteilt, aber diese haben alle die gleiche physikalische Größe. Das Laufwerk verwendet ein Verfahren, das als „konstante lineare Geschwindigkeit" bezeichnet wird und das die Drehgeschwindigkeit der CD ständig verändert, damit die Disk sich schneller dreht, wenn der Detektor sich in Richtung des Zentrums bewegt. Deshalb kann eine Compact-Disk aus mehr Sektoren bestehen als eine Festplatte.

Beschreibbare CD

1 Ein Laser sendet mit niedriger Energie einen Lichtstrahl auf eine Compact-Disk, die aus einer relativ dicken Schicht aus klarem Polykarbonat-Kunststoff besteht. Auf dem Kunststoff befindet sich eine Schicht aus gefärbtem Material, das in der Regel grün ist, eine dünne Schicht aus Gold, um den Laserstrahl zu reflektieren, eine Schutzschicht aus Lack und oft noch eine kratzfeste Schicht aus polymerem Material. Auf der Oberseite kann sich ein Label aus Papier oder ein im Siebdruck erstellter Aufdruck befinden.

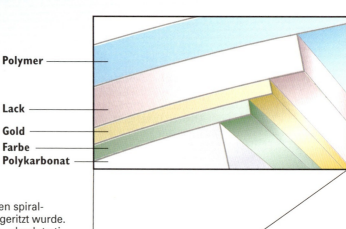

Polymer
Lack
Gold
Farbe
Polykarbonat

2 Der Schreibkopf des Lasers folgt einer engen spiralförmigen Bahn, die in die Kunststoffschicht geritzt wurde. Die Bahn, die als „Atip" (die Abkürzung für „absolute timing in pregroove", was soviel heißt wie „absolute Timing-Vorgabe") bezeichnet wird, besitzt ein fortlaufendes Wellenmuster, das dem Muster auf einer Schallplatte ähnelt. Die Wellenfrequenz variiert ständig vom Start der Rinne bis zu ihrem Ende. Der Laserstrahl wird von dem Wellenmuster reflektiert, und durch das Lesen der Wellenfrequenz kann das CD-Laufwerk die relative Position des Kopfes zur Oberfläche der CD berechnen.

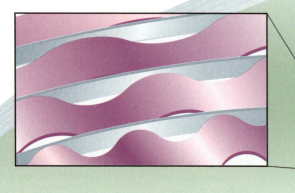

Laser
Schreibkopf

3 Während der Kopf dem Atip folgt, verwendet er die Information über die Position, die von den Wellen der Rinnen übermittelt wird, um die Geschwindigkeit des Motors zu steuern, der die Disk dreht, so daß sich der Bereich der Disk unter dem Kopf immer mit der gleichen Geschwindigkeit bewegt. Um das zu erreichen, muß sich die Disk schneller drehen, wenn sich der Kopf zum Zentrum der Disk bewegt, und langsamer, wenn sich der Kopf in Richtung des Randes bewegt.

KAPITEL 26: SO FUNKTIONIERT EIN CD-ROM-LAUFWERK

5 Die Farbschicht ist so konzipiert, daß sie das Licht mit dieser Wellenlänge absorbiert. Das Absorbieren der Energie des Laserstrahls erzeugt eine Marke auf eine von drei Arten, je nachdem, wie die Disk aussieht. Die Farbe wird entweder gebleicht oder die Polykarbonatschicht wird zerstört oder die Farbschicht wirft eine Blase. Egal, welche Marke erzeugt wird, ist das Ergebnis eine Verformung, die als „Streifen" entlang der spiralförmigen Spur bezeichnet wird. Wenn der Strahl abgeschaltet wird, wird keine Marke erzeugt. Die Länge der Streifen kann unterschiedlich sein, genauso wie die nichtmarkierten Zwischenräume zwischen ihnen. Das CD-Laufwerk verwendet die verschiedenen Längen dafür, die Informationen in einem speziellen Code abzulegen, der die Daten komprimiert und auf Fehler hin überprüft. Die Veränderung der Farbe ist dauerhaft, weshalb es sich bei der CD im eigentlichen Sinn um ein WORM-Medium handelt (WORM ist die Abkürzung für „Write Once Read Many", auf deutsch „Einmal schreiben, mehrfach lesen").

6 Das CD-R-Laufwerk oder ein normales CD-Laufwerk wirft einen weniger intensiven Laserstrahl auf die Disk, um die Daten zu lesen. An den Stellen, an denen sich keine Markierungen befinden, reflektiert die Goldschicht den Strahl direkt zurück zum Lesekopf. Wenn der Strahl einen Streifen trifft, streut die Verzerrung in der Spur den Strahl, so daß das Licht nicht zum Lesekopf zurückkehrt. Das Ergebnis ist das gleiche, als wenn der Strahl auf die Erhöhungen und Vertiefungen einer normalen CD-ROM gerichtet würde. Jedesmal, wenn der Strahl zum Kopf reflektiert wird, erzeugt der Kopf einen elektrischen Impuls. Aus dem Muster der Stromimpulse kann das Laufwerk die Daten dekomprimieren, auf Fehler überprüfen und sie an den PC in Form von digitalen Einsen und Nullen weitergeben.

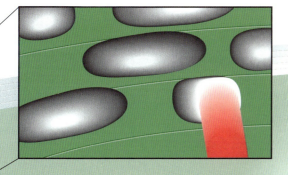

4 Die Software, die dafür entwickelt wurde, eine Compact-Disk zu bespielen, schickt die Daten, die auf der CD abgelegt werden sollen, in einem speziellen Format, zum Beispiel ISO 9096, welches automatisch eine Fehlerkorrektur vornimmt und ein Inhaltsverzeichnis anlegt. Das Inhaltsverzeichnis wird benötigt, weil es keine Dateizuordnungstabelle oder dergleichen gibt (wie wir sie von den magnetischen Datenträgern kennen), wo die Position der Daten vermerkt ist. Das CD-Laufwerk schreibt die Informationen auf die CD, indem es einen stärkeren Impuls des Laserstrahls mit einer Wellenlänge von 780 Nanometern sendet.

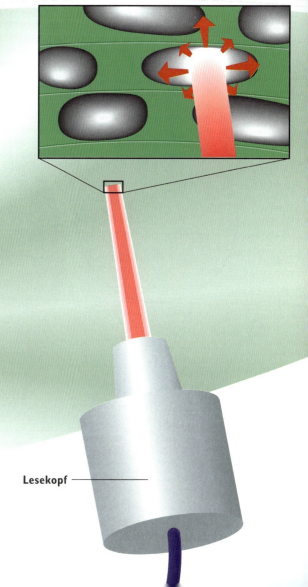

Lesekopf

So funktioniert DVD

1 Eine einseitige digitale Videodisk (DVD) besteht aus vier Hauptschichten. Zuerst kommt eine dicke Schicht aus Polykarbonat Kunststoff, die das Fundament für die anderen Schichten bildet. Auf diese Basis ist eine viel dünnere Lage aus einem undurchsichtigen, reflektierenden Material gelegt. Anschließend kommt ein dünner transparenter Film. Die Oberflächenschicht zum Schutz besteht aus durchsichtigem Plastik. Alle Daten (Audio, Video, Text und Programme) werden wie bei der CD-ROM auch durch eine Kombination von flachen Bereichen (Erhebungen) und Einkerbungen (Vertiefungen) in zwei der Flächen – dem durchsichtigen Film und der glänzenden undurchsichtigen Schicht – repräsentiert. Die Einkerbungen bei der DVD sind jedoch viel kleiner, einer der Gründe, warum DVDs mit 8,5 Gbyte Speicherkapazität so viele Daten wie 13 CD-ROMs aufnehmen können. Über Komprimierungsverfahren können bis zu 17 GB (mehr als 20 CDs) auf einer DVD gespeichert werden.

2 Ein DVD-Laufwerk benutzt wie ein CD-ROM-Laufwerk Laser, um die Vertiefungen und Erhöhungen zu lesen. Der DVD-Laser benutzt aber Licht mit einer kürzeren Wellenlänge, so daß der Laserstrahl schmal genug ist, um die kleineren Erhebungen und Einkerbungen akkurat lesen zu können.

3 Der DVD-Lesekopf richtet den Strahl so aus, daß er nur auf die Oberfläche des transparenten Films trifft. Dazu wird die Spannung in einer magnetischen Spule, die den Laserstrahl umgibt, verändert.

4 Wenn der Laser auf eine Vertiefung trifft, streut die Einkerbung das Licht in alle Richtungen.

5 Wenn der Lichtstrahl aber einen flachen Bereich trifft, wird er zurück zum Lesekopf reflektiert. Dort lenkt ein Prisma das Licht zu einem Gerät um, das die Lichtenergie in elektrische Impulse umwandelt. Der Computer interpretiert diese elektrischen Impulse als Code und Daten.

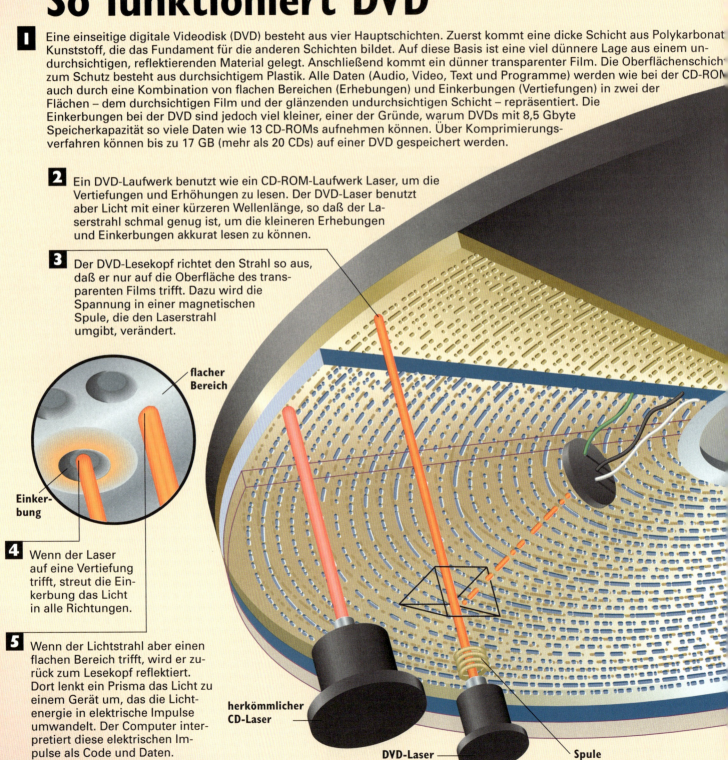

KAPITEL 26: SO FUNKTIONIERT EIN CD-ROM-LAUFWERK 181

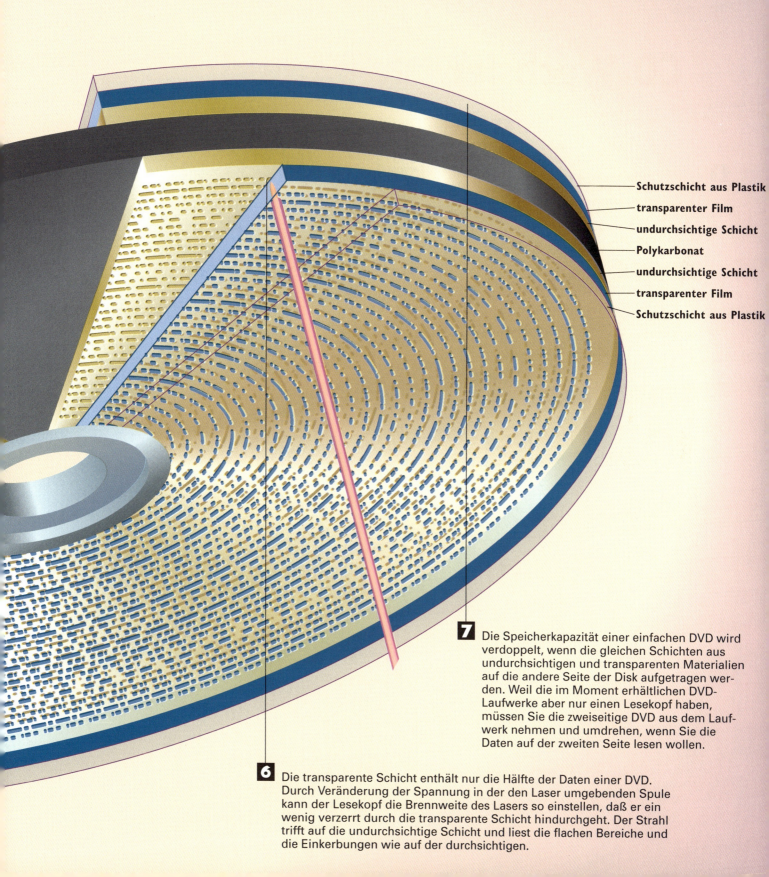

Schutzschicht aus Plastik
transparenter Film
undurchsichtige Schicht
Polykarbonat
undurchsichtige Schicht
transparenter Film
Schutzschicht aus Plastik

7 Die Speicherkapazität einer einfachen DVD wird verdoppelt, wenn die gleichen Schichten aus undurchsichtigen und transparenten Materialien auf die andere Seite der Disk aufgetragen werden. Weil die im Moment erhältlichen DVD-Laufwerke aber nur einen Lesekopf haben, müssen Sie die zweiseitige DVD aus dem Laufwerk nehmen und umdrehen, wenn Sie die Daten auf der zweiten Seite lesen wollen.

6 Die transparente Schicht enthält nur die Hälfte der Daten einer DVD. Durch Veränderung der Spannung in der den Laser umgebenden Spule kann der Lesekopf die Brennweite des Lasers so einstellen, daß er ein wenig verzerrt durch die transparente Schicht hindurchgeht. Der Strahl trifft auf die undurchsichtige Schicht und liest die flachen Bereiche und die Einkerbungen wie auf der durchsichtigen.

CD-Wechsler

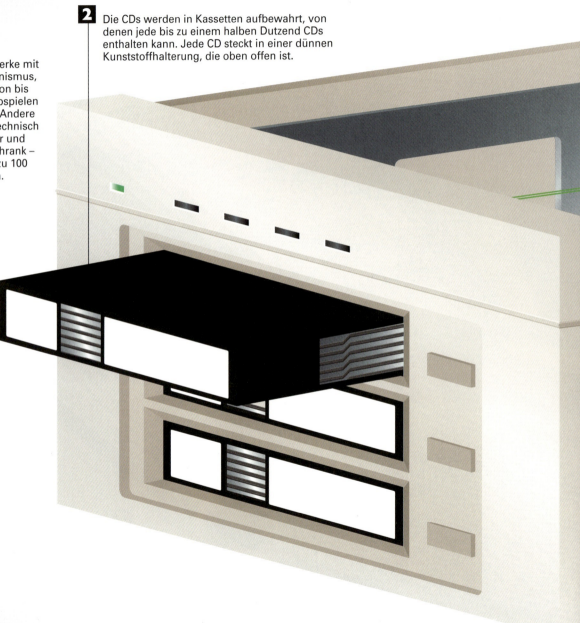

1 Es gibt CD-ROM-Laufwerke mit einem Wechslermechanismus, um automatisch eine von bis zu 18 CD-ROMs zum Abspielen in Position zu bringen. Andere Mehrfachlaufwerke – technisch höher entwickelt, teurer und so groß wie ein Kühlschrank – können Daten von bis zu 100 und mehr CDs einlesen.

2 Die CDs werden in Kassetten aufbewahrt, von denen jede bis zu einem halben Dutzend CDs enthalten kann. Jede CD steckt in einer dünnen Kunststoffhalterung, die oben offen ist.

KAPITEL 26: SO FUNKTIONIERT EIN CD-ROM-LAUFWERK

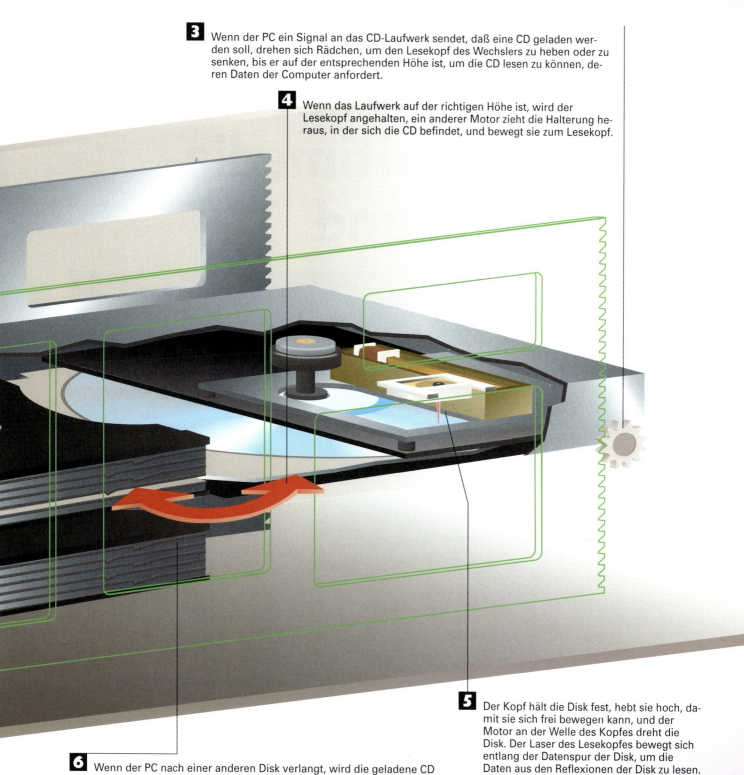

3 Wenn der PC ein Signal an das CD-Laufwerk sendet, daß eine CD geladen werden soll, drehen sich Rädchen, um den Lesekopf des Wechslers zu heben oder zu senken, bis er auf der entsprechenden Höhe ist, um die CD lesen zu können, deren Daten der Computer anfordert.

4 Wenn das Laufwerk auf der richtigen Höhe ist, wird der Lesekopf angehalten, ein anderer Motor zieht die Halterung heraus, in der sich die CD befindet, und bewegt sie zum Lesekopf.

5 Der Kopf hält die Disk fest, hebt sie hoch, damit sie sich frei bewegen kann, und der Motor an der Welle des Kopfes dreht die Disk. Der Laser des Lesekopfes bewegt sich entlang der Datenspur der Disk, um die Daten aus den Reflexionen der Disk zu lesen.

6 Wenn der PC nach einer anderen Disk verlangt, wird die geladene CD in die Halterung zurückgelegt, die die Disk in die Kassette transportiert. Dann bewegt sich der Mechanismus des Kopfes zu der neuen CD. Es dauert ungefähr zehn Sekunden, um eine geladene CD zurückzutransportieren und den Lesevorgang bei einer neuen CD zu beginnen.

KAPITEL 27
So funktioniert Multimedia-Sound

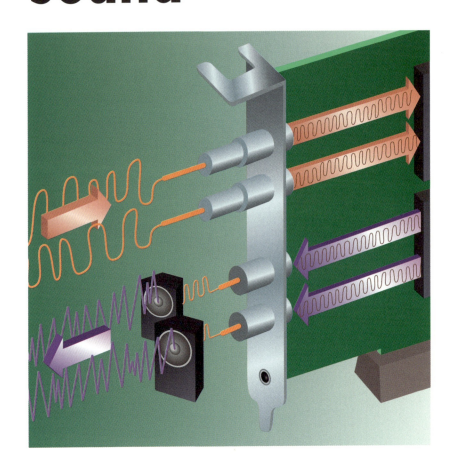

DIE DOS- und Windows-PCs klangen jahrelang wie die Zeichentrickfigur Roadrunner. Sie konnten lediglich laute hohe und weniger hohe Piepstöne von sich geben. Aber es waren alles nur Piepstöne. Das konnte nicht geleugnet werden.

Die heutigen Möglichkeiten, Multimedia-Sound zu hören, verdanken wir den Spielern von Computerspielen. Sie entdecken die Vorteile, richtige Explosionen, Raketenabschüsse, Pistolenschüsse und stimmungsreiche Hintergrundmusik zu hören, lange Zeit vor den Programmierern, die Geschäftssoftware entwickelten. Jetzt können Sie den Anweisungen Ihres Computers zuhören, während Sie auf der Tastatur folgen, einen Brief diktieren, indem Sie zu Ihrem PC sprechen, Ihrem PC gesprochene Befehle geben, eine gesprochene Nachricht an ein Dokument anfügen und müssen die Augen nicht von einer ausgedruckten Liste abwenden, wenn der PC die Nummern ausspricht, die Sie in eine Tabelle eingeben.

Nichts von Multimedia, das den geschäftlichen und persönlichen Gebrauch des Computers verbessert hat, wäre ohne die Tonfähigkeiten möglich. Multimedia-CD-ROMs und DVDs erwecken Themen auf eine Weise zum Leben, die sich mit einem Buch nicht realisieren lassen. Beispielsweise können Sie die Geräusche von Tieren, Musikinstrumenten oder die Stimmen bekannter Künstler und Politiker hören. Es muß nicht sein, daß die Soundfähigkeiten Ihres PCs Sie immer schlauer machen müssen. Sie können auch einfach Spaß an Ihrem PC haben. Es wird Ihren Tag nicht kürzer machen, wenn sie den Fehlerton von Windows durch das „Doh!" von Homer Simpson ersetzen. Und Sie werden nicht produktiver sein, wenn ein Windows-Programm jedesmal, wenn es geöffnet oder geschlossen wird, einen Ton von sich gibt wie die Aufzugtüren von „Star Trek". Aber was soll's? Die Soundfähigkeiten Ihres Multimedia-PC zu nutzen bedeutet, daß Sie mehr Spaß an Ihrem Computer haben. Und wir alle verbringen so viel Zeit vor dieser Kiste, da sollte sie auch ein bißchen Spaß machen.

Ton ist so wichtig geworden, daß er zur Entwicklung eines Chips beigetragen hat, der als „digitaler Signalprozessor" (DSP) bezeichnet wird. Dieser Chip befreit die CPU des Computers von der Verarbeitung des Tons. Irgendwann können Sie damit rechnen, daß auch andere digitale Signale, wie die Stimme, Mail, Fax und Video, von einem einzigen DSP verarbeitet werden, der verschiedene Befehle für die verschiedenen Signaltypen ausführt. Und nachdem nun der PC eine Stimme erhalten hat, kann er viele verschiedene digitale Sprachen sprechen. Wir werden uns einige in diesem Kapitel ansehen und auch zeigen, wie die Soundkarte Ihres PC die digitalen Informationen von Stimmen, Musik und Ton in eine lebendige Realität übersetzt.

Soundkarten und digitale Signalverarbeitungen

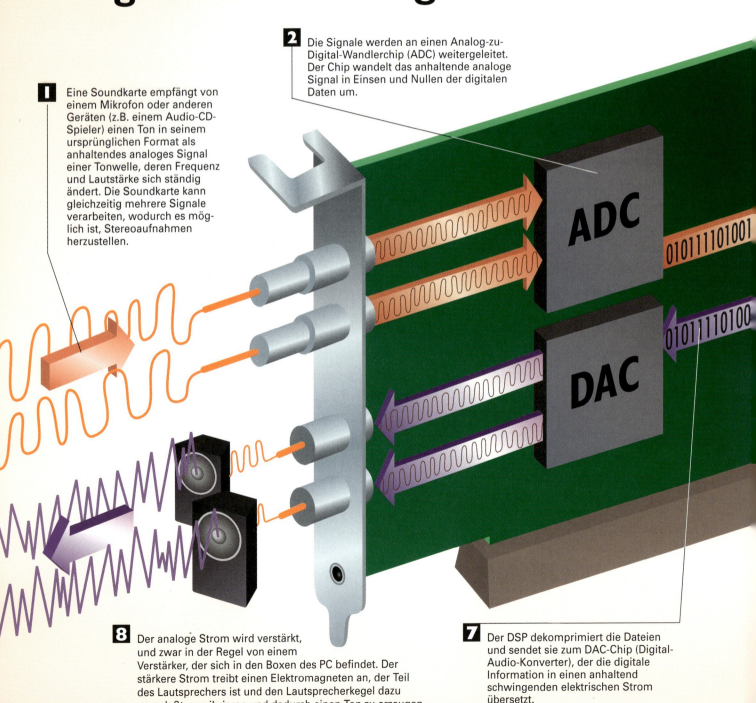

2 Die Signale werden an einen Analog-zu-Digital-Wandlerchip (ADC) weitergeleitet. Der Chip wandelt das anhaltende analoge Signal in Einsen und Nullen der digitalen Daten um.

1 Eine Soundkarte empfängt von einem Mikrofon oder anderen Geräten (z.B. einem Audio-CD-Spieler) einen Ton in seinem ursprünglichen Format als anhaltendes analoges Signal einer Tonwelle, deren Frequenz und Lautstärke sich ständig ändert. Die Soundkarte kann gleichzeitig mehrere Signale verarbeiten, wodurch es möglich ist, Stereoaufnahmen herzustellen.

8 Der analoge Strom wird verstärkt, und zwar in der Regel von einem Verstärker, der sich in den Boxen des PC befindet. Der stärkere Strom treibt einen Elektromagneten an, der Teil des Lautsprechers ist und den Lautsprecherkegel dazu veranlaßt, zu vibrieren und dadurch einen Ton zu erzeugen.

7 Der DSP dekomprimiert die Dateien und sendet sie zum DAC-Chip (Digital-Audio-Konverter), der die digitale Information in einen anhaltend schwingenden elektrischen Strom übersetzt.

KAPITEL 27: SO FUNKTIONIERT MULTIMEDIA-SOUND 187

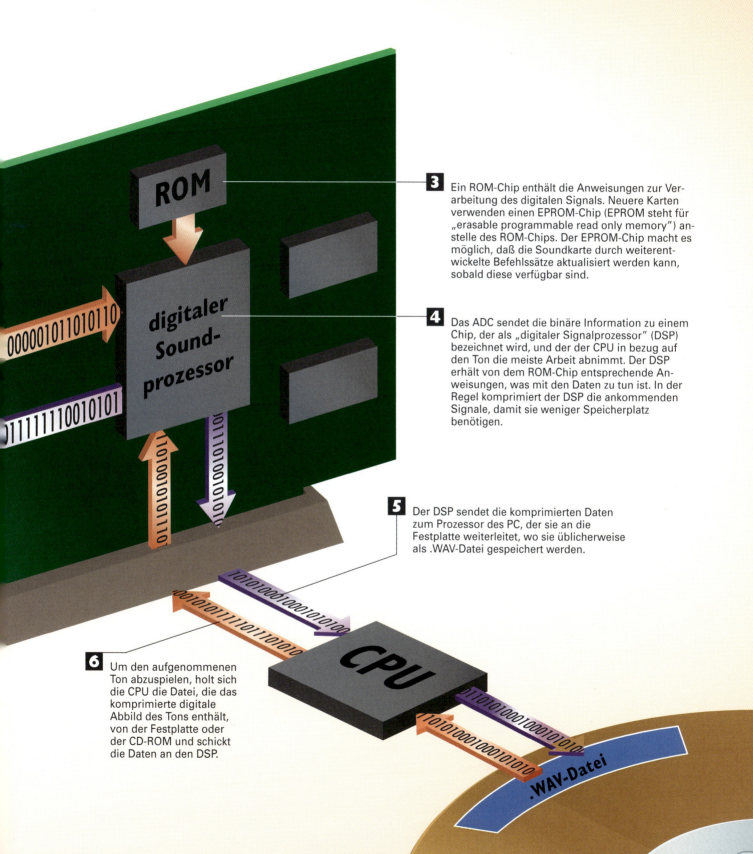

3 Ein ROM-Chip enthält die Anweisungen zur Verarbeitung des digitalen Signals. Neuere Karten verwenden einen EPROM-Chip (EPROM steht für „erasable programmable read only memory") anstelle des ROM-Chips. Der EPROM-Chip macht es möglich, daß die Soundkarte durch weiterentwickelte Befehlssätze aktualisiert werden kann, sobald diese verfügbar sind.

4 Das ADC sendet die binäre Information zu einem Chip, der als „digitaler Signalprozessor" (DSP) bezeichnet wird, und der der CPU in bezug auf den Ton die meiste Arbeit abnimmt. Der DSP erhält von dem ROM-Chip entsprechende Anweisungen, was mit den Daten zu tun ist. In der Regel komprimiert der DSP die ankommenden Signale, damit sie weniger Speicherplatz benötigen.

5 Der DSP sendet die komprimierten Daten zum Prozessor des PC, der sie an die Festplatte weiterleitet, wo sie üblicherweise als .WAV-Datei gespeichert werden.

6 Um den aufgenommenen Ton abzuspielen, holt sich die CPU die Datei, die das komprimierte digitale Abbild des Tons enthält, von der Festplatte oder der CD-ROM und schickt die Daten an den DSP.

Soundkarten: MIDI- und FM-Synthese

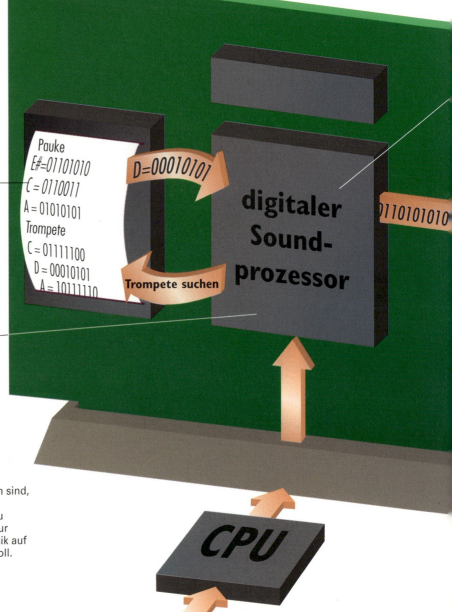

3 Wenn die Soundkarte die Methode der Wave-Table-Synthese verwendet, um Musikinstrumente nachzuahmen, dann befinden sich echte Klangbeispiele der verschiedenen Musikinstrumente im ROM-Chip.

2 Die MIDI-Anweisungen teilen dem digitalen Signalprozessor mit, welche Instrumente gespielt werden sollen und wie sie zu spielen sind.

1 Während einige Soundarten direkte Aufnahmen sind, zum Beispiel solche in WAV-Dateien, wurde der MIDI-Sound entwickelt, um Speicherplatz zu sparen, indem anstelle des eigentlichen Tons nur Anweisungen gespeichert werden, wie die Musik auf elektronischen Instrumenten gespielt werden soll.

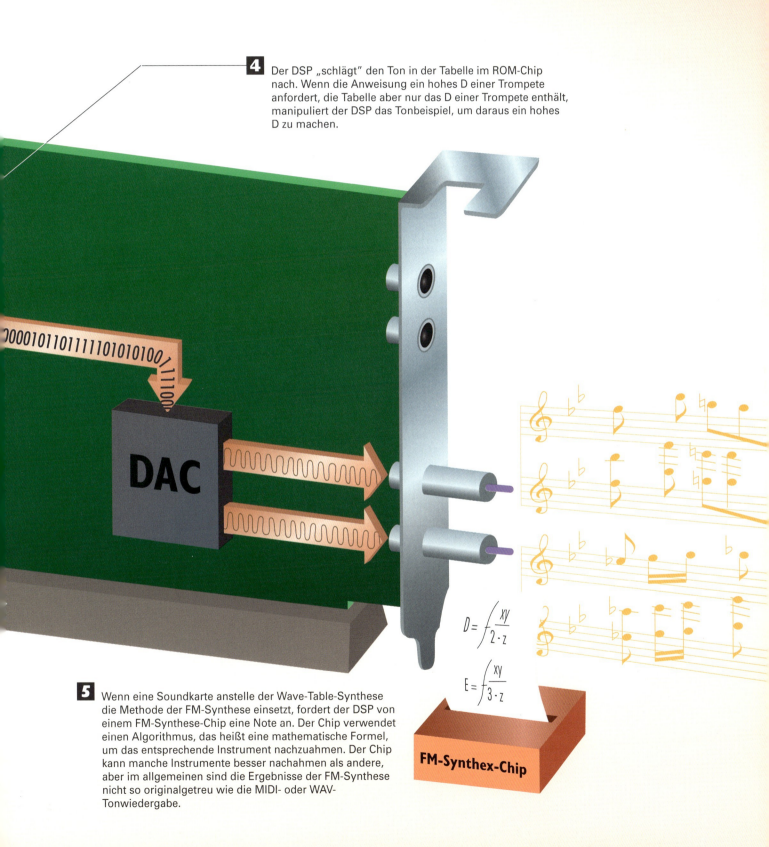

KAPITEL 28
So funktioniert Multimedia-Video

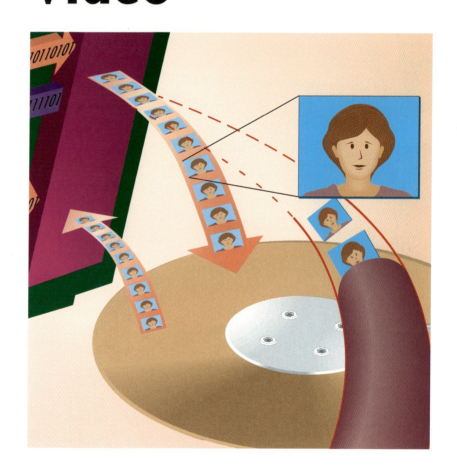

VIDEOS sind an sich nichts Neues. Der Camcorder ersetzt die Acht-Millimeter-Kamera als Erinnerungsfänger. Wieso also wird die Ankunft von Videos auf dem Computer als etwas Neues gefeiert? Der Grund liegt darin, daß wir so sehr daran gewöhnt sind, sprechende und sich bewegende Bilder dafür zu verwenden, um an Informationen zu gelangen, die wir geschäftlich und privat benötigen. Während es ein gutes Multimedia-Audiosystem bereits mit der heimischen Stereoanlage aufnehmen kann, kommen die Videos auf dem PC noch längst nicht an den Standard heran. Trotz Verbesserungen wie MPEG oder DVD müssen Sie in der Regel mit einem Videofenster vorliebnehmen, das gerade mal ein Zehntel Ihres Bildschirms ausfüllt. Das Video ruckelt höchstwahrscheinlich und das Gesprochene und die Bewegung der Lippen paßt nur manchmal zufällig zusammen. Tatsache ist, daß die Qualität eines selbstgemachten Videos, das Sie in Zeitlupe ablaufen lassen, immer noch besser ist.

Wieso soll man nicht einfach Videobänder verwenden, um die Informationen zu übertragen? Weil Videobänder keinen wahlfreien Zugriff bieten. Die Freiheit, zu jedem Punkt zu gehen, ist der wahlfreie Zugriff. Es ist der Grund, weshalb der Arbeitsspeicher mit RAM abgekürzt wird (RAM steht für „random access memory", was auf Deutsch „Speicher mit wahlfreiem Zugriff" heißt). Die ersten Computer verwendeten Magnetbänder, um Programme und Daten zu speichern. Es waren langsame Rechner. Der Speicher mit wahlfreiem Zugriff und Festplatten mit wahlfreiem Zugriff machen den Computer so schnell und so vielseitig.

Und genau dieser Unterschied im Zugriff ist es, der Multimedia-Video von einem Videoband unterscheidet. Sie haben die Kontrolle darüber, was Sie sehen und hören. Anstatt einer vorprogrammierten Abfolge von Videos und Animationen zu folgen, können Sie hin- und herspringen, wie Sie wollen und sich mit den Teilen eines Multimediatitels beschäftigen, die Sie am meisten interessieren.

Trotz der oberflächlichen Ähnlichkeit zwischen einem Fernseher und einem Bildschirm eines PC, erzeugen die beiden ein Bild auf unterschiedliche Art und Weise. Der Fernseher ist ein Analoggerät, der seine Informationen von ständig variierenden elektromagnetischen Wellen erhält. Ein Bildschirm verwendet analogen Strom, um die Anzeige zu steuern, aber die Daten für das, was angezeigt werden soll, sind digitaler Natur, das heißt, es sind Nullen und Einsen.

Der Datenfluß kann leicht über das Maß hinausgehen, was eine Anzeige verarbeiten kann. Multimedia-Video so „winzig" und ruckelig. Ein kleineres Bild ist gleichbedeutend mit weniger Informationen – tatsächlich weniger Pixel –, die der PC verfolgen und aktualisieren muß. Das Ruckeln hat seinen Grund darin, daß das Bild nur fünf- bis 15mal pro Sekunde aktualisiert wird, im Vergleich zu dreißig Bildern eines Fernsehgeräts. Durch die Weiterentwicklung der Datenkompression konnten viele der Einschränkungen bereits aus dem Weg geräumt werden. Beispielsweise ermöglicht es die MPEG-Kompression, daß Multimedia-Videos den ganzen Bildschirm ausfüllen. Womöglich werden aber Weiterentwicklungen der hier vorgestellten Komprimierungs- und Übertragungstechniken Computervideo so alltäglich machen wie die ständigen Wiederholungen von Fernsehserien.

Multimedia-Video

1 Eine Kamera und ein Mikrofon nehmen die Bilder und Töne eines Videos auf und senden analoge Signale an eine Video-Capture-Karte. Um die Datenmenge zu reduzieren, die verarbeitet werden muß, nimmt die Karte nur ungefähr die Hälfte jener Bilder pro Sekunde auf, die Filme verwenden.

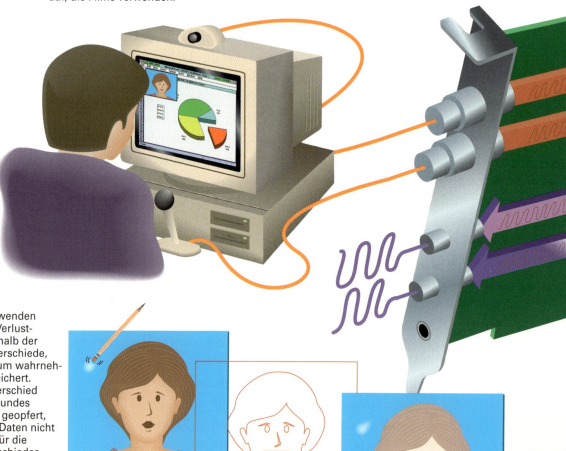

8 Videokonferenzen verwenden auch die sogenannte Verlustkomprimierung. Innerhalb der Bilder werden die Unterschiede, die man nicht oder kaum wahrnehmen kann, nicht gespeichert. Ein geringfügiger Unterschied innerhalb des Hintergrundes wird hier zum Beispiel geopfert, damit das System die Daten nicht verarbeiten muß, die für die Darstellung des Unterschiedes notwendig sind.

7 MPEG(Motion Picture Expert Group)-Komprimierung, die so effektiv ist, daß sie Videos mit voller Bildgröße erzeugen kann, nimmt nur Schlüsselbilder auf und sagt dann voraus, wie die fehlenden Bilder aussehen, indem es die Veränderungen der Schlüsselbilder vergleicht.

6 Fortgeschrittene Arten der Datenkomprimierung von aufgenommenen Videos und Videokonferenzen verwenden ein sogenanntes Sampling, um die Datenmenge zu reduzieren, die aufgenommen oder übertragen werden muß. Eine Methode, die von AVI-Dateien angewendet wird, erstellt ein komplettes Duplikat von einem Bild und speichert dann nur die Unterschiede – das Delta – der folgenden Bilder. Die Bilder werden wiederhergestellt, indem die Delta-Daten mit den Daten des vorhergehenden Bildes kombiniert werden.

KAPITEL 28: SO FUNKTIONIERT MULTIMEDIA-VIDEO 193

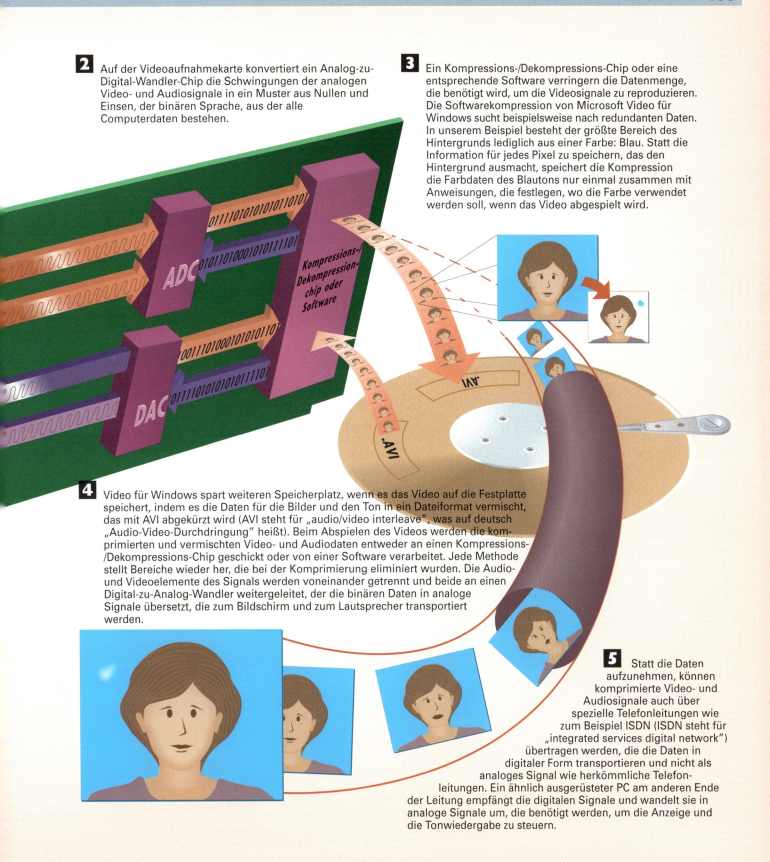

2 Auf der Videoaufnahmekarte konvertiert ein Analog-zu-Digital-Wandler-Chip die Schwingungen der analogen Video- und Audiosignale in ein Muster aus Nullen und Einsen, der binären Sprache, aus der alle Computerdaten bestehen.

3 Ein Kompressions-/Dekompressions-Chip oder eine entsprechende Software verringern die Datenmenge, die benötigt wird, um die Videosignale zu reproduzieren. Die Softwarekompression von Microsoft Video für Windows sucht beispielsweise nach redundanten Daten. In unserem Beispiel besteht der größte Bereich des Hintergrunds lediglich aus einer Farbe: Blau. Statt die Information für jedes Pixel zu speichern, das den Hintergrund ausmacht, speichert die Kompression die Farbdaten des Blautons nur einmal zusammen mit Anweisungen, die festlegen, wo die Farbe verwendet werden soll, wenn das Video abgespielt wird.

4 Video für Windows spart weiteren Speicherplatz, wenn es das Video auf die Festplatte speichert, indem es die Daten für die Bilder und den Ton in ein Dateiformat vermischt, das mit AVI abgekürzt wird (AVI steht für „audio/video interleave", was auf deutsch „Audio-Video-Durchdringung" heißt). Beim Abspielen des Videos werden die komprimierten und vermischten Video- und Audiodaten entweder an einen Kompressions-/Dekompressions-Chip geschickt oder von einer Software verarbeitet. Jede Methode stellt Bereiche wieder her, die bei der Komprimierung eliminiert wurden. Die Audio- und Videoelemente des Signals werden voneinander getrennt und beide an einen Digital-zu-Analog-Wandler weitergeleitet, der die binären Daten in analoge Signale übersetzt, die zum Bildschirm und zum Lautsprecher transportiert werden.

5 Statt die Daten aufzunehmen, können komprimierte Video- und Audiosignale auch über spezielle Telefonleitungen wie zum Beispiel ISDN (ISDN steht für „integrated services digital network") übertragen werden, die die Daten in digitaler Form transportieren und nicht als analoges Signal wie herkömmliche Telefonleitungen. Ein ähnlich ausgerüsteter PC am anderen Ende der Leitung empfängt die digitalen Signale und wandelt sie in analoge Signale um, die benötigt werden, um die Anzeige und die Tonwiedergabe zu steuern.

TEIL

NETZWERKE

Kapitel 29: So funktioniert ein lokales Netzwerk (LAN)
198

Kapitel 30: So funktioniert das Internet
206

VOR dem PC gab es das Terminal – ein eher simples Anzeigegerät – und die Tastatur. Sie ermöglichen mehreren Anwendern am gleichen Ort den Zugang zum selben zentralen Computer. In der Regel handelte es sich dabei um einen großen mysteriösen Kasten in einem eigenen Raum, der von Spezialisten in weißen Labormänteln gepflegt wurde.

Das System erinnert an primitive Religionen, in denen die hohen Priester die einzigen waren, die über ein geheimes Wissen verfügten, um mit den Göttern kommunizieren zu können. Einfachen Anwendern war es nicht erlaubt, den Tempel zu betreten, und sie konnten mit Sicherheit nicht direkt den Computergott ansprechen. Die Leute vor den Terminals mußten sich mit den Wohltaten oder Flüchen zufrieden geben, die der Computer und seine Priester über sie kommen ließen.

Bei einem zentralen Computer konnten die Anwender nur die Software benutzen, die das MIS-Personal (MIS steht für „Management Information System") für die Installation auswählte. Wenn man eine neue Art von Informationen von dieser Software anforderte, war es oft notwendig, eine handschriftliche Anfrage an die MIS-Priester zu richten, auf dessen Antwort man oft Wochen wartete.

Die Notwendigkeit, mit anderen Anwendern zu kommunizieren und Informationen auszutauschen, hat das PC-Netzwerk hervorgebracht. Das Netzwerk bietet die Vorteile eines PC (Ihre eigene Softwarekonfiguration und ein Ort für persönliche Daten, die Sie nicht mit anderen teilen möchten) und bringt die Vorteile eines zentralen Computers zurück. In einem Netzwerk können Sie und Ihre Kollegen mit denselben aktuellen Firmendaten arbeiten und ausgewählte Informationen und Nachrichten teilen.

Heutzutage sind Netzwerke weder auf einen Ort noch auf eine Firma beschränkt. Das Internet, das Netzwerk der Netzwerke, verbindet Computer auf der ganzen Welt. Sie können ein Programm ausführen, das sich auf einem PC auf einem anderen Kontinent befindet, und Sie können Ihre eigene „Homepage" erstellen, die Tausende von Leuten lesen können, die Sie überhaupt nicht kennen.

Die Vorteile eines PC mit denen eines Netzwerkes zu verknüpfen, ist keine leichte Aufgabe. Das Netzwerk ist nicht nur eine Verbindung zwischen PC – und oft auch Mainframes und Minicomputern –, sondern muß auch als Schiedsrichter zwischen konkurrierenden Anfragen nach Daten und Zugang zu den Netzwerkressourcen fungieren.

SCHLÜSSELWÖRTER

Browser: Ein Computerprogramm, das Seiten aus dem Internet anzeigt.
Brücke (Bridge): Ein Gerät, das zwei lokale Netzwerke, auch wenn es sich um unterschiedliche LAN-Typen handelt, miteinander verbindet.
Client: Ein Computer oder eine Software, die für Daten, andere Programme oder die Weiterverarbeitung von Daten auf einen anderen Computer – einen Server – angewiesen ist.
E-Mail: Elektronische Post, die innerhalb eines Netzwerks oder über das Internet gesendet wird.
Gateway: Hardware und Software, die zwei unterschiedlich betriebene Netzwerke, wie zum Beispiel ein Novell- und ein Windows NT-Netzwerk, miteinander verbinden.
GIF (Graphics Interchange Format): Die Dateierweiterung für das Grafikformat, das im Web häufig für animierte Grafiken verwendet wird.
HTML (Hypertext Markup Language): Die Codierung, die im World Wide Web zum Steuern der Ansicht von Dokumenten verwendet wird.
http: Bestandteil einer „URL" (siehe auch URL), der einen Standort als Adresse, die HTML verwendet, identifiziert.
Hub: Ein Gerät, über das verschiedene Computer eines oder mehrerer Netzwerke im Internet miteinander Verbindung aufnehmen können.
IP (Internet Provider): Ein Computersystem, das Zugriff auf das Internet ermöglicht, wie zum Beispiel AOL, T-Online oder CompuServe.
IP-Adresse: Dient der Identifizierung eines Computers oder Geräts in einem TCP/IP-Netzwerk.
LAN: Abkürzung für „Local Area Network". Steht für „lokales Netz". Ein mehr oder weniger eigenständiges Netzwerk (das sich bei Bedarf mit dem Internet verbinden kann), das in der Regel in einem Büro oder Gebäude untergebracht ist.
Suchmaschine: Ein Programm, das im Internet lokalisierte Dokumente nach vom Benutzer eingegebenen Schlüsselwörtern oder Satzteilen durchsucht. Yahoo!, Altavista, Lycos und Excite beispielsweise sind Sites, die Suchmaschinen zur Verfügung stellen.
Server: Teil eines Netzwerks, der Dateien und Dienste für Clients bereitstellt.
TCP/IP: Abkürzung für „Transmission Control Protocol/Internet Protocol". Eine Protokollsammlung, die verwendet wird, um Server im Internet miteinander zu verbinden und Daten auszutauschen. TCP/IP ist ein universeller Standard für Internet-Verbindung.
URL: Abkürzung für „Universal Resource Locator". Es handelt sich dabei um eine Adresse im World Wide Web, z.B. http://www.mut.de.
Verknüpfung: Text oder Grafiken einer Webseite, durch deren Anklicken man zu anderen Webseiten gelangt.
WAN: Abkürzung für „Wide Area Network". Steht für „Fernnetz". Ein Einzelnetzwerk, das über die Grenzen eines Büros oder Gebäudes hinausgeht.
World Wide Web (WWW): Eine loser Zusammenschluß von Internetservern, die HTML-Formatierung unterstützen.

KAPITEL 25
So funktionieren LAN-Topologien

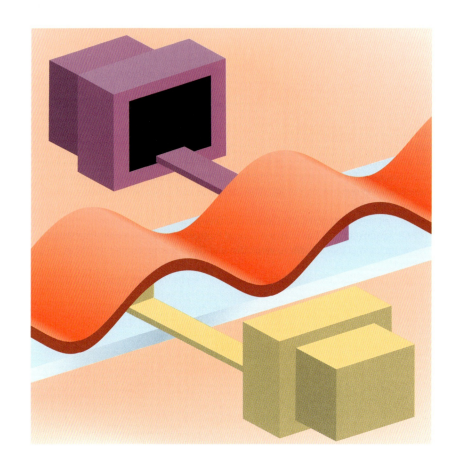

DIE wichtigste Aufgabe, die ein LAN (LAN steht für „Local Area Network", was „lokales Netzwerk" heißt) erfüllt, ist die physikalische Verbindung von mehreren PCs und oft auch von PCs und Mainframes oder Minicomputern. Diese Aufgabe wird mit Hilfe verschiedener Medien erledigt – verdrillte Kabel, Glasfaserkabel, Telefonleitungen und sogar Infrarotlicht und Radiosignale.

Es gibt beinahe so viele Möglichkeiten der Verbindung von Computern, wie es physikalische Möglichkeiten gibt. Aber jede Netzwerkkonfiguration – oder Topologie – muß die gleichen Aufgaben erfüllen. Die am häufigsten auftretende Situation in einem Netzwerk besteht darin, daß eine Nachricht von einem Computer zu einem anderen transportiert werden muß. Die Nachricht kann aus einer Datenanfrage bestehen, aus der Antwort auf eine Anfrage eines anderen PC oder aus einer Anweisung, ein Programm auszuführen, das irgendwo im Netzwerk gespeichert ist.

Die Daten oder das Programm, die von der Nachricht angefordert werden, können auf dem PC eines Kollegen gespeichert sein, der ebenfalls an das Netzwerk angeschlossen ist, oder auf einem Dateiserver, einem speziell dafür gedachten PC. Ein Dateiserver ist in der Regel ein besonders leistungsfähiger PC mit einer großen Festplatte, der nicht von einem einzelnen Mitglied des Netzwerks alleine benutzt wird. Statt dessen greifen alle anderen PCs (auch „Clients" genannt) im Netzwerk auf diesen Dateiserver zu. Seine Hauptaufgabe ist es also, einen allgemein zugänglichen Speicherplatz für die Daten zur Verfügung zu stellen, die von den Clients mit höchstmöglicher Geschwindigkeit angefordert werden können. Analog kann ein Netzwerk über Druckerserver verfügen, die jeder im LAN nutzen kann, um etwas auszudrucken. Ein Druckerserver ist ein PC, an dem ein Drucker hängt, oder ein intelligenter Drucker, der in ein Netz gehängt werden kann, ohne über einen speziellen PC angesteuert werden zu müssen.

Wenn in einem Netzwerk keinem PC die Rolle des ausschließlichen (dezidierten) Servers zugewiesen ist, wird es als „Peer-to-Peer-Netzwerk" bezeichnet. In einem Peer-to-Peer-Netzwerk ist jeder PC ein Server für die anderen PCs – seinen gleichgestellten – im Netzwerk und ist zugleich ein Client der gleichgestellten PCs, die ihm als Server dienen.

Das Netzwerk muß Zugangsanfragen von einzelnen PCs (oder „Knoten") erhalten, die sich im Netzwerk befinden, und das Netzwerk muß über ein Verfahren verfügen, wie es mit gleichzeitigen Anfragen der PCs nach seinen Diensten umgeht. Wenn ein PC die Dienste des Netzwerks in Anspruch nimmt, muß das Netzwerk eine Nachricht von einem PC zu einem anderen schicken können, und zwar nur zu dem Knoten, für den die Nachricht gedacht ist, und nicht zu irgendeinem PC. Und ein Netzwerk muß diese Aufgaben so schnell wie möglich erledigen und seine Dienste allen Knoten im LAN so gleichmäßig wie möglich zur Verfügung stellen.

Es gibt drei Netzwerktopologien - Bus (Ethernet), Token Ring und Stern –, die die meisten Netzwerkkonfigurationen ausmachen, sowohl für Peer-to-Peer als auch für Client-/Server-Netzwerke. Hier erfahren Sie, wie die verschiedenen Topologien Anfragen und Konflikte beantworten.

Das Bus-Netzwerk

1 Alle Knoten eines Bus-Netzwerkes, das auch als „Ethernet" bezeichnet wird, sind mit dem LAN wie Abzweigungen einer gemeinsamen Leitung verbunden. Jeder Knoten besitzt eine eigene Adresse. Die Netzwerkkarte, die sich in einem Knoten befindet, bei dem es sich um einen anderen PC, einen Dateiserver oder einen Druckerserver handeln kann, achtet darauf, daß keine anderen Signale über das Netzwerk übertragen werden. Sie sendet dann eine Nachricht zu einem anderen Gerät, indem sie sie zum „Transceiver" (ein Sende- und Empfangsgerät) übermittelt, der sich normalerweise auf einer Erweiterungskarte befindet. Jeder Knoten verfügt über einen eigenen Transceiver.

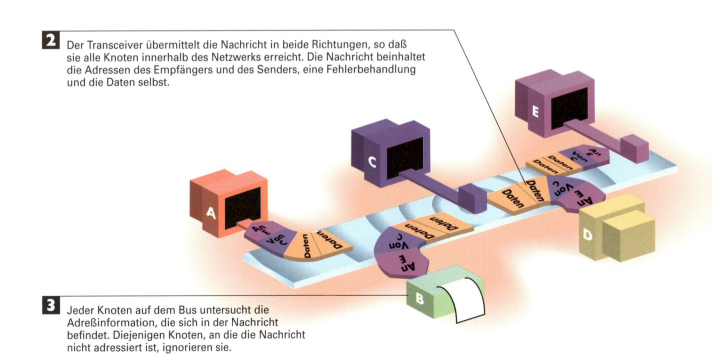

2 Der Transceiver übermittelt die Nachricht in beide Richtungen, so daß sie alle Knoten innerhalb des Netzwerks erreicht. Die Nachricht beinhaltet die Adressen des Empfängers und des Senders, eine Fehlerbehandlung und die Daten selbst.

3 Jeder Knoten auf dem Bus untersucht die Adreßinformation, die sich in der Nachricht befindet. Diejenigen Knoten, an die die Nachricht nicht adressiert ist, ignorieren sie.

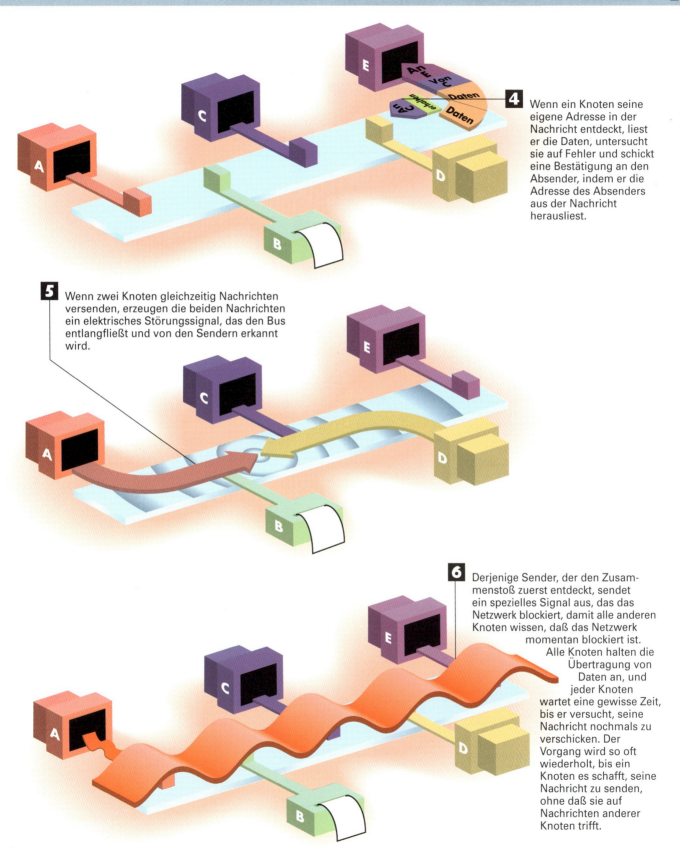

Token-Ring-Netzwerk

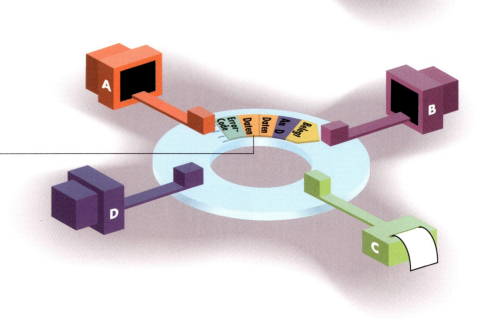

1 Alle Knoten eines Token-Ring-Netzwerks sind über einen Kabelring miteinander verbunden, der die Form einer endlosen Schleife hat. Ein Token – der aus einer kurzen „Alles klar"-Meldung besteht – zirkuliert ständig in dieser Schleife und wird von den Token-Ring-Adapterkarten in jedem Knoten gelesen, wenn der Token vorbeikommt.

2 Ein Knoten, der eine Nachricht senden möchte, schnappt sich das Token, wenn es bei ihm vorbeikommt, verändert den binären Code des Tokens, um den anderen mitzuteilen, daß es benutzt wird, und fügt die Nachricht zusammen mit der Adresse des Knotens, für die sie gedacht ist, sowie einen Fehlerbehandlungscode an das Token an. Es kann nur jeweils eine Nachricht in dem Netz verbreitet werden.

KAPITEL 29: SO FUNKTIONIEREN LAN-TOPOLOGIEN

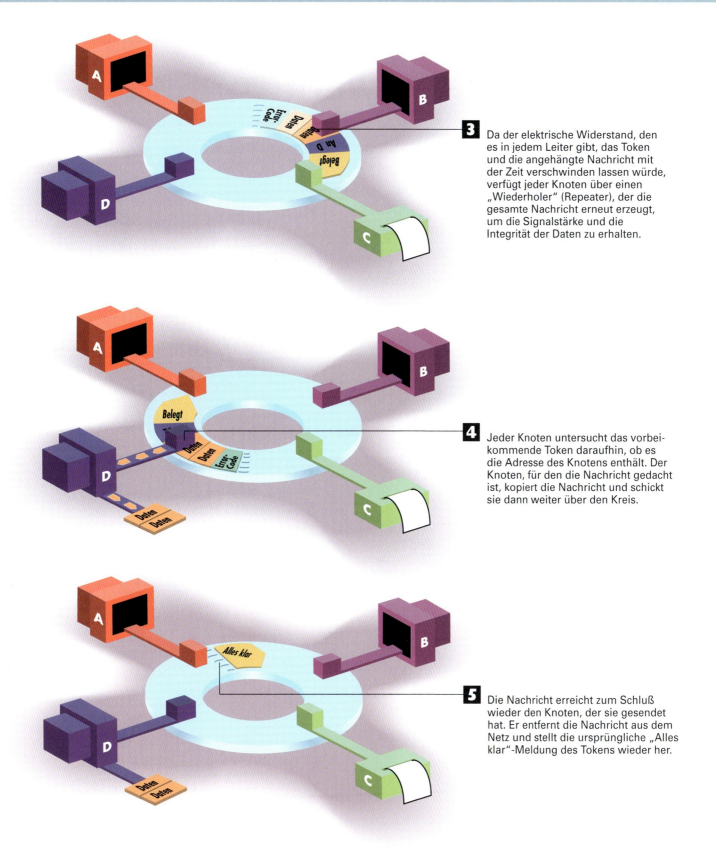

3 Da der elektrische Widerstand, den es in jedem Leiter gibt, das Token und die angehängte Nachricht mit der Zeit verschwinden lassen würde, verfügt jeder Knoten über einen „Wiederholer" (Repeater), der die gesamte Nachricht erneut erzeugt, um die Signalstärke und die Integrität der Daten zu erhalten.

4 Jeder Knoten untersucht das vorbeikommende Token daraufhin, ob es die Adresse des Knotens enthält. Der Knoten, für den die Nachricht gedacht ist, kopiert die Nachricht und schickt sie dann weiter über den Kreis.

5 Die Nachricht erreicht zum Schluß wieder den Knoten, der sie gesendet hat. Er entfernt die Nachricht aus dem Netz und stellt die ursprüngliche „Alles klar"-Meldung des Tokens wieder her.

Das Stern-Netzwerk

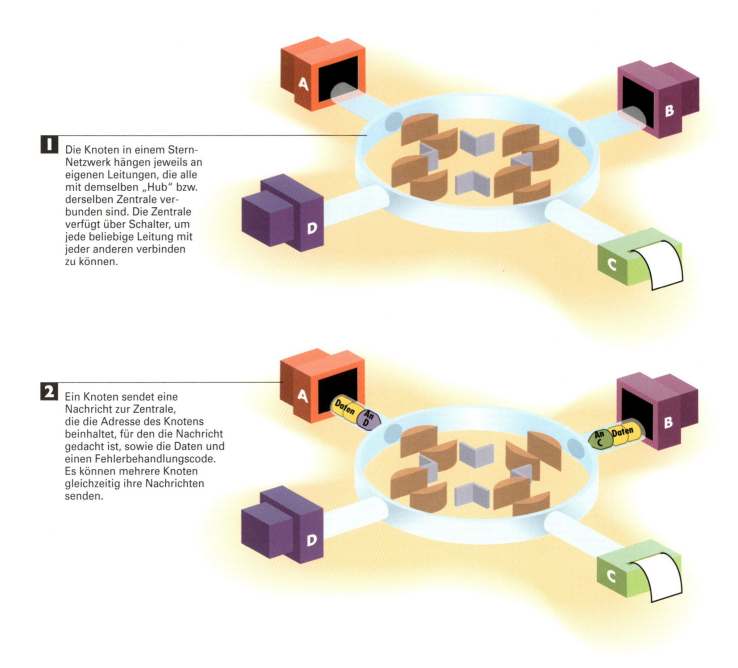

1 Die Knoten in einem Stern-Netzwerk hängen jeweils an eigenen Leitungen, die alle mit demselben „Hub" bzw. derselben Zentrale verbunden sind. Die Zentrale verfügt über Schalter, um jede beliebige Leitung mit jeder anderen verbinden zu können.

2 Ein Knoten sendet eine Nachricht zur Zentrale, die die Adresse des Knotens beinhaltet, für den die Nachricht gedacht ist, sowie die Daten und einen Fehlerbehandlungscode. Es können mehrere Knoten gleichzeitig ihre Nachrichten senden.

KAPITEL 29: SO FUNKTIONIEREN LAN-TOPOLOGIEN

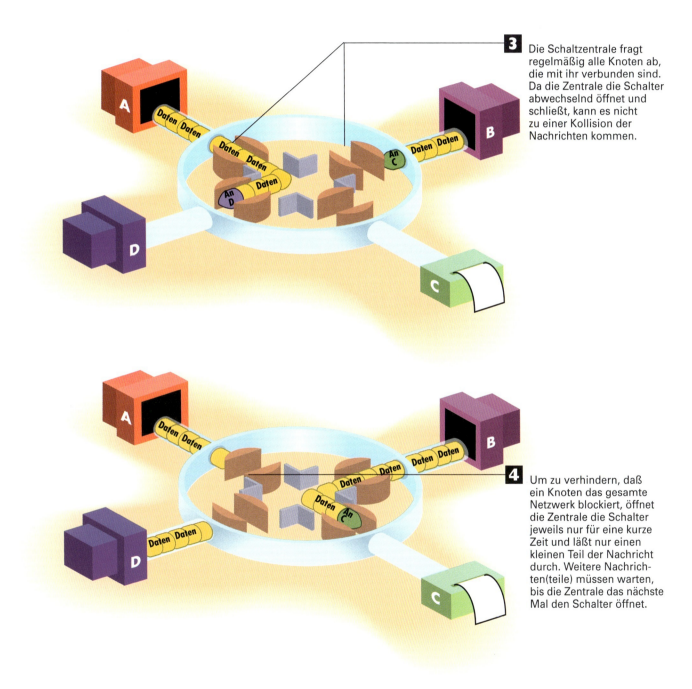

3 Die Schaltzentrale fragt regelmäßig alle Knoten ab, die mit ihr verbunden sind. Da die Zentrale die Schalter abwechselnd öffnet und schließt, kann es nicht zu einer Kollision der Nachrichten kommen.

4 Um zu verhindern, daß ein Knoten das gesamte Netzwerk blockiert, öffnet die Zentrale die Schalter jeweils nur für eine kurze Zeit und läßt nur einen kleinen Teil der Nachricht durch. Weitere Nachrichten(teile) müssen warten, bis die Zentrale das nächste Mal den Schalter öffnet.

KAPITEL 30 So funktioniert das Internet

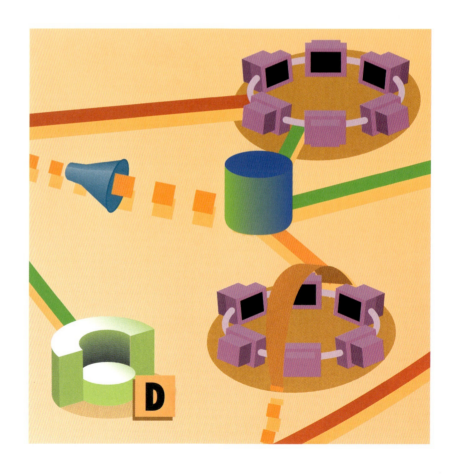

Es wäre einfacher zu erklären, wie das Internet funktioniert, wenn Sie es in die Hand nehmen könnten. Hardware – real, zum Anfassen und mit einem bestimmten Gewicht und Größe – können Sie leichter durchschauen, weil Sie sie sehen und nach Belieben darauf zeigen können, um festzustellen, daß dieses Durcheinander zu jener Vorrichtung führt. Das Internet ist kein einzelnes Ding. Es handelt sich vielmehr um ein abstraktes System. Um die Bedeutung dieses Begriffes zu verstehen, sollten Sie ein weniger abstraktes System betrachten – Ihren Körper.

Die Moleküle, aus denen Ihr Körper besteht, sind während Ihres Lebens nicht immer dieselben. Sie nehmen ständig neue Moleküle durch die Nahrung, das Wasser und die Luft auf, die zu anderen Molekülen umgebaut werden, die die Muskeln, das Blut und die Knochen bilden. Unabhängig davon, aus welchen Molekülen Ihre Haare, Ihre Augen und Ihre Finger bestehen, bleibt die Struktur des Körpers immer gleich. Ihr Herz hört nicht auf zu pumpen, nur weil neue Blutkörperchen gebildet werden. Wenn Sie einige Körperteile verlieren, funktioniert das System trotzdem weiter. Manchmal, zum Beispiel bei Gehirnverletzungen, können die Funktionen der fehlenden Teile von gesunden Teilen übernommen werden.

Als System gleicht das Internet einem lebendigen Organismus. Es wächst, indem es neue Moleküle in Form von Rechnern und anderen Netzwerken aufnimmt, die sich selbst an das Netz anhängen. Teile des Internets kommunizieren mit anderen Teilen, die dann bestimmte Aktionen ausführen, so wie Nervenimpulse die Muskelaktivität hervorrufen. Sie können sich das Internet als Netzwerk der Netzwerke vorstellen. Amöbenartige, kleinere Netzwerke können sich vom Netz lösen und ein unabhängiges Leben führen. Im Unterschied zu Amöben können diese kleineren Netzwerke sich wieder an den Körper des Netzes anhängen.

Das Internet ist kurzlebig. Einige Teile – die Supercomputer, die das Rückgrat des Internet bilden – sind immer vorhanden. Aber es gibt nichts, was fest verbunden ist. Sie müssen nicht jedesmal dieselben Telefonleitungen, Schaltgeräte und Netzwerke verwenden, um Ihren PC mit einem PC in München, Hamburg oder Washington zu verbinden, auf dem Informationen zu „Star Trek" liegen. Ohne es zu merken, werden Sie vielleicht zwischen verschiedenen Netzwerken hin- und hergereicht, die sich über das ganze Land verteilen, bis Sie Ihr Ziel im Cyberspace erreichen.

Wesentlich einfacher läßt sich erklären, was Sie vom Internet haben: so ziemlich alles. Da das System keine physikalischen Grenzen besitzt, ist es theoretisch möglich, im Internet alle Informationen auf allen Computern zu integrieren, was in diesem Zeitalter bedeutet, daß alles, was die Menschheit weiß bzw. zu wissen glaubt, darin gefunden werden könnte. Aber weil das Internet ein Ad-hoc-System ist, ist es eine echte Herausforderung, das Richtige zu finden. Und Sie finden nicht immer genau das, wonach Sie suchen. Es gibt eine Reihe von Software-Tools, die das Surfen im Netz einfacher machen. Aber das Internet selbst verfügt über kein durchgängiges Konzept, das Ihnen dabei helfen würde, es zu benutzen. Sie sind ziemlich auf sich gestellt, wenn Sie mit irgendeiner Software loslegen.

Trotz der amorphen Natur der einzelnen Elemente, die das Internet ausmachen, ist es möglich, die Struktur des Netzes zu beschreiben – das System, das immer gleich bleibt, während die Elemente, die es ausmachen, sich ständig verändern.

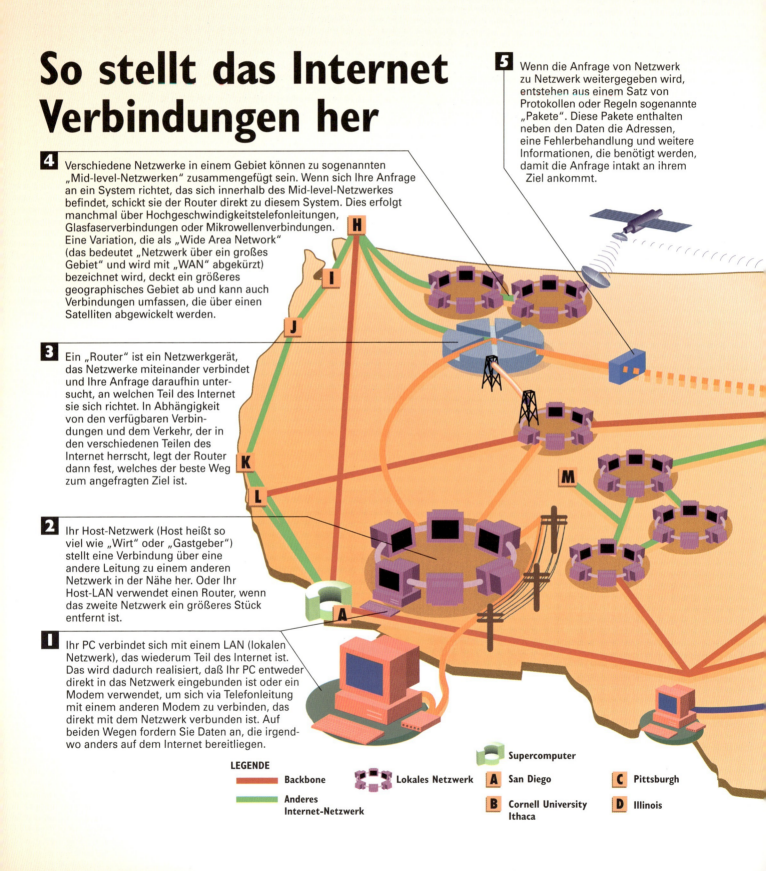

So stellt das Internet Verbindungen her

1 Ihr PC verbindet sich mit einem LAN (lokalen Netzwerk), das wiederum Teil des Internet ist. Das wird dadurch realisiert, daß Ihr PC entweder direkt in das Netzwerk eingebunden ist oder ein Modem verwendet, um sich via Telefonleitung mit einem anderen Modem zu verbinden, das direkt mit dem Netzwerk verbunden ist. Auf beiden Wegen fordern Sie Daten an, die irgendwo anders auf dem Internet bereitliegen.

2 Ihr Host-Netzwerk (Host heißt so viel wie „Wirt" oder „Gastgeber") stellt eine Verbindung über eine andere Leitung zu einem anderen Netzwerk in der Nähe her. Oder Ihr Host-LAN verwendet einen Router, wenn das zweite Netzwerk ein größeres Stück entfernt ist.

3 Ein „Router" ist ein Netzwerkgerät, das Netzwerke miteinander verbindet und Ihre Anfrage daraufhin untersucht, an welchen Teil des Internet sie sich richtet. In Abhängigkeit von den verfügbaren Verbindungen und dem Verkehr, der in den verschiedenen Teilen des Internet herrscht, legt der Router dann fest, welches der beste Weg zum angefragten Ziel ist.

4 Verschiedene Netzwerke in einem Gebiet können zu sogenannten „Mid-level-Netzwerken" zusammengefügt sein. Wenn sich Ihre Anfrage an ein System richtet, das sich innerhalb des Mid-level-Netzwerkes befindet, schickt sie der Router direkt zu diesem System. Dies erfolgt manchmal über Hochgeschwindigkeitstelefonleitungen, Glasfaserverbindungen oder Mikrowellenverbindungen. Eine Variation, die als „Wide Area Network" (das bedeutet „Netzwerk über ein großes Gebiet" und wird mit „WAN" abgekürzt) bezeichnet wird, deckt ein größeres geographisches Gebiet ab und kann auch Verbindungen umfassen, die über einen Satelliten abgewickelt werden.

5 Wenn die Anfrage von Netzwerk zu Netzwerk weitergegeben wird, entstehen aus einem Satz von Protokollen oder Regeln sogenannte „Pakete". Diese Pakete enthalten neben den Daten die Adressen, eine Fehlerbehandlung und weitere Informationen, die benötigt werden, damit die Anfrage intakt an ihrem Ziel ankommt.

LEGENDE
- Backbone
- Anderes Internet-Netzwerk
- Lokales Netzwerk
- Supercomputer
- **A** San Diego
- **B** Cornell University Ithaca
- **C** Pittsburgh
- **D** Illinois

TEIL 8

DRUCKER

Kapitel 31: So funktionieren Bitmap- und Vektorschriften
214

Kapitel 32: So funktioniert ein Laserdrucker
220

Kapitel 33: So funktionieren Farbdrucker
224

ALS der PC auf den Markt kam, hatte irgend jemand die Idee, daß die Speicherung der Daten auf dem Computer zum papierlosen Büro führen würde. Seit der PC-Revolution ist mehr als ein Jahrzehnt vergangen, und es lassen mehr Bäume als je zuvor ihr Leben, damit wir von allem Ausdrucke machen können – vom Firmenbudget mit farbigen Grafiken bis hin zu selbstgemachten Grußkarten. Nicht nur, daß wir mehr Ausdrucke produzieren als je zuvor, auch das Drucken ist zu einer eigenen Kunst geworden. Die Idee einer neuen Softwarekategorie – Desktop Publishing – ist das Ergebnis von immer besseren Ausdrucken.

Wer auch immer die falsche Vorhersage machte, daß wir auf ein papierloses Büro zusteuern, übersah eine wichtige Tatsache. Die Person dachte sicherlich daran, wie das Papier in der Zeit der Schreibmaschine verwendet wurde. Man konnte höchstens schwarze Buchstaben und Zahlen zu Papier bringen – meist mit einer effizienten, aber eintönigen Schrift namens Courier. Wenn diese häßlichen Briefe und Memos durch elektronische Post ersetzt worden wären, wäre es in der Tat kein Verlust gewesen. Damals konnten aber die meisten Leute nicht voraussehen, daß die heutige Software und Drucktechnik schnelle, einfache Ausdrucke von Berichten, Rundschreiben, Schaubildern und auch Memos und Briefen ermöglichen, mit denen selbst die beste IBM-Schreibmaschine nicht mithalten kann.

Die Geschwindigkeit und Einfachheit waren die ersten Fortschritte, die im Druckbereich erzielt wurden. Während man für die Korrektur einer Schreibmaschinenseite bei einer einfachen Schreibmaschine zu Tipp-Ex greifen muß oder zum Radierstift, ist es aufgrund der Geschwindigkeit der Drucker einfacher, den Fehler am Bildschirm zu korrigieren und eine neue fehlerfreie Seite auszudrucken.

Der Grafikbereich war der nächste große Fortschritt. Die Zeit der reinen Textdokumente endete an dem Tag, als die erste Software in der Lage war, eine Liniengrafik auf einem Nadeldrucker auszugeben. Heute kann alles auf einem normalen Bürodrucker ausgegeben werden, von der Liniengrafik bis zu Halbtonbildern.

Heute ist es die Farbe, die von den Bürodruckern erobert wird. Die Qualität und die Geschwindigkeit von Farbdruckern verbessert sich ständig, während die Preise sinken.

Und das Papier ist noch immer nicht aus den Büros verschwunden. Es ist sogar viel wichtiger geworden. Und der bescheidene Drucker, der einst so etwas ähnliches wie Buchstaben auf das Papier gebracht hat, gehört zu den wichtigsten Komponenten eines Computers.

Schlüsselwörter

Bitmap-Zeichensätze: Zeichen, die unter Verwendung von Mustern erstellt werden, in denen jeder einzelne Tintenpunkt eine bestimmte Positionierung in einer „Punktmatrix" erhält. Mitunter spricht man auch von „Raster"-Zeichensätzen. Sie werden meist für Anschlag- und Matrixdrucker verwendet. Aufgrund der Vielseitigkeit von den unter Windows verwendeten vektororientierten Zeichensätzen (Outline Fonts) werden Bitmap-Zeichensätze heute nicht mehr so häufig verwendet.

CYMK: C steht für „cyan", Y für „yellow", M für „magenta" und K für „black". Diese vier Farben – Zyan (blaugrün), Gelb, Magenta (rot-violett) und Schwarz – werden am häufigsten beim Farbdruck verwendet.

Dithering: Schwanken der Bildpunktgröße bei Laserdruckern. Ein Vorgang, bei dem die Frequenz und Positionierung der Tinte zum Erzeugen von Grauschatten und verschiedenen Farbtönen verwendet werden.

Punktraster: Das Raster horizontaler und vertikaler Punkte, in denen alle möglichen Punkte enthalten sind – meist bis zu 900.000 –, die in der Bitmap eines Zeichens enthalten sein können.

Zeichensätze/Zeichensatz: Eine „Schriftart" ist ein bestimmtes Alphabetdesign, das sich durch die Verwendung von Elementen wie Serifen, fette/hervortretende Schriftauszeichnung und Form unterscheidet. Times Roman, Helvetica und Courier sind Schriftarten. Ein „Zeichensatz" ist eine Schriftart bestimmter Größe und bestimmter Abwandlung, wie zum Beispiel Kursivschrift. Die Schriftart Courier mit dem Schriftschnitt Fett und der Schriftgröße 12 und Courier mit dem Schriftschnitt Kursiv und der Schriftgröße 12 sind verschiedene Zeichensätze der Schriftartenfamilie Courier.

Tintenstrahldrucker: Ein Drucker, der Grafiken und Text darstellt, indem er winzige Tintentropfen auf Papier spritzt.

Seitenbeschreibungssprache: Eine für Drucker verwendete Softwaresprache, um die komplexen und hochentwickelten Druckaufträge zu steuern. PostScript und TrueType sind die am häufigsten verwendeten Seitenbeschreibungssprachen.

Punkt: 1/72stel Zoll, ein traditionelles Maß für Schriftarten.

Druckkopf: Der Mechanismus, der die Tinte vom Drucker auf das Papier überträgt.

Auflösung: Die Qualität von auf Papier gedrucktem Text und Grafiken ist in großem Maße abhängig von der Druckerauflösung. Die Auflösung ist abhängig von der Anzahl an Punkten, die benötigt werden, um eine Linie von einem Zoll zu erzeugen. 300, 600 und 1200 dpi („dots per inch", also „Punkte pro Zoll") sind die gängigsten Auflösungen.

KAPITEL 31
So funktionieren Bitmap- und Vektorschriften

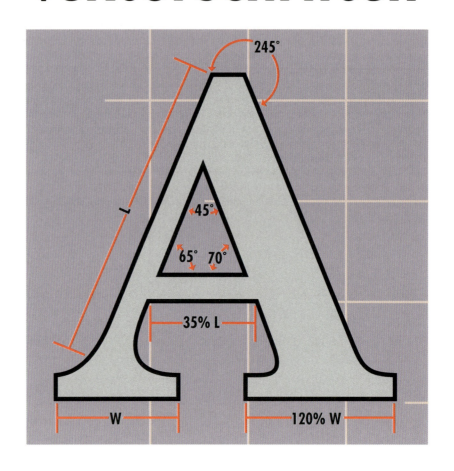

ALLE Drucker, egal, ob es sich um Matrix-, Tintenstrahl-, Laser- oder Thermodrucker handelt, erfüllen im Grunde die gleiche Aufgabe: Sie erzeugen ein Muster aus Punkten auf einem Blatt Papier. Die Punkte können eine unterschiedliche Größe haben und aus verschiedenen Tinten bestehen, die auf unterschiedliche Weise auf das Papier gebracht werden, aber alle Texte und Grafiken bestehen letztendlich aus Punkten. Je kleiner diese Punkte sind, desto besser ist das Ergebnis.

Unabhängig davon, wie die Punkte auf dem Papier erzeugt werden, muß es ein allgemeines Schema geben, das festlegt, wohin die Punkte kommen; die gängigsten Schemata sind der Bitmap- und der vektororientierte Zeichensatz. Die Größe und Laufweite von Bitmap-Zeichensätzen ist festgelegt. Vektororientierte Zeichensätze können hingegen skaliert und mit speziellen Schriftattributen versehen werden, wie zum Beispiel Fettdruck und Unterstreichung. Beide Schemata haben ihre Vor- und Nachteile, je nachdem, welches Ergebnis Sie haben möchten.

Bitmap-Darstellungen beschränken sich in der Regel auf Text und sind eine schnelle Methode, um eine gedruckte Seite zu produzieren, auf der nur wenige Schriftarten vorkommen. Wenn auf dem Ausdruck zusätzlich zum Text eine Grafik vorhanden sein soll, dann muß die Software in der Lage sein, zusätzlich zum Bitmap-Zeichensatz Anweisungen an den Drucker zu senden, die er versteht.

Vektororientierte Zeichensätze werden in Verbindung mit einer Seitenbeschreibungssprache verwendet, die alles auf einer Seite – auch Text – als Grafik ansehen. Der Text und die Grafiken, die in einem Programm erstellt wurden, werden in eine Reihe von Anweisungen übersetzt, die die Seitenbeschreibungssprache des Druckers verwendet, um festzulegen, wo jeder einzelne Punkt auf der Seite plaziert werden soll. Seitenbeschreibungssprachen brauchen länger für einen Ausdruck, aber sie sind vielseitiger und können verschiedene Buchstabengrößen mit verschiedenen Schriftattributen oder Spezialeffekten erzeugen. Sie führen dadurch zu wesentlich attraktiveren Ergebnissen. Mit immer besseren Computern und grafischen Benutzeroberflächen wie Windows sind die Ansprüche der vektororientierten Zeichensätze einfacher zu erfüllen. Tatsächlich sind sie inzwischen zum Standard geworden.

Bitmap-Schriften

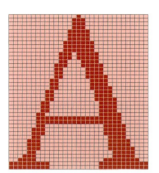
36 pt. Medium

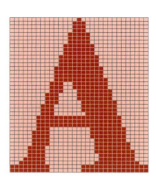
36 pt. Fett

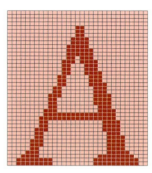
30 pt. Medium

1 Bitmap-Zeichensätze sind Schriftarten einer bestimmten Größe, die mit bestimmten Attributen versehen sind (z.B. Fett oder Kursiv). Die Bitmap ist ein Punktmuster, das benötigt wird, um einen bestimmten Buchstaben in einer bestimmten Größe und mit bestimmten Attributen zu erzeugen. Die Bitmaps für ein 36 Punkt großes A in der Schrift Times Roman Medium, ein 36 Punkt großes A in der Schrift Times Roman Fett und ein 30 Punkt großes A in der Schrift Times Roman Medium sind alle drei verschieden und spezifisch.

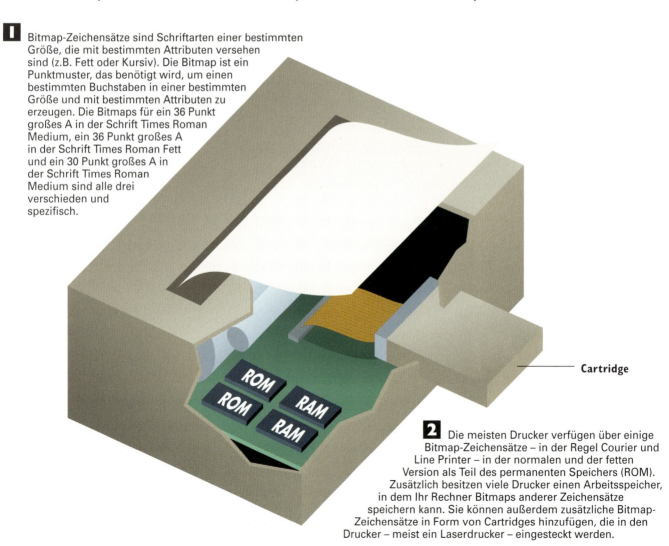

Cartridge

2 Die meisten Drucker verfügen über einige Bitmap-Zeichensätze – in der Regel Courier und Line Printer – in der normalen und der fetten Version als Teil des permanenten Speichers (ROM). Zusätzlich besitzen viele Drucker einen Arbeitsspeicher, in dem Ihr Rechner Bitmaps anderer Zeichensätze speichern kann. Sie können außerdem zusätzliche Bitmap-Zeichensätze in Form von Cartridges hinzufügen, die in den Drucker – meist ein Laserdrucker – eingesteckt werden.

KAPITEL 31: SO FUNKTIONIEREN BITMAP- UND VEKTORSCHRIFTEN 217

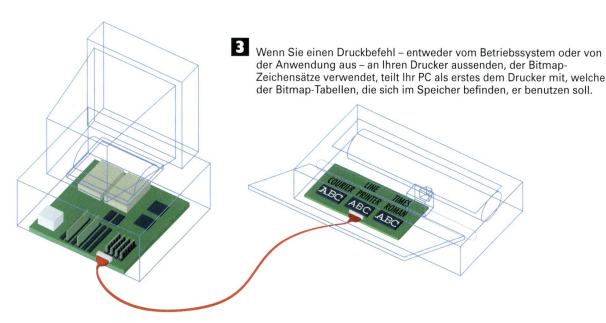

3 Wenn Sie einen Druckbefehl – entweder vom Betriebssystem oder von der Anwendung aus – an Ihren Drucker aussenden, der Bitmap-Zeichensätze verwendet, teilt Ihr PC als erstes dem Drucker mit, welche der Bitmap-Tabellen, die sich im Speicher befinden, er benutzen soll.

4 Dann sendet der PC einen ASCII-Code für jeden Buchstaben, jedes Satzzeichen oder jede Bewegung auf dem Papier – zum Beispiel ein Tabulator oder ein Zeilenumbruch. Der ASCII-Code besteht aus hexadezimalen Zahlen, die mit der Bitmap-Tabelle verglichen werden. (Hexadezimalzahlen haben als Basis 16 – 1, 2, 3, 4, 5, 6, 7, 8, 9, 0, A, B, C, D, E, F – anstatt der Basis 10 bei dezimalen Zahlen.) Wenn zum Beispiel die Hexadezimalzahl 41 (das entspricht der Dezimalzahl 65) an den Drucker gesendet wird, sucht der Prozessor des Druckers nach dem Wert 41h in seiner Tabelle und stellt fest, daß der Wert mit dem Muster aus Punkten übereinstimmt, das das große A ergibt, und zwar in der Schrift, der Größe und mit den Attributen, die die Tabelle vorgibt.

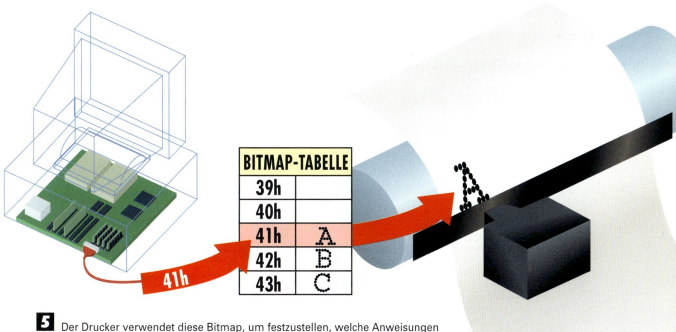

5 Der Drucker verwendet diese Bitmap, um festzustellen, welche Anweisungen er zu den anderen Komponenten schicken muß, um das Muster der Bitmap auf Papier zu bringen. Jeder Buchstabe, einer nach dem anderen, wird zum Drucker gesendet.

Vektorschriften

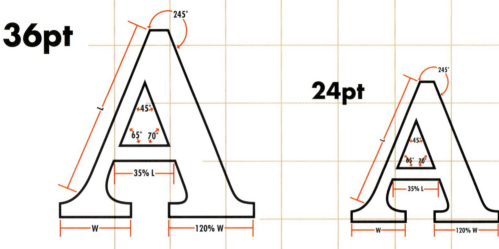

1 Im Gegensatz zu Bitmap-Zeichensätzen sind vektororientierte Zeichensätze (Outline Fonts) nicht auf bestimmte Größen und Attribute einer Schrift beschränkt. Sie bestehen statt dessen aus mathematischen Beschreibungen jedes Buchstabens und jedes Satzzeichens einer Schriftart. Sie werden als vektororientierte Zeichensätze bezeichnet, weil der Umriß (Outline) eines 36 Punkt großen Times-Roman-A proportional gleich ist mit dem Umriß eines 24 Punkt großen Times-Roman-A.

2 Einige Drucker werden mit einer Seitenbeschreibungssprache ausgeliefert, meistens mit „PostScript" oder „Hewlett-Packard Printer Command Language", als sogenannte „Firmware" („firm" bedeutet „fest") – einem Computerprogramm, das sich in einem Chip befindet. Die Sprache kann Vektorzeichensatz-Befehle der PC-Software in Befehle übersetzen, die der Drucker benötigt, um die Punkte an der richtigen Stelle auf dem Papier zu plazieren. Die Software kann die Befehle der Druckersprache für diejenigen Drucker übersetzen, die nicht über eine eingebaute Seitenbeschreibungssprache verfügen.

3 Wenn Sie einen Druckbefehl von einer Anwendung an einen Drucker schicken, der den vektororientierten Zeichensatz verwendet, sendet die Anwendung eine Reihe von Befehlen, die die Seitenbeschreibungssprache mit Hilfe von Algorithmen interpretiert. Die Algorithmen beschreiben die Linien und Kurven, die die Buchstaben einer Schrift ausmachen. Manche Algorithmen enthalten „Hinweise", das heißt besondere Veränderungen der Vektoren, wenn die Schrift entweder besonders groß oder besonders klein sein soll.

KAPITEL 31: SO FUNKTIONIEREN BITMAP- UND VEKTORSCHRIFTEN

4 Die Befehle setzen Variablen in die Formeln ein, um die Größe oder die Attribute eines Zeichensatzes zu verändern. Das Ergebnis sind Befehle an den Drucker, die folgendermaßen lauten: „Erzeuge eine horizontale Linie, die 3 Punkte dick ist, die 60 Punkte von unten und 20 Punkte von rechts beginnt." Die Seitenbeschreibungssprache schaltet alle Bits ein, die sich innerhalb der Vektoren eines Buchstabens befinden, außer wenn ein bestimmter Schatteneffekt gewünscht wird.

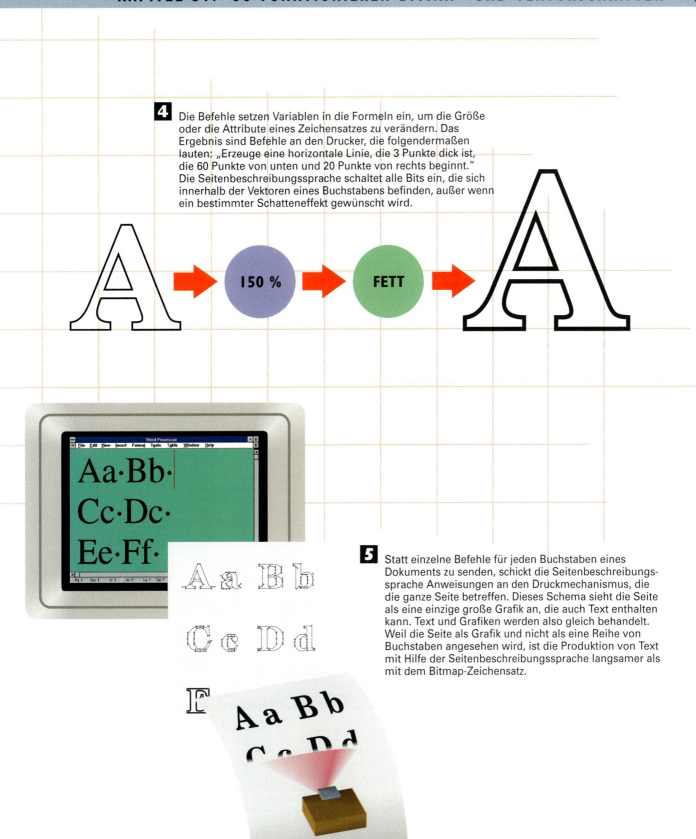

5 Statt einzelne Befehle für jeden Buchstaben eines Dokuments zu senden, schickt die Seitenbeschreibungssprache Anweisungen an den Druckmechanismus, die die ganze Seite betreffen. Dieses Schema sieht die Seite als eine einzige große Grafik an, die auch Text enthalten kann. Text und Grafiken werden also gleich behandelt. Weil die Seite als Grafik und nicht als eine Reihe von Buchstaben angesehen wird, ist die Produktion von Text mit Hilfe der Seitenbeschreibungssprache langsamer als mit dem Bitmap-Zeichensatz.

KAPITEL 32
So funktioniert ein Laserdrucker

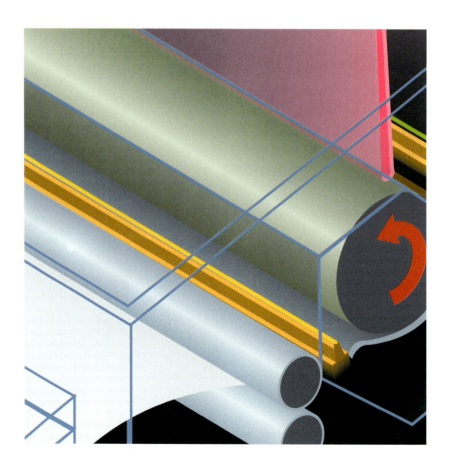

IMMER wenn Sie eine Seite an einen Laserdrucker übertragen, lösen Sie einen komplexen Vorgang aus, der genauso effizient organisiert ist, wie die Fließbandarbeit oder genauso choreographiert wie ein Ballett.

Im Zentrum des Druckers befindet sich die sogenannte „Druckmaschine" – der Mechanismus, der schwarzes Pulver auf die Seiten bringt –, bei dem es sich um ein einem Kopierer ähnliches Gerät handelt. Seine Teile entsprechen dem neuesten Stand der Drucktechnik inklusive Laserbildaufbau, genauester Papierbewegung und einer Steuerung aller Vorgänge durch Mikroprozessoren.

Um die Druckqualität zu erreichen, die für den Laserdrucker typisch ist, muß der Drucker fünf Aktionen gleichzeitig steuern: (1) Er muß die vom PC kommenden Signale lesen, (2) sie in Befehle übersetzen, die das Senden und Bewegen des Laserstrahls steuern, (3) die Bewegungen des Papiers steuern, (4) das Papier behandeln, damit es schwarzen Toner aufnimmt, der das Bild erzeugt, und (5) das Bild auf das Papier übertragen.

Das Ergebnis ist ein einwandfreies Druckerzeugnis. Der Laserdrucker erzeugt den Ausdruck nicht nur schneller als ein Matrixdrucker, zusätzlich verfügen die ausgedruckten Seiten über mehr Details und ein schärferes Schriftbild als die eines Matrixdruckers. Mit der Einführung von Farblaserdruckern müssen statt fünf Aktionen zwanzig ausgeführt werden. Der Laserdrucker wird in absehbarer Zukunft der Standard für das High-End-Drucken am PC sein.

Laserdrucker

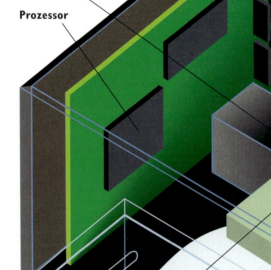

2 Die Anweisungen des Druckerprozessors schalten einen Laserstrahl schnell hintereinander ein und aus.

Prozessor

1 Das Betriebssystem Ihres PC oder die Anwendung sendet Signale an den Laserdrucker, die festlegen, wo die aus dem Druckertoner bestehenden Punkte auf das Papier aufgebracht werden sollen. Es gibt zwei Typen von Signalen: entweder einen einfachen ASCII-Befehl oder einen Befehl in einer Seitenbeschreibungssprache (vergleiche Kapitel 27 „So funktionieren Bitmap- und Vektorschriften").

10 Durch den Papiereinzug wird das Papier vom Drucker ausgegeben, normalerweise mit der Druckseite nach unten, so daß schließlich alles in der richtigen Reihenfolge im Ausgabekorb landet.

9 Ein weiterer Rollensatz zieht das Papier durch den Teil des Druckers, der Fixierungssystem genannt wird. Dort wird der Toner durch Druck und Hitze auf das Papier fixiert, indem ein im Toner enthaltenes Wachs zum Schmelzen gebracht wird. Deshalb ist frisch bedrucktes Papier, das gerade aus dem Drucker kommt, noch warm.

8 Die Rotation der Trommel bringt die Trommeloberfläche in Kontakt zu einem Draht, der Korona genannt wird. Der Name kommt daher, weil die durch den Draht fließende elektrische positive Ladung einen Ring (Korona) bildet. Die Korona versetzt die Trommeloberfläche wieder mit ihrer eigentlichen negativen Ladung, so daß der Laserstrahl die nächste Seite auf der Trommeloberfläche abbilden kann.

KAPITEL 32: SO FUNKTIONIERT EIN LASERDRUCKER 223

3 Ein sich drehender Spiegel reflektiert den Laserstrahl, so daß der Weg des Strahls eine horizontale Linie über der Oberfläche eines Zylinders bildet, der als „OPC" (OPC ist die Abkürzung für „organic photoconducting cartridge", was auf deutsch „organische lichtleitende Kassette" heißt), aber normalerweise einfach nur als die „Trommel" bezeichnet wird. Wenn der Laser den Vorgang beendet hat, Lichtpunkte über die gesamte Breite der OPC zu senden, dreht sich die Trommel – in der Regel 1/300 oder 1/600 Zoll in den meisten Laserdruckern – und der Laserstrahl beginnt damit, die nächste Reihe von Punkten zu erzeugen.

4 Zur gleichen Zeit, zu der sich die Trommel zu drehen beginnt, schiebt ein System aus Rädchen und Rollen ein Blatt Papier in die Druckmaschine entlang eines Schachts, der als „Papiereinzug" bezeichnet wird. Der Papiereinzug zieht das Papier an einem elektrisch geladenen Draht vorbei, der eine elektrostatische Ladung auf das Papier überträgt. Die Ladung kann in Abhängigkeit von der Konstruktion des Druckers positiv oder negativ sein. Bei diesem Beispiel nehmen wir an, daß die Ladung positiv ist.

5 An jenen Stellen, an denen das Licht die Trommel trifft, entsteht auf deren Oberfläche eine negativ geladene Schicht – die normalerweise aus Zinkoxid oder einem anderen Material besteht –, die die Ladung der Trommel so verändert, daß die Punkte die gleiche Ladung haben wie das Papier. In diesem Beispiel würde das Licht die Ladung von Negativ nach Positiv ändern. Jede positive Ladung markiert einen Punkt, der als schwarze Stelle auf dem Papier auftaucht (in der Anmerkung wird erklärt, wie Drucker funktionieren, die weiß drucken). Die Bereiche auf der Trommel, die nicht vom Laserstrahl berührt werden, behalten ihre negative Ladung und sind als weiße Bereiche auf dem Papier sichtbar.

6 Nachdem sich die Trommel etwa um die Hälfte gedreht hat, kommt die OPC mit einem Gefäß in Kontakt, das ein schwarzes Pulver enthält, das als „Toner" bezeichnet wird. In diesem Beispiel hat der Toner eine negative Ladung – die entgegengesetzt ist zur Ladung der Trommel, die vom Laserstrahl erzeugt wurde. Da sich Teilchen mit entgegengesetzter Ladung anziehen, bleibt der Toner in einem Muster aus kleinen Punkten an der Trommel dort hängen, wo der Laserstrahl eine elektrische Ladung erzeugt hat.

7 Während sich die Trommel weiterdreht, wird sie gegen das Papier gedrückt, das durch den Papiereinzug in den Drucker gelangt. Obwohl die elektrische Ladung des Papiers die gleiche ist wie die auf der Trommel, die durch den Laserstrahl erzeugt wurde, ist die Ladung des Papiers stärker und zieht den Toner von der Trommel auf das Papier.

Die Kunst negativ zu sein

In der Beschreibung können die elektrischen Ladungen in allen Fällen umkehrt werden, und das Ergebnis wäre identisch. Die Methode, die hier beschrieben wird, gilt für alle Drucker, die die Canon-Druckmaschine verwenden, wie zum Beispiel Hewlett-Packard-Modelle, die den Standard unter den Laserdruckern bilden. Dieser Vorgang wird als „write-black" (schwarz schreiben) bezeichnet. Es gibt aber noch eine andere Methode, wie ein Laserdrucker funktionieren kann, und die auch zu anderen Ergebnisse führt. Diese andere Methode, die von Druckmaschinen von Ricoh eingesetzt wird, wird als „write-white" (weiß schreiben) bezeichnet, weil überall dort, wo der Laserstrahl die Trommel trifft, die Ladung so verändert wird, daß sie mit der des Toners identisch ist. Der Toner wird von den Bereichen angezogen, die nicht vom Laserstrahl getroffen wurden.

KAPITEL 33
So funktionieren Farbdrucker

IM letzten Jahrzehnt gab es zwei Revolutionen bei Computerdruckern. Eine war der Laserdrucker, der hohe Druckqualität bei Text und Grafik für alle erschwinglich machte. Die zweite war die Entwicklung von billigen und schnellen Farbdruckern von guter Qualität.

Das Drucken mit Farbe ist so kompliziert, daß man einige Nachteile in Kauf nehmen muß. In der unteren Preisklasse findet man die Farbtintenstrahldrucker. Sie sind mit Matrixdruckern ohne dem Anschlagprinzip und viermal so viel Farbe zu vergleichen. Die Auflösung ist fast so gut wie die eines Laserdruckers, manchmal sogar besser. Allerdings sind diese Drucker relativ langsam, und Sie müssen die tintengefüllten Druckköpfe ständig säubern und auswechseln. Farbtintenstrahldrucker sind ideal für Privathaushalte, in denen nicht viel gedruckt wird, die wenig Geld zur Verfügung haben und denen es nichts ausmacht, ein wenig auf den Ausdruck von farbigen Schulaufsätzen oder Grußkarten warten zu müssen.

Für das Budget von Kleinunternehmen und Heimbüros gibt es andere Lösungen, die dem pingeligsten Grafikdesigner die Geschwindigkeit, Farbgenauigkeit und Auflösung geben, die er für professionelle Ergebnisse braucht. Der Hauptunterschied bei Farbdruckern liegt darin, wie sie die Tinte aufs Papier bringen. Da man für echtes Farbendrucken vier Tintenfarben braucht, muß der Drucker entweder mehrmals über dasselbe Papier gehen (das ist zum Beispiel beim Farblaser- und Farbthermodruckern der Fall) oder er muß alle Farben mehr oder weniger gleichzeitig auf das Papier bringen. Trockentintendrucker, deren Druckergebnisse fast von Fotoqualität sind, benutzen diese Technik.

Farbdrucker, die häufig in Büros eingesetzt werden, sind Farbthermodrucker. Die Ausdrucke zeichnen sich durch lebendige Farben aus, weil die Tinte nicht verlaufen und sich das speziell beschichtete Papier nicht vollsaugen kann. Da aber jede Seite viermal gedruckt werden muß, ist der Prozeß recht langsam und verschwendet Tinte. Mit Farblaserdruckern erreicht man eine bessere Auflösung, sie sind aber langsam, kompliziert und teuer, da sie vier voneinander getrennte Druckmaschinen, die nacheinander farbigen Toner auf die Seite auftragen, benötigen.

Zwei andere Druckmethoden sind schnell und von verblüffender Fotoqualität: Farbsublimation, auch Farbdiffusions-Thermotransfer (D2T2) genannt, und Trockentintendruck. Bei diesen Methoden wird nicht nur gesteuert, wie viele Farbpunkte auf einer Seite erscheinen, sondern auch deren Intensität. Dadurch werden sogenannte Volltondrucke erstellt. Obwohl die Auflösung mit 300 dpi („dots per inch", also „Punkte pro Zoll") nicht höher sein kann als die eines Laserdruckers, unterscheiden sich die Ausdrucke kaum von Farbfotos. Diese Technologien sind ihren Preis durchaus wert, wenn die Ergebnisse der Farbdrucke für Sie wirklich von Bedeutung sind.

In diesem Kapitel beschäftigen wir uns damit, wie Farbdrucke das Auge austricksen und es Färbungen und Schattierungen sehen läßt, die eigentlich gar nicht da sind.

So werden gedruckte Farben erzeugt

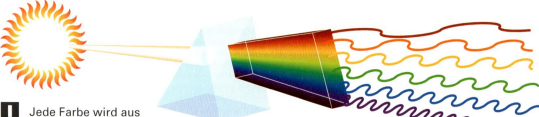

1 Jede Farbe wird aus einer unterschiedlichen Kombination von Licht gebildet. Wenn man weißes Licht durch ein Prisma leitet, wird es in das Farbspektrum aufgebrochen und wir können die einzelnen Wellenlängen, aus denen es besteht, sehen. Obwohl das Spektrum aus einem gleichmäßigen Farbgemisch besteht, braucht man nur wenige Farben davon, um jede beliebige Farbe wiederzugeben. Aus diesen Grundfarben lassen sich praktisch alle Farben des Spektrums erzeugen, indem man entweder Farbe hinzufügt oder wegnimmt.

2 Additive Farbe wird bei der Erzeugung von Farben in Fernsehern, Computerbildschirmen und Filmen verwendet. Aus den drei Farben Rot, Grün und Blau kann jede andere Farbe und weiß erzeugt werden, indem man die einzelnen Grundfarben mit unterschiedlicher Intensität hinzufügt. Jedes Mal wenn ein Farbwert hinzugefügt wird, wird die Anzahl der Farben, die das Auge wahrnimmt vergrößert. Wenn Rot, Grün und Blau zusammen im gesättigsten Farbton addiert werden, ist das Ergebnis weiß.

3 Der Prozeß, bei dem Licht von farbigen Pigmenten reflektiert und nicht ausgesendet wird, wie bei der additiven Farbe, wird subtraktive Farbe genannt. Jede hinzugefügte Farbe absorbiert (subtrahiert) mehr von den Farbtönen des Spektrums, aus denen weißes Licht besteht.

alle Farben werden reflektiert

keine Farbe wird reflektiert

nur Rot wird reflektiert

Rot und Blau werden reflektiert

4 Beim farbigen Drucken werden vier Pigmente verwendet: Zyan (blaugrün), Gelb, Magenta (rot-violett) und Schwarz. Dieses System wird CYMK genannt (C steht für „cyan", Y für „yellow", M für „magenta" und K für „black"). Manche Farbtintenstrahldrucker sparen die Kosten für einen Schwarzen Druckkopf ein, indem sie Schwarz aus gleichen Anteilen von Zyan, Magenta und Gelb erzeugen. Dem so erzeugten Schwarz fehlt es allerdings an Dichte, darum haben bessere Drucker einen extra Druckkopf für schwarze Tinte.

Gelb-Schicht

Magenta-Schicht

Zyan-Schicht

Schwarz-Schicht

nur Gelb

Gelb und Magenta

Gelb, Magenta und Zyan

Gelb, Magenta, Zyan und Schwarz

KAPITEL 33: SO FUNKTIONIEREN FARBDRUCKER 227

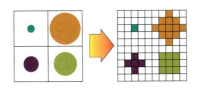

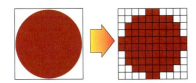

5 Alle Farbdrucker benutzen winzige Punkte aus diesen vier verschiedenfarbigen Tinten, um unterschiedliche Farbschattierungen auf einer Seite zu erzeugen. Hellere Schattierungen werden erzeugt, indem einige Punkte weiß, das nicht gedruckt wird, bleiben. Manche Drucker wie zum Beispiel Farbsublimationsdrucker steuern die Größe der Punkte und erstellen Volltonbilder, die sich von Fotos nicht mehr unterscheiden lassen. Die meisten Drucker erstellen jedoch gleich große Punkte, egal wieviel von einer bestimmten Farbe benötigt wird. Die meisten Farbdrucker haben eine Auflösung von 360 dpi („dots per inch" oder „Punkte pro Zoll"), das sind acht Millionen Punkte pro Seite. Viele Drucker können auch ungefähr 700 dpi erzeugen, einige wenige auch bis zu 1440 dpi.

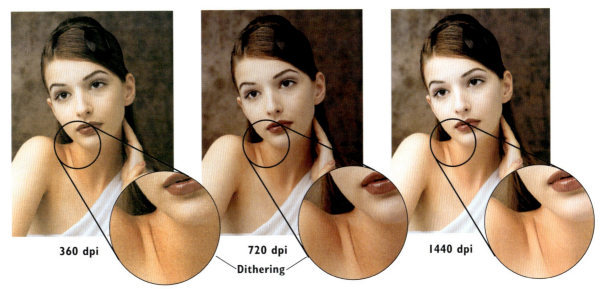

360 dpi   720 dpi   1440 dpi
Dithering

6 Durch das Übereinanderlegen der Primärfarben können acht Schattierungen erzeugt werden. Für alle anderen erstellt der Drucker ein unterschiedliches Muster aus verschiedenfarbigen Punkten. Um beispielsweise Dunkellila zu erzeugen, benutzt der Drucker eine Kombination aus einem magentafarbenen Punkt und zwei zyanfarbenen. Durch Dithering können bis zu 17 Millionen Farbkombinationen erzeugt werden. Bei dieser Technik werden die einzelnen Bereiche eines Bildes als Punktgruppen behandelt, die in unterschiedlichen Mustern eingefärbt sind. Dabei wird die Tendenz des Auges ausgenutzt, verschiedenfarbige Punkte zu mischen und durch Mittelwertbildung eine einzelne Mischfarbe wahrzunehmen. So werden die gezackten Kanten von Kurven und diagonalen Linien (sogenannte Treppeneffekte) weichgezeichnet.

7 Auch das Papier, das für den farbigen Ausdruck verwendet wird, beeinflußt die Qualität des Ausdrucks. Unbeschichtetes Papier hat eine rauhe Oberfläche, die das Licht verstreut und so die Helligkeit verringert. Es absorbiert auch Tinte und läßt so das Bild ein wenig verschwimmen.

Papier, das mit einem dünnen Firnis oder mit Wachs beschichtet ist, nimmt die Tinte gleichmäßiger auf, so daß die Oberfläche nach dem Trocknen glatt ist und mehr Licht reflektiert. Das Bild ist auch schärfer, da die Tinte von dem beschichteten Papier nicht aufgesaugt werden kann.

Farbtintenstrahldrucker

1 Eine mit Tinte gefüllte Patrone, die am Druckkopf des Tintenstrahldruckers befestigt ist, bewegt sich seitwärts über die Seitenbreite des Papiers, das vom Drucker unter dem Druckkopf hindurchgezogen wird.

2 Der Druckkopf ist mit vier Tintenpatronen ausgestattet – eine für Magenta (Rot), Zyan (Blau), Gelb und Schwarz. Jede Patrone besteht aus bis zu 50 mit Tinte gefüllten Kammern, die jede über eine Düse verfügen, die kleiner als ein menschliches Haar sind.

3 Durch dünne Widerstände, die sich am Boden der Kammern befinden, die der Drucker dazu verwendet, um einen Buchstaben auf das Papier zu bringen, fließt ein elektrischer Impuls.

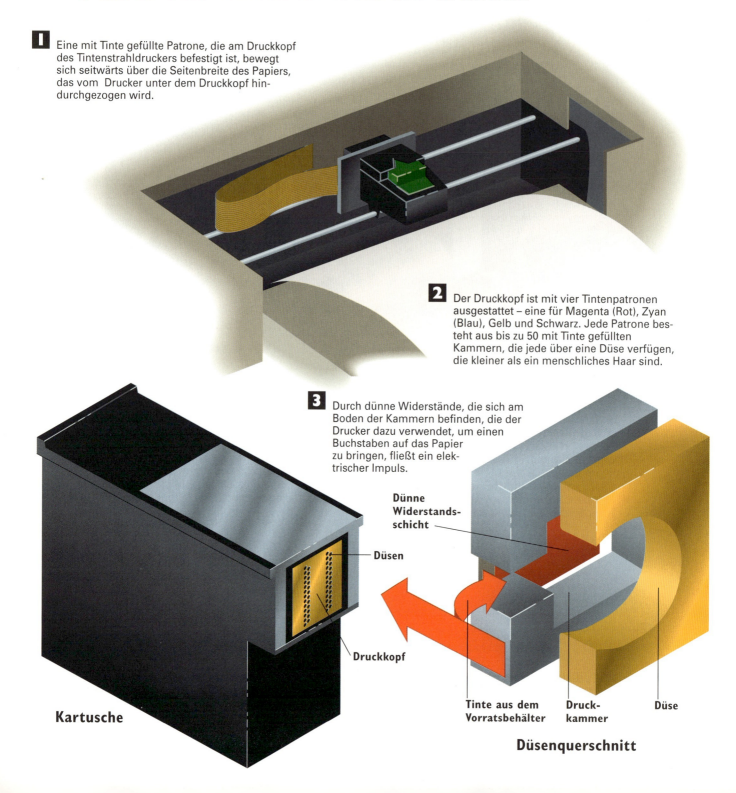

KAPITEL 33: SO FUNKTIONIEREN FARBDRUCKER

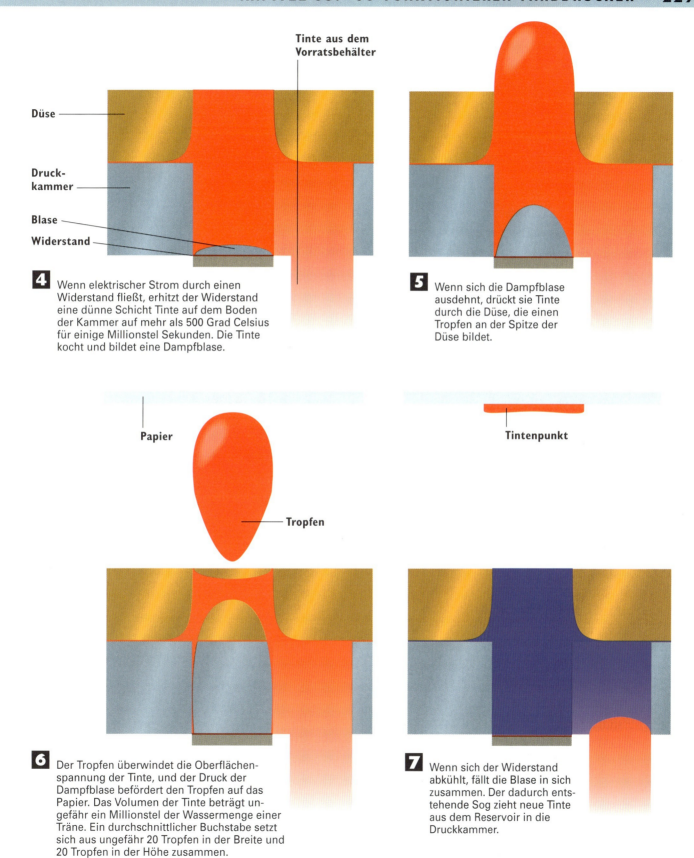

Stichwortverzeichnis

3D-Grafiken 173
8-Bit-Karte 94
16-Bit-Anwendungen 169
32-Bit-Anwendungen 169
32-Bit-Gerätetreiber 169
32-Bit-EISA-Karte 95
32-Bit-MCA-Karte 94
32-Bit-PCI-Local-Bus-Karte: 95
32-Bit-VESA-Local-Bus (VL-Bus)-Karte 95

A
Accelerated Graphics Port 97
Adreßleitung 28, 29-30
– Binärzahlen und Transistoren 29
AGP 97
Analog/Digital 89
Analog-zu-Digital-Wandlerchip 89
Analoges Signal 89
Anwendung 167
Arbeitsspeicher 27-28, 30, 166, 168
– Überblick 27
– Daten schreiben 28
– Daten lesen 30
– Speicherungsarten 31
ASCII-Code 217
Audio-CD 175
Auflösung 152, 213
– Analog-zu-Digital Wandlerchip 153
– Digitaler Signalprozessor 153
AVI-Dateien 173

B
Bandbreite 89
Bandlaufwerke 50, 81
– DAT 84-85
– QIC 82-83
Beschleunigter Grafikanschluß 89
Betriebssystem 16 f, 163, 159
Bildschirm 103
– Funktionsweise 103
– Super-VGA 108
– LCD 110
Binärzahl 157
BIOS 3, 16, 156, 159, 163, 164,
– Festplatte 164
BIOS-Codes 163, 165
Bitmap 89, 216
Bitmap-Grafiken 104, 106
– Breite/Höhe/Farbe 105
– Datenvolumen 107
– Schlüsselbyte 107
Bitmap-Schriften 216
Bitmap-Tabellen 217
Bitmap-Zeichensätze 213, 216
BIU 45
bps 89
Bridges (Brücken) 209
Browser 197
Brücke 197, 209
Booten 1, 3, 5
– Selbsttest nach dem Einschalten 6
– BIOS 7
– CMOS 7
Boot-Programm 10
Boot-Record 10-11
Boot-Vorgang 10
– SYSINIT 11
Booten 9
– von Dikette 10
– von Festplatte 9-11
– MSDOS.SYS. 10
– SYSINIT 11
Bus 89, 92
– ISA 92
– MCA 92
– EISA 92
– Local Bus 92
– PCI Local Bus 96

– VESA 93
Bus (Ethernet) 199
Bus-Netzwerk 200
– Knoten 199-200, 202-204
– Transceiver 200
Bus Interface Unit 45

C

Cache 44
Cartridge 216
CD-ROM 178
– beschreibbare 178
CD-ROM-Laufwerk 50, 175, 176, 179
– Erhöhung 176
– Laser 176
– Licht 177
– Schema 177
– Vertiefung 176
CD-Wechsler 182
– CD laden 183
– Kassetten 182
CD-ROM, CD-R 173
Central Processing Unit 3
CISC-Prozessor 37
– komplexer Befehlssatz (CISC) 38
Client 197, 199
Cluster-Adresse 58-59, 61
CMOS 3
CMOS-Setup 7
CPU (Central Processing Unit) 3, 5, 41
Computer 33-34
– Addition 33
– binäre Zahlen 34
– NICHT-Gatter 34
– UND-Gatter 35
– Halbaddierer 35
– Volladdierer 35
– XOR-Gatter 35

– einschalten 2
Controller 65
CYMK 213

D

DAT 84-85
Datenbits 131
Datei 58
– lesen 60
– löschen 58
Dateizuordnungstabelle 56, 61
– FAT 56, 58-59
– VFAT 56
Datenträger 53
– formatieren 53
Datenvolumen 107
– Farbe 105
– Header 104
– Höhe 105
– Pixel 104
– Schlüsselbyte 107
Daten wiederherstellen 85
Digitalkamera 152
– Chip 152
– Transistoren 152
Digitales Signal 89
Digitaler Signalprozessor 153
Digital Versatile Disk 50
Direct Memory Access 15
Diskette 50, 54, 58
Diskettenlaufwerk 63-64
– 3,5-Zoll 64
– Schrittmotor 64
– Signale 65
Dithering 213, 227
DMA 15, 157
dpi 227
Drucker 212

– Überblick 212
– Bitmap-Darstellungen 215
– Laserdrucker 221 ff.
– Farbdrucker 225 ff.
Druckkopf 213
DVD 50, 173, 180
– Laser 180
– Lesen 181
– Speicherkapazität 181
DVD-Laufwerke 175

E

EISA 92
E- Mail 197
Eingabe- und Ausgabegeräte 87
Elektronen 24
EPROM 165
Erweiterungskarten 94, 157
– 8-Bit-Karte 94
– 16-Bit- 94
– 32-Bit-EISA-Karte 95
– 32-Bit-MCA-Karte 94
– 32-Bit-PCI-Local-Bus-Karte 95
– 32-Bit-VESA-Local-Bus (VL-Bus)-Karte 95

F

Farbdrucker 225
– gedruckte Farben 226
Farben
– additive 226
– Primärfarben 227
– Punkte 227
Farbtintenstrahldrucker 228
– Dampfblase 230
– Tintenpatronen 228
Farbfotografie 152
FAT 56, 58-59

Festplatte 54, 58, 67-68, 164
– Aufbau und Funktion 69 f.
– Drive- oder Disk-Arrays 67
– gespiegeltes Drive-Array 70
– FAT 56, 58-59
– Master 124
– Schreib-Lesekopf 57, 67
– Sektor 57
– Slave 124
– Speicherkapazität 67
– Spur 57
– VFAT 56
– verteiltes Drive-Array 72
Festplatte/Diskette 56
– Datei speichern 58, 60
– formatieren 56
Fingerabdruckerkennung 147, 150
– Abruck 151
– Identitätsüberprüfungsverfahren 151
– Fingerabdruck 151
Flachbettscanner 140
– Papiereinzug 141
Floptical-Laufwerk 78, 79
Flüssigkristallanzeige 148
FM-Synthese 189

G

Gateways 197, 209
Gerätetreiber 17, 159, 165, 166
Gelb 226
GIF 197
Grafikkarte 89
– Digital-to-Analog-Converter (DAC) 108
– Elektronenstrahlen 109
– S-VGA-/VGA-Karte 108

H

Handscanner 139, 142

Halbduplex/Vollduplex   131
Hardware   159, 163
Hardware-Komponenten   5, 156
HTML (Hypertext Markup Language)   197
Http   197
Host   208
Hubs   197, 209

I

IDE   124
IDE-Festplatten/Controller   164
Internet   207
– Beschreibung   207
– Verbindungen   208
Interrupt-Controller   157
Interrupt (IRQ)   157, 160
– BIOS-Anweisungen   161
– Interrupt-Tabelle   161
– Interrupt-Zahl   161
Integrated Device Electronics   124
Input/Output   91
I/O   91
Iomega-Zip-Laufwerk   76
IP (Internet Provider)   197
IP-Adresse   197
ISA-Karte   89, 92, 94

K

Kabel   89
Kathodenstrahlröhre   89
Knoten   199-200, 202-204
Konfiguration   7
Kontakt   89

L

Ladung
– elektrische, positive   24

LAN   197, 199
Laserdrucker   221
LCD-Anzeige   110
Leiterplatten   157
Lesen und Schreiben von Bits   54
– Festplatte oder Diskette   56
– magnetisches Feld   54-55
Laufwerke   7
Local Area Network   199
Lokales Netzwerk (LAN)   198
Local Bus   92

M

Magenta   226
Magneto-optisches Laufwerk   78
Magnetisches Feld   54-55
– Schreib-Lesekopf   54
– Bit   55
Maus   113
– Funktionsweise   113
– Kugel   115
– mechanische   114
MCA   92
MIDI   173
MIDI- und FM-Synthese   188
Mikrochips   20, 21, 157
Mikroprozessor   41
MMX   46
Modem   129-130, 132
– AA (Auto Answer)   133
– CD (Carrier Detect)   133
– Data Set Ready   130
– Data Terminal Ready   130
– Datenbits   131
– DSR   130
– DTR   133
– Funktionsweise   129
– Gruppencodierung   131

– Halbduplex/Vollduplex 131
– HS (High Speed) 133
– Kommunikationssoftware 132
– Kontrolleuchten 133
– MR (Modem Ready) 133
– OH (Off Hook) 133
– RD (Receive Data) 133
– Paritätsbits 131
– SD (Send Data) 133
– Standardbefehlssprache 130
– Start-/Stoppbits 131
– Technik 130
– TR (Terminal Ready) 130
– Übertragungsgeschwindigkeit 131
Motherboard 157
MPC 173
– Standard 172
MPEG 173
Multimedia 172
Multimedia-Video 192
– Audio/Video Interleave 193
– AVI 193
– Kompression-/Dekompression 193
– MPEG (Motion Picture Expert Group) 192
– Videokonferenzen 192
Multimedia-Sound 185
Musik-CD 175
Musikinstrumente 188

N
Netzwerk 195, 196
– Beschreibung 197
Netzwerktopologien 199

O
Optisches Laufwerk 173
Optische Zeichenerkennung 144
– Charakteristika-Extraktion 145

– Dateiformat 145
– OCR-Software 144
Organizer 148

P
Palm PCs 148
– LCD-Bildschirm 149
– PalmPilot 149
– Pixel 149
– Windows CE 149
PalmPilot 148
PDA (Personal Digital Assistant) 148
Parallele 118
Paritätsbits 131
Peer-to-Peer-Netzwerk 199
Pentium-Prozessor 42
– Pentium-Pro 44
– Pentium-II 46
Peripheriegerät 157
Pin 1 120
Pixel 152
Plug&Play 157
PCI 89
PCI Local Bus 93, 96
– I/O- und PCI-Controller 96
PC Card 135, 136
– Funktionsweise 135
– Notebook 137
– RAM-Karten 136
PCMCIA 135
PC 5, 10
– einschalten 6
Pigmente 226
Pit, Grube 173
Plug&Play 15, 16
– BIOS 16
– Betriebssystem 16 f.
– Gerätetreiber 17

– SCSI   16
– Überblick   15
Prozessor   5-6, 167
– BIOS-Anweisungen   161
– Interrupts   161
PostScript   218
Punkt   213, 227
Punkte pro Zoll   227
Punktraster   213

Q
QIC   82-83

R
RAM-Chips   167
Repeater   209
RISC-Prozessor   37
– reduzierter Befehlssatz (RISC)   39
ROM   3
ROM-Chips   163
Router   208

S
Scanner   139
– Flachbettscanner   139
– Funktionsweise   139
– Handscanner   139, 142
Scancodes   100
– Scancode-Tabelle   101
Schatten-BIOS   165
– BIOS-Codes   165
– Arbeitsspeicher   166
Schnittstelle   120
– parallele   118 f.
– serielle   120
– Pin 6   120
– Pin 7   121
Schnittstellen   117

– IDE   124
– RS-232   117
– Überblick
– Universal Serial Bus (USB)   122
– SCSI   125-126
SCSI   16, 125-126
– ACK   127
– CDB   127
– Controller   126
– REQ   127
Schreib-Leseköpfe   54, 67
Schwarz   226
Seitenbeschreibungssprache   213, 218-219
Sektor   57
Server   197, 199
Systemdateien   3
Selbsttests   5
Signale   6
Siliziumplättchen   23-24
Speicher   157, 167, 168
Speicheradresse   157
Speicherorganisation   167
Speichersysteme, wechselbare   74
– magneto-optische   75-77
– WORM   75
– Zip-Laufwerk   75-77
Speichermedien   50
Speicherverwaltung   167
Spracherkennung   147
Spur   57
Start-/Stoppbits   131
Stern   199
Stern-Netzwerk   204
– Knoten   199-200, 202-204
– Zentrale   205
Stift   148
Soundkarten   186
– analoger Strom   186

– digitale Information 186
– EPROM-Chip 187
– Signale 186
Suchmaschine 197
Super-VGA-Bildschirm 108
Systemuhr 6
Systemdateien 3, 10
– IO.SYS 10-11
– MSDOS.SYS 10, 12
– CONFIG.SYS 12
– COMMAND.COM 12 f.
– AUTOEXEC.BAT 13
– SYSTEM.DAT/USER.DAT 3

T
Taktgeber 3
Tastatur 7, 99
TCP/IP 197
Textverarbeitungprogramm 164
Tintenkartusche 228
– Düse/Druckkopf 228
– Dampfblase 229
Tintenstrahldrucker 213
Token 202-203
Token Ring 199
Token-Ring-Netzwerk 202
– Knoten 199-200, 202-204
– Token 202-203
Transceiver 200
Transistor 21, 23
– binäre Bezeichnung 23
– logisches Gatter 23
Transistoren
– Ladung, Elektronen 24
– Siliziumplättchen 25
Treiber 157, 164, 163
– Festplatte 164

U
Universal Serial Bus (USB) 122
URL 197
USER.DAT 3

V
Vakuumröhre 20, 21
Verkabelung 2
Vektororientierte Zeichensätze 218
VESA 93
VFAT 56, 58
Video 191
Virtuelle Dateizuordnungstabelle 58-59
Virtuelle Gerätetreiber 169
Virtuelle Realität 173
virtueller Speicher 157, 169

W
WAN 198, 208
Wide Area Network 208
Windows 167, 169
Windows 95 60
Windows 98 159, 168
Windows NT 169
– Windows CE 148
World Wide Web (WWW) 198

Z
Zeichensatz 213
Zentrale 205
Zip-Diskette 76
Zip-Laufwerk 75-77
– Aufbau 77
– Iomega 76
Zyan 226